Hauptgewinn Lebensqualität – Erfolg in 5 Wochen

Matthias Herzog

Haufe Gruppe
Freiburg · Berlin · München

Bibliografische Information der Deutschen Nationalbibliothek

Die Deutsche Nationalbibliothek verzeichnet diese Publikation in der Deutschen Nationalbibliografie; detaillierte bibliografische Daten sind im Internet über http://dnb.d-nb.de abrufbar.

Print: ISBN: 978-3-648-01796-8   Bestell-Nr. 00370-0001
ePub: ISBN: 978-3-648-02177-4   Bestell-Nr. 00370-0100
ePDF: ISBN: 978-3-648-02178-1   Bestell-Nr. 00370-0150

1. Auflage 2012

© 2012, Haufe-Lexware GmbH & Co. KG, 79111 Freiburg
Redaktionsanschrift: Postfach, 82142 Planegg/München
Hausanschrift: Fraunhoferstraße 5, 82152 Planegg/München
Telefon: (089) 895 17-0,
Telefax: (089) 895 17-290
www.haufe.de
online@haufe.de
Produktmanagement: Ass. jur. Elvira Plitt
Lektorat: Gabriele Vogt

DTP: Agentur:Satz & Zeichen, Karin Lochmann, 83071 Stephanskirchen
Druck: Schätzl Druck, 86609 Donauwörth

Zur Herstellung dieses Buches wurde alterungsbeständiges Papier verwendet.

Inhaltsverzeichnis

3. Woche: Bewegung 113

4. Woche: Entspannung

Geleitwort von Sören Anders

Vor kurzem gab mir ein Freund einen Buchtipp: „Spitze sein, wenn's drauf ankommt" von Matthias Herzog. Ich gestehe, dass ich kein großer Leser und Bücherfreund bin – von meinen über 300 Kochbüchern mal abgesehen. Wenn mir ein Buch nicht schnell einen erkennbaren Nutzen bietet, dann landet es in der Ecke und verstaubt. Mit Skepsis fing ich also an, in diesem Buch zu blättern. Aber hoppla, das war ja cool. Was da schwarz auf weiß stand, begeisterte mich sofort. Und nicht nur das, es löste bei mir spontan ein intensives Nachdenken aus. Also fing ich an, erste Ratschläge praktisch auszuprobieren. Und das hat mich echt überrascht, denn vieles funktionierte auf Anhieb. Zum Beispiel veränderte sich die Kommunikation mit meinem Team in der Küche beinahe im Handumdrehen. Ich gewann wieder meine Offenheit, Lockerheit und das Vergnügen zurück, mit dem ich als Koch bis dato immer erfolgreich war. Heute würde ich sogar sagen, dass die Tipps aus dem Buch meine Lebensqualität ein ganzes Stück verbessert haben.

Vor zwei Wochen war ich in Köln bei der Gala zugunsten der Alfred Biolek Stiftung in Köln. Zusammen mit Léa Linster, Dominic Jeske und Henning Krautmacher war ich für das anspruchsvolle Menü des fantastischen Abends verantwortlich. Dort traf ich auch Matthias Herzog, der mir von seinem neuen Buch „Hauptgewinn Lebensqualität" erzählte. Ich muss wohl sehr neugierig gewesen sein. Denn er schickte mir anschließend sein Skript zum Lesen. Und Bravo, wieder hat es sich gelohnt!

Matthias Herzog überzeugt auch in diesem Buch mit seiner lockeren und sympathischen Sprache. Das Fünf-Wochen-Programm stellt dem Leser einfache umsetzbare Tipps vor, die sofort einen positiven Effekt auslösen können. Mich haben vor allem die konkreten Übungen und die verblüffenden Beispiele begeistert. Hoch interessant fand ich auch die Interviews mit verschiedenen Prominenten, besonders das mit Alfred Biolek und Charly Steeb. Was Matthias Herzog in seinem neuen Buch vorstellt, lässt sich nach meiner Einschätzung leicht in die Praxis umsetzen und macht gleichzeitig auch noch großen Spaß. Die tollen Fotos spornen zusätzlich an, „aus dem Quark" zu kommen und sich den einzig wichtigen Hauptgewinn zu sichern – nämlich die persönliche Lebensqualität.

Ich bin Koch, seit 2010 Sternekoch und ich wurde in den vergangenen Monaten mit vielen Auszeichnungen und mit hohem öffentlichen Interesse bedacht. Aber das Kochen alleine ist es nicht. Ich freue mich an jedem Tag aufs Neue, meine Gäste zu verwöhnen und damit zu ihrem Wohlbefinden beizutragen. Für mich ist Kochen Passion und pure Lebensfreude, das gibt mir Energie. Hier kann ich meine Kreativität in idealer Weise ausleben und Neues ausprobieren. Ich sage immer: „Jeder soll täglich zehn Dinge dazu lernen." Noch etwas kommt dazu: Es fasziniert mich sehr, mit jungen Menschen zu arbeiten und mitzuerleben, wie sie ihr eigenes Talent und damit eine positive Perspektive entdecken.

Lebensqualität bedeutet für mich, neben dem Glücksbringer Koch immer noch genügend Zeit für mich und für gute Freunde zu finden. Kleine Auszeiten sind für mich sehr wichtig. Einfach hinsetzen und die Gedanken wandern lassen. Zehn Minuten Chillen bringt oft neue Kraft für viele Stunden. Mir ist heute sehr bewusst, dass ich zuerst mit mir selbst im Klaren sein muss. Dann geht es auch allen anderen besser, die mit mir zusammenarbeiten. Früher habe ich viel zu viel für andere mitgedacht und dabei zu wenig auf mich geschaut. Das hat mich oft unzufrieden gemacht. Heute gönne ich mir gezielt diese Entspannungsphasen. Doch ich muss mich zur Erholung nicht immer still in eine Ecke setzen, das gelingt mir ohnehin nur für kurze Zeit. Wenn ich aber in Ruhe ein neues Rezept entwickeln kann, dann genieße ich das wie eine kleine Muße-Stunde.

Ich wünsche Ihnen viel Freude mit dem neuen Buch von Matthias Herzog. Sichern Sie sich Ihren Hauptgewinn, in dem Sie wirkliche Lebensqualität dazu gewinnen!

Sören Anders, im September 2011

Sören Anders ist der neue Stern am Kochhimmel. Mit 25 Jahren ist er der jüngste Sternekoch Deutschlands. Sören Anders setzt neue Trends, statt dem angepassten Mainstream nachzulaufen. Sören Anders ist also „anders" im besten und wortwörtlichen Sinne. Er kocht mit lockerer Hand und demonstriert eindrucksvoll, wie man ein Talent in Erfolg umwandelt. Der „Focus" zählt Sören Anders zu den 100 einflussreichsten Deutschen. Für „Gusto" ist er der Aufsteiger des Jahres.[1]

---

[1] Mehr über den jungen Küchenmeister unter www.anderskochen.de

Vorwort

Mehr Lebensqualität mit dem 5-Wochen-Programm

Über 60 % der Deutschen spielen gelegentlich oder regelmäßig Lotto. Gehörst du[2] auch dazu und fieberst jeden Mittwoch- und Samstagabend bei den Ziehungen im Fernsehen mit? Einige finden die Ziehung der Lottozahlen ja spannender als einen Tatort – vielleicht liegt dies aber auch nur an der Lottofee. Hast du denn schon einmal etwas gewonnen? Oder gar den Jackpot geknackt? HERZlichen Glückwunsch! Wenn du regelmäßig spielst, ist sicher bereits der eine oder andere Dreier dabei gewesen. Immerhin liegt die Wahrscheinlichkeit bei 1 zu 921, dass du einen Dreier richtig tippst. Hast du dir aber schon einmal Gedanken darüber gemacht, wie hoch überhaupt deine Chance ist, den Jackpot zu knacken und 6 Richtige plus Superzahl zu treffen? Schätze einmal. Und? Deine Chance liegt bei 1 zu 14 Millionen – für 6 Richtige. Doch erst, wenn du darüber hinaus die Superzahl richtig hast, erhältst du den Jackpot. Die Wahrscheinlichkeit dafür liegt bei 1 zu 140 Millionen. Ja, du liest richtig – exakt bei 1 zu 139.838.160. Autsch! Dennoch weiß ich, dass du auch in Zukunft weiterspielen wirst. Denn bei dir liegt die Wahrscheinlichkeit höher, richtig? Du spielst ja auch schon viele, viele Jahre. „Irgendwann klappt es, da bin ich mir sicher. Das hab ich im Gefühl", sagst du dir.

Laut einer Berechnung des statistischen Bundesamtes ist es übrigens viermal wahrscheinlicher, vom Blitz erschlagen zu werden, als im Lotto sechs Richtige zu haben. Es ist sogar 2.600 Mal wahrscheinlicher, dass du den Verkehrstod erleidest, als dass du den Haupttreffer landest. Doch an einen Tod im eigenen Auto glaubt dagegen niemand, obwohl er tausendfach realistischer ist. Paradox, nicht wahr? Lotto wurde nicht erfunden, um dich als Spieler reich zu machen, sondern vielmehr, um die Staatsfinanzen zu sanieren sowie ausgediente Politiker dorthin outzusourcen.[3]

---

[2] Wissenschaftliche Untersuchungen sind zu dem Ergebnis gekommen, dass die Du- wie die Ich-Form direktere Wege zum Unterbewusstsein sind als das unpersönliche „Sie". Sicher sind Sie daran interessiert, den größtmöglichen Nutzen aus dem Lesen dieses Buches zu ziehen. Deshalb spreche ich Sie das Buch hindurch mit dem persönlichen „du" an. Solltest du weiterhin das „Sie" bevorzugen, stelle dir bei jedem „du" einfach vor, dass du mit „Sie" angesprochen wirst.

[3] http://www.sueddeutsche.de/panorama/-frage-wie-gross-ist-die-chance-im-lotto-zu-gewinnen-1.662028

Ich möchte dich in keiner Weise davon abbringen, in Zukunft weiterhin Lotto zu spielen. Der Staat braucht nun einmal Geld. Aber ich biete dir mit diesem Buch die Möglichkeit, auf wesentlich günstigere Weise einen Hauptgewinn zu sichern: Lebensqualität. Die Wahrscheinlichkeit, mit diesem Buch deine eigene Lebensqualität zu steigern, liegt bei 1 bzw. 100 % – vorausgesetzt, du setzt einige der Tipps daraus um. Das ist eine 140 Millionen Mal höhere Wahrscheinlichkeit als ein Sechser im Lotto plus Superzahl. Welches Spiel bietet dir diese Gewinnchance? Und, interessiert? Dann leg los!

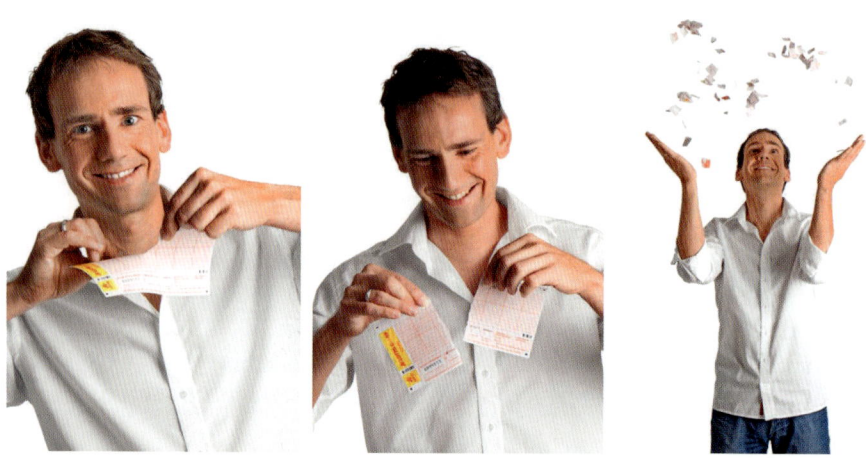

Sieh das Buch wie ein reichhaltiges Buffet. Entscheide, was dir schmeckt, was dir bekommt. Freue dich über das, was dir gefällt und lass das Quaken über Dinge, die dir missfallen. Wichtiger als alles umzusetzen, ist vielmehr, dass du ein paar Dinge ins Handeln bringst.

Wenn du schlank werden und bleiben willst, gehört ein gesunder und entspannter Lebensstil dazu. Ich kann verstehen, dass du es ablehnst, dein ganzes Leben grundlegend auf den Kopf zu stellen und auf viele schöne Dinge zu verzichten. Das ist auch unnötig und verlangt keiner von dir. Es würde nur innere Widerstände hervorrufen und zu Frust führen, wenn du ständig an Verbote und Regeln denken würdest.

So ist es für den langfristigen und nachhaltigen Erfolg unnötig, wie ein Sklave Vorschriften und Regeln zu befolgen. Viel erfolgreicher sind kleine Anpassungen in deinem Verhalten. Hältst du an diesen Verhaltensanpassungen über die kommenden Wochen und Monate fest, verwandeln sie sich in eine neue angenehme Gewohnheit. Die Folge: Überschüssige Pfunde purzeln, Rückenschmerzen verschwinden, dein Herz-Kreislauf-System wird gestärkt, Stress abgebaut, deine Lebensenergie und deine Leistungsfähigkeit steigen – und das alles ganz nebenbei.

Alle Tipps, die du in diesem Buch erhältst, setze ich selbst regelmäßig um. Gut, ich schaffe die Tipps zur Bewegung häufig nicht in dem Umfang – ich mache weitaus mehr ... Ich gehöre zu den „Unvernünftigen", die viel mehr Sport treiben als notwendig. Doch es macht mir Spaß und das ist das Wichtigste bei allem, was du tust. Wenn du Spaß daran hast, darfst du selbstverständlich auch mehr machen.

Dieses 5-Wochen-Programm „Hauptgewinn Lebensqualität" bleibt im Hintergrund. Es steigert deine Lebensqualität und Lebensfreude ohne quälende Vorschriften. Vielmehr erhältst du für den Alltag leicht umsetzbare und praktische Tipps an die Hand, die sofort wirken.

„Mehr Lebensqualität" gibt es leider nicht in Form einer Pille zum Schlucken. Du kannst jedoch aktiv etwas dafür TUN.

Was bedeutet für dich Lebensqualität? Hier einige Aussagen prominenter Persönlichkeiten über das, was sie unter Lebensqualität verstehen:

„Ich bin froh, dass es meiner Familie und mir gut geht, dass wir von schwereren Krankheiten verschont sind und dass wir uns viele Sachen, auf die wir spontan Lust haben, leisten können. Der Deutsche neigt dazu, sich über kleine Dinge aufzuregen und eine schlechte Stimmung entstehen zu lassen. Das geht uns nicht anders. Deshalb erinnern wir uns zu Hause immer wieder mal, wie gut wir es in Deutschland haben, wenn man das große Leid in den armen Ländern sieht." (André Breitenreiter, Ex-Bundesliga-Profi, DFB-Pokalsieger 1992, Fußballtrainer)

„Lebensqualität bedeutet, die Freiheit zu haben und zu zeigen, was man macht und wann man es macht." (Marc-Kevin Goellner, Ex-ATP-Tennisprofi, Davis-Cup-Sieger, Tennistrainer)[4]

„Lebensqualität bedeutet für mich, den Tag gestalten zu können, wie ich es mir wünsche. Sportlich gesehen, mich zu verausgaben und auch meine Grenzen kennen zu lernen." (Jochen Wollmert, vierfacher Paralympicssieger im Tischtennis)

Heute ist der erste Tag vom Rest deines Lebens, den du mit einem neuen Lebensgefühl gestalten kannst. Du hast es selbst in der HAND!

---

[4] Mehr Infos unter www.mkgoellner.de

Einleitung

Na, wie geht's? – Ach, es muss!

Kommt dir das bekannt vor: du wachst morgens gerädert, kraftlos, zerknautscht, vielleicht sogar niedergeschlagen auf. Du kommst nur träge aus dem Bett, bist lustlos und kannst dich kaum zu etwas aufraffen. Manchmal fühlst du dich überfordert und ausgebrannt. Vor allem dann, wenn du daran denkst, welcher enorme Stress dich heute noch erwartet. Krankheiten erwischen dich häufiger als früher. Du bist unzufrieden – mit dir, deiner Figur, deiner Beziehung, deinem Job. Es fehlt dir an Lebensenergie und vor allem an Lebensfreude. Deine Lebens-Batterie gleicht keineswegs einem motiviert trommelnden Duracell-Männchen, sondern vielmehr einem sterbenden Schwan.

Hinzu kommt, dass du dir diese „Schwäche", wie es draußen in der Wirtschaft so schön heißt, nicht eingestehen willst. Oder vielmehr laut Meinung vieler „nicht eingestehen darfst" in dieser schnelllebigen Zeit, in der sieben Tage die Woche, 24 Stunden am Tag von dir erwartet wird, dass du da bist. Hellwach und aktiv, um im Spielfeld des Lebens vorne mit dabei zu sein. Das gilt sowohl für das Berufs- wie auch das Privatleben. Überall darfst du dir keine Schwäche erlauben – denkst du!

Warum fehlt die Energie?

Das Arbeitsleben ist für viele Beschäftigte rauer geworden. Wer nicht schnell, flexibel und vor allem hochkonzentriert an sein Tageswerk geht, bekommt Ärger mit seinen Vorgesetzten oder Kollegen. Die Folge: Termin- und Leistungsdruck am Arbeitsplatz wachsen – und mit ihnen die Angst, den Ansprüchen nicht gewachsen zu sein und zu versagen. Außerdem nehmen Rationalisierung und Globalisierung sowie Mobbing und andere Stressbelastungen kontinuierlich zu. Umfragen zufolge fühlen sich drei von fünf Beschäftigten in technischen und verwaltenden Berufen ständig überfordert und überbeansprucht. Aber auch das Gegenteil, die Unterforderung, ist ein großer Stressfaktor. Schlafstörungen, Verspannungen im Kopf-, Nacken- und Rückenbereich sowie Magen-Darm-Probleme sind nur einige Folgen, die daraus resultierend immer häufiger auftreten. Allein die Krankheitstage aufgrund psychischer Störungen haben 2010 ein Rekordniveau erreicht, Tendenz weiter steigend. Depressionen und andere psychische

Krankheiten machen inzwischen ein Achtel des gesamten Krankenstandes aus – und sind damit die vierthäufigste Ursache für Ausfälle im Job. Jeder zehnte Arbeitnehmer unter 30 leidet sogar unter Schmerzen oder anderen körperlichen Problemen ohne organische Ursache, oft begleitet von Depressionen.[5]

Wenn du das eine oder andere Symptom aus eigener Erfahrung kennst, wie gehst du damit um? Schleppst du dich wie viele andere durch den Tag und ignorierst es einfach? Erklärungen hast du reichlich parat: „Das ist die Frühjahrsmüdigkeit!"; „Dieser Sommer ist einfach zu heiß!"; „Der Novemberblues hat mich erwischt.";[6] „Ich glaube, eine Grippe ist im Anmarsch."; „Der Winter ist so kalt und grau". Die Jahreszeiten für dein Seelentief verantwortlich zu machen, ist leicht und lenkt zusätzlich von den eigentlichen Ursachen ab. Doch was verbessert es an deiner Situation? Richtiger wäre es, die Ursachen in deiner Lebensweise zu suchen. Frage dich:

- Was tust du für deine persönliche Weiterentwicklung, zur Förderung deines Potenzials?

- Wie ausgewogen ernährst du dich?

- Wie viel Bewegung bringst du in deinen Tag?

- Wann planst du gezielt Entspannungsphasen ein?

- Wie häufig arbeitest du mit konkreten und dir wichtigen Zielen und tust Dinge, die dir wirklich Spaß bereiten?

Und? Wie schauen deine Antworten zu diesen Fragen aus? Alles bestens? Dann dürftest du eine enorme Lebensenergie, viel Erfolg und eine hohe Lebensqualität besitzen. Und vor allem sehr glücklich mit deinem Leben sein. Dies ist nicht der Fall? Dann wird es dringend Zeit, nach Lösungen zu suchen, um deinen Zustand zu verbessern!

Die vermeintliche Lösung: Doping am Arbeitsplatz!

Die Müdigkeit am Schreibtisch übermannt dich, also schaffst du Abhilfe: Du greifst erst einmal zu einem kräftigen Kaffee. Der macht müde Männer munter – und natürlich auch Frauen. Je stärker, desto besser. Dazu noch ein

---

[5] http://www.spiegel.de/wirtschaft/soziales/0,1518,745634,00.html
[6] http://www.gesundheit.de/wellness/entspannung/entspannen-im-winter/bevor-der-novemberblues-sie-erwischt

bis zwei Stücke Zucker, der gibt dir den zusätzlichen Energieschub. In der anderen Hand hältst du die erste Zigarette des Tages – auf nüchternem Magen. Du sagst: „Die entspannt und stillt den ersten Hunger." So sparst du dir die Zeit fürs Frühstück. Wenn du es morgens vorher doch noch zum Frühstück schaffst, gibt's Frosties. Die wecken den Tiger in dir. Irgendwann gibt es etwas Süßes – Mars macht mobil und halb zehn ist natürlich Knoppers Zeit. Und wenn der Kaffee schließlich nicht mehr hilft, verleiht dir der Bulle die Flügel, um auch in der zweiten Tageshälfte noch irgendwie die nötige Flughöhe zu halten.

Und tatsächlich fühlst du dich dann immer ein wenig besser – wenigstens für kurze Zeit. Denn diese angenehmen Gefühle sind flüchtig. Süßigkeiten, Traubenzucker, Kaffee, Nikotin, Energydrinks und Co. geben dir nur kurzfristig Energie und gute Laune. Mittel- und langfristig rauben sie dir vielmehr deine wertvolle Energie.

Einige greifen sogar zur Pille. Jeder Fünfte äußert laut DAK-Studie die Bereitschaft, ohne medizinische Empfehlung Pillen zu schlucken, um sich besser zu fühlen und die eigene Leistung zu steigern. 20 % der Befragten akzeptieren Stimmungsaufheller, um Stress und Konflikte am Arbeitsplatz besser aushalten zu können. Es ist nur noch eine Frage der Zeit, bis diese Art von Pillen bei immer mehr Menschen auf der täglichen Einkaufsliste zu finden ist, wie Brot, Milch und Butter.[7]

Was ist dir die ultimative Pille wert?

Was wäre dir die ultimative Pille wert, die folgende Wirkungen erzielt: morgens bestens gelaunt aufwachen, voller Energie und mit Vorfreude auf den Tag! Eine hohe mentale und körperliche Fitness, ein kraftvoller Körper, ein gesundes Immunsystem. Ein hohes Selbstbewusstsein und einen starken Optimismus, den Herausforderungen im Beruf und Alltag gewachsen zu sein. Mehr Freude und Leidenschaft in der Partnerschaft und dem, was dazu gehört. Was würdest du dafür bezahlen? Sicher eine Menge. Ich habe eine gute Nachricht für

---

[7] http://www.gsfood.ch/print_news.php?language=de&id_news=111&shop_ID=1

dich: Diese Pille gibt es bereits! Und das Schöne ist, dass der Einsatz nicht nur finanziell sehr gering ist. Das Rezept heißt: LEBE – täglich kleine Beiträge in Form von Lernen, Ernährung, Bewegung und Entspannung. That's it. So einfach ist das. Diese vier Faktoren verbessern deine Gesundheit, machen dich stressresistenter, unterstützen dich, möglichst lange jung zu bleiben und liefern höchste Lebensqualität.

LEBE dein Leben! Hohe Rendite für dein Gesundheitskonto!

LEBE!! Jetzt! **L**ernen, **E**rnährung, **B**ewegung und **E**ntspannung bieten dir eine Rendite, die dir keine Bank der Welt bieten kann. Sicher besitzt du ein Bankkonto. Nur wenn du auf das Bankkonto einzahlst, kannst du auch etwas abheben, richtig? Wie kommt es dann, dass viele davon überzeugt sind, von Geburt an ständig von ihrem Gesundheitskonto abheben zu können, ohne regelmäßig wieder etwas einzuzahlen? Du brauchst eine ausgeglichene Bilanz. Dein Gesundheitskonto hat zwar den großen Vorteil gegenüber deinem Bankkonto, dass es meistens von Geburt an prall gefüllt ist. So kannst du viele Jahre, sogar Jahrzehnte abheben, ohne dass du regelmäßig neu einzuzahlen brauchst. Das geht lange gut. Doch irgendwann ist das Gesundheitskonto nahezu aufgebraucht.

Auf deinem Bankkonto kannst du nur eingeschränkt mehr Geld ausgeben, als du hast. Klar kannst du dein Bankkonto eine Zeit lang überziehen. Doch das wird teuer. Du zahlst dafür sehr hohe Zinsen. Und wenn du das Bankkonto nicht irgendwann ausgleichst, bist du pleite. Dasselbe gilt für dein Gesundheitskonto. Dein aktueller Lebensstil arbeitet gegen deine Gesundheit und führt direkt in den Bankrott. Nur, dass hier „pleite" soviel bedeutet wie „krank" und schließlich „tot". Zivilisationskrankheiten wie Übergewicht, Herzinfarkt, Schlaganfall, Diabetes, Burnout, Gelenkbeschwerden und Osteoporose (Knochenerweichung) sind Vorboten auf dem Weg zum „Sonnenplatz-Unter-Tage" (Tod). Deshalb zahle auf dein Gesundheitskonto ein, damit du für das Alter genügend Rücklagen bildest. Merke: Es kommt weniger darauf an, wie alt du wirst, sondern vielmehr, wie du alt wirst. Das Geniale an deinem Gesundheitskonto ist, dass das Anlagerisiko so gering ist, dass ich dir darauf eine nahezu 100%ige Sicherheit biete. Sozusagen eine Gewinngarantie! Und das Schöne ist: Du allein bestimmst deine Verzinsung, deine Rendite. Denn nicht Ärzte, Apotheker oder Krankenkassen sind dafür verantwortlich. Es gibt nur einen Menschen auf diesem Planeten, der für deine Gesundheit verantwortlich ist: DU selbst.

LEBE bewegt und motiviert – kleine Schritte für mehr Gesundheit, Erfolg und Glück

Keine Sorge. Dieses Buch kommt ohne leere und unglaubwürdige Versprechungen aus, die von dir große Anstrengungen und Selbstkasteiung fordern. Ganz im Gegenteil, Verzicht ist out, Genuss ist in. Du erhältst ein einfaches und sofort umsetzbares 5-Wochen-Programm: mit Spaß zu mehr Gesundheit, Erfolg und Glück in 35 Tagen.

Da du nicht alles auf einmal umsetzen kannst, empfehle ich dir diese fünf Wochen. Du hast die Chance, deine Lebensgewohnheiten Schritt für Schritt zu verbessern. Du lernst Neues und indem du das Gelernte immer und immer wieder wiederholst, wird es zu einer neuen Gewohnheit und automatisiert sich mit der Zeit. 28 Tage bzw. 28 Wiederholungen braucht es laut Studien, bis sich ein neues Verhalten zu einer Gewohnheit zu entwickeln beginnt. Am Ende willst du gar nicht mehr darauf verzichten, sondern wirst ggf. sogar süchtig auf das ein oder andere neu Erlernte. Du erhältst an sechs Tagen in jeder dieser fünf Wochen einen Tipp zur Umsetzung aus den Bereichen Lernen, Ernährung, Bewegung, Entspannung und Motivation. Manche Aufgaben sind etwas größer, andere kleiner. Doch alle sind machbar. In kleinen Schritten geht es Tag für Tag voran. Das Programm ist so angelegt, dass du deine Erfolge am letzten Tag einer jeden Woche messen kannst – anhand einer kurzen Checkliste.

Übrigens: In welcher Reihenfolge du die Tipps und Aufgaben einer Woche umsetzt, ist zweitrangig. Das kannst du selbst entscheiden. Wenn du einen Tag einmal weniger Zeit hast, nimm dir gerne eine passendere Aufgabe zur Hand. Wichtig ist nur, dass du am Ende einer Woche alle Wochenaufgaben angegangen bist.

Die meisten Menschen scheitern in der Umstellung ihrer Lebensweise, in der es gilt, gesundheitsgefährdende Verhaltensweisen durch neue gesundheitsfördernde Gewohnheiten zu ersetzen. **LEBE** unterstützt dich, die Eigenverantwortung für deine Gesundheit wieder zu gewinnen. Der Selbstcheck am Anfang jeder Themenwoche hilft dir bei der Ermittlung deines aktuellen Ist-Zustands in den einzelnen Bereichen. Du wirst schnell erkennen, wo deine persönlichen Entwicklungspotenziale liegen und wie du diese stärker nutzen kannst. Die praktischen und sofort umsetzbaren Tipps unterstützen dich, jeden Tag deinen Zielen einen entscheidenden Schritt näher zu kommen.

**Die vier Säulen für mehr LEBEnsqualität und das Fundament:
LEBE – motiviert!**

LEBE bietet dir ein hochwirksames Motivationsprogramm, damit die Theorie im Anschluss auch praktisch umgesetzt wird. Das Fundament zu allem heißt: Motivation! Ohne Motivation ist alles nichts. Da stimmst du mir sicher zu. Was soll aus den vier Säulen Lernen, Ernährung, Bewegung und Entspannung werden, wenn es dir an Motivation mangelt? Es würde nicht funktionieren. Du brauchst Motivation wie die Luft zum Atmen.

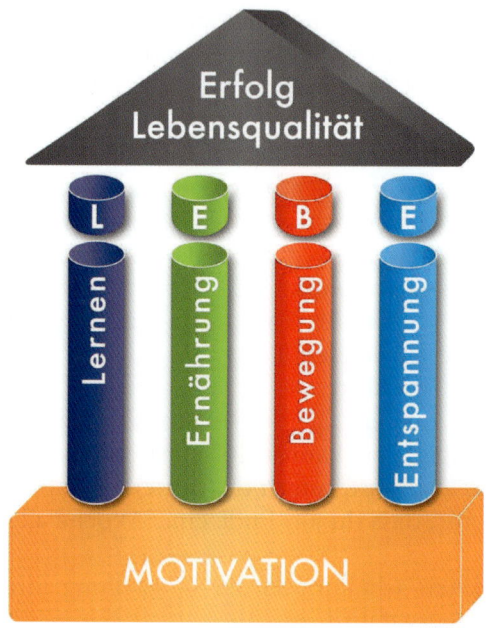

Die Motivation wirkt auf jede einzelne Säule:

1. Mit Motivation bist du bereit, lebenslang zu lernen.

2. Mit Motivation bist du bereit, dein Ernährungsverhalten zu verbessern.

3. Mit Motivation bist du bereit, dich regelmäßig zu bewegen.

4. Mit Motivation erreichst du es, der Entspannung mehr Aufmerksamkeit zu gönnen.

Dieses Trainingsprogramm hat nur Erfolg, wenn du die Tipps motiviert umsetzt. Wenn du aus deinem bequemen Sessel aufstehst und dich zu deinem neuen Ziel aktiv bewegst. Viele (er-)warten, dass ihnen der gewünschte Erfolg direkt zum Sessel getragen wird. Doch von nichts kommt nichts. Wenn du den ersten Schritt tust und viele weitere folgen, erreichst du Schritt für Schritt mehr LEBEnsqualität. Was du investierst, zahlt sich aus. Häufig spürst du bereits kurzfristig erste Erfolge und langfristig bekommst du deine Investitionen vielfach zurück. Dein äußeres Erscheinungsbild verbessert sich und deine Stimmung, dein Selbstbewusstsein und deine Lebensenergie steigen. Ein wenig Einsatz bedeutet bereits eine große Wirkung. Ich kann dir zwar nicht garantieren, dass du länger lebst. Ich kann dir jedoch garantieren, dass du gesünder stirbst. Habe wieder mehr Lust und Spaß am Leben. **LEBE!**

1. Woche: Lernen

Selbstcheck

Ich möchte dich zu einem kurzen Gedächtnistest einladen. Du erhältst nun 20 Begriffe, die du dir bitte einprägst. Du hast 5 Minuten Zeit. Anschließend machst du fünf Minuten etwas ganz anderes – z. B. dir ein frisches Glas Wasser holen, ein bisschen frische Luft schnappen. Anschließend schreibst du die Begriffe, die du behalten hast, in die dafür vorgesehenen Leerzeilen auf der folgenden Seite.

1. Wasserhahn	11. Ladegerät
2. Briefmarke	12. Frühstücksbuffet
3. Taschenrechner	13. Visitenkarte
4. Kugelschreiber	14. Bikini
5. CD-Ständer	15. Blattlaus
6. Brieftasche	16. Tischdekoration
7. Fliegenklatsche	17. Fahrrad
8. Fernsehzeitung	18. Kirschbaum
9. Sonnenbrille	19. Wasserflasche
10. Rasenmäher	20. Sonnenmilch

1.		11.	
2.		12.	
3.		13.	
4.		14.	
5.		15.	
6.		16.	
7.		17.	
8.		18.	
9.		19.	
10.		20.	

Und? Wie viele waren es? Selbst, wenn du dir nur fünf bis sechs Begriffe gemerkt haben solltest, ist das unproblematisch. Das geht vielen ähnlich. Du erhältst im Laufe der fünf Wochen einige Techniken, mit denen du mit wenigen Minuten Training dir alle Begriffe merken kannst, und diese sogar in der richtigen Reihenfolge – vorwärts, rückwärts und auch durcheinander. Glaubst du nicht? Dann lies weiter und teste es selbst aus.

Hast du schon einmal etwas vergessen?

Bist du mit deinem Gedächtnis zufrieden? Ich weiß, die Frage ist fies, vor allem, nachdem du gerade einen kleinen Gedächtnistest gemacht hast und dabei eventuell richtig auf die Nase geflogen bist. Selbst wenn du mit deinem Gedächtnis zufrieden sein solltest, kannst du dennoch etwas dafür tun, damit es so bleibt oder gar noch besser wird. Denn auch, wenn du insgesamt mit dir selbst zufrieden bist – vielleicht nicht mit dem Gewicht, aber sonst soweit –, tust du doch ab und zu etwas für dich: Sport treiben, auf die Ernährung achten, Entspannungsphasen einlegen, Lippen nachziehen, Gesicht pudern oder ähnliches – warum also nicht auch für dein Gehirn?

Ich habe mein Gehirn – meistens – dabei. Ich hoffe, du auch. Dein Gehirn ist etwas sehr Komplexes. Die Forscher wissen auch heute noch sehr wenig darüber. Das Blöde ist: Du hast keine Bedienungsanleitung dazu erhalten. Automatisch gehst du falsch damit um. Du sagst dir: „Ich will es mir möglichst lange frisch erhalten. Also setze ich es möglichst wenig ein." Das geht komplett schief. Dein Gehirn lebt das Motto: „Use it or lose it." Auf Deutsch: „Benutze es oder verliere es." Du hast nur diese beiden Möglichkeiten. Setzt du dein Hirn zu wenig ein, verkümmert es. Leider ist dein Gehirn von Natur aus faul, tut nur das Nötigste und ist darauf angewiesen, dass du es nutzen willst. Du kannst dir dein Gehirn sehr gut wie einen Muskel vorstellen. Der wird nur kräftiger und größer, wenn du ihn ständig trainierst.

Mache beide Hände einmal zur Faust und halte sie so zusammen, dass die Finger aneinander liegen und du direkt auf deine Daumen schaust. Das ist ein Modell deines Gehirns: zwei Gehirnhälften, etwa die gleiche Größe und sieht ähnlich schrumplig aus.

Wenn zufällig eine Person des anderen Geschlechts neben dir sitzt, bitte diese einmal, die Hände auch so, in der gleichen Weise aneinander zu legen. Was fällt dir auf? Frauenhände sind kleiner. Frauengehirne übrigens auch. Sie sind knapp 10 % leichter und besitzen weniger Nervenzellen. Doch Vorsicht, Mann, zu früh gefreut. Das Gehirn ist bereits das zweite Organ beim Mann, bei dem es nicht allein auf die Größe ankommt. Entscheidend ist vielmehr die Qualität der Verknüpfung der beiden Gehirnhälften. Ihr Damen seid uns Männern hier um fast 30 % überlegen. Und woran merkst du als Mann, wenn du etwas falsch gemacht hast? – Während der Mann es bereits nach kurzer Zeit vergessen hat, erinnert sich die Frau auch noch zehn Jahre später daran.

Wer rastet, der rostet

Wer rastet, der rostet! Das menschliche Gedächtnis verkümmert aktuell mehr und mehr – sowohl bei der Frau als auch beim Mann. Das kann sogar so weit führen, dass du eines Tages deine Autoschlüssel neben der Erdbeermarmelade im Kühlschrank entdeckst. Kennst du das auch? Du sitzt morgens im Auto oder in der Bahn und überlegst: „Habe ich die Kaffeemaschine ausgestellt?"; „Mist, hatte gestern nicht die Gaby Geburtstag?"; „Wie heißt noch der Kunde, zu dem ich gerade fahre? Ich komm nicht drauf." Du bist schusselig und verträumt. Du vergisst Termine, Namen, Telefonnummern, Worte, Geburtstage. Nichts bleibt hängen. Einkaufen? Nur mit Zettel, den du häufig zu Hause liegen lässt. Du leidest an der Alles-oder-nichts-Krankheit: du willst dir alles merken, behältst jedoch nichts!

Hinzu kommt, dass dein Gehirn ein bisschen deinem Keller gleicht. In dem werden Unmengen von Krimskrams angesammelt. Nur ist es leider gerade dann verschollen, wenn du es unbedingt brauchst. Viel häufiger, als dass du Dinge vergisst, findest du sie einfach nur nicht. Das Verkaufsargument, das du gerade am Telefon brauchst, fällt dir während des Gesprächs partout nicht ein. Kaum liegt der Hörer in der Ladestation, ist es samt Argumentationskette sofort wieder präsent.

Um jugendlich auszusehen, auch im hohen Alter, wird gerne nachgeholfen: Cremes, Tabletten, Silikon, Spritzen, Skalpell. Was bringt dir jedoch der makellose Körper, wenn dein Oberstübchen verkommt? Doping fürs Gehirn ist angesagt. Medikamente wie Ritalin, Modafinil und Co. kommen heute mehr und mehr in Mode, um das Gehirn fit und munter zu machen. Heute schlucken bereits Schulkinder Pillen, um ihre Aufmerksamkeit zu erhöhen. Der Ritalinkonsum von Jungen und Mädchen hat sich in den letzten zehn Jahren verzwanzigfacht – möglichen Nebenwirkungen zum Trotz, die ggf. auch bleibende Schäden verursachen.

Keine Sorge. Noch sind Hopfen und Malz keinesfalls verloren. Du kannst etwas dafür tun, dass es besser wird. Vertraue statt der Chemie der konventionellen Methode, dem Gehirntraining. Dein Gehirn kann sich ständig weiter entwickeln, bis ins hohe Alter. Zwar verliert dein Gehirn im Laufe deines Lebens ca. 200g an Gewicht. Dieser Verlust bedeutet jedoch keineswegs automatisch eine wahrnehmbare Beeinträchtigung, denn du nutzt sowieso nur einen Bruchteil deiner Gehirnleistung. Einzig beim Energieverbrauch schlägt dein Gehirn kräftig zu. Bei 2 % Körpermasseanteil verbraucht es knapp 20 % deiner Energie. Gut, bei den meisten verpufft sie einfach und geht in einer großen Rauchwolke auf ...

Täglich gelangt eine riesige Menge an Informationen in deinen Kopf, nur wenig bleibt dort bzw. nur wenig findest du zum gewünschten Zeitpunkt wieder. Mit ein wenig Gedächtnistraining ist es möglich, dass du deine Gedächtnisleistung vervier- oder gar verfünffachst. Talent ist hier übrigens kein entscheidendes Kriterium. Du brauchst dafür weder einen Doktortitel, Studienabschluss oder Abitur. Du brauchst nicht einmal einen Schulabschluss.

Das Einzige, was du brauchst, ist die richtige Methode. Und um diese zu beherrschen, brauchst du auch keineswegs jeden Tag viele Stunden zu trainieren. Täglich ca. 11 Minuten Training mit den richtigen Techniken unterstützen dich dabei, dein Gedächtnis auf Vordermann zu bringen.

Sorry, ohne Übung funktioniert es nicht. Und du brauchst Kontinuität. Am ersten Sonntag des Monats in die Wanne zu steigen und für den Rest des Monats aufs Waschen zu verzichten, funktioniert nicht wirklich. Regelmäßiges Waschen ist angesagt, das Gleiche gilt für die Gehirnwäsche. Bereits nach wenigen Tagen Gehirnjogging erzielst du Verbesserungen und nach wenigen Wochen stellst du signifikante Verbesserungen im Alltag fest. Und das Schöne dabei ist: Fehler sind erlaubt! Ja, du liest richtig, du darfst Fehler machen. Und keiner ist dir böse. Ärgerst du dich dagegen über Fehler, wird sofort das Stresshormon Adrenalin ausgeschüttet und ggf. sogar eine Blockade oder ein Blackout ausgelöst. Wenn du Fehler machen darfst, bist du hingegen gelassener und dein Gehirn funktioniert störungsfrei.

Du fragst dich vielleicht: „Komm, wofür denn bitte Gedächtnistraining, wenn ich mir alle wichtigen Infos in meinem iPhone speichere? Es gibt doch genügend Hilfsmittel, die mir das Denken abnehmen." Gerade deshalb! Du nutzt dein Gehirn heute bereits im Kindesalter viel weniger als früher. Taschenrechner sind bereits ab der fünften Klasse erlaubt. Ich erlebe die Entwicklung in Schulen hautnah mit: Vokabeln lernen wird immer uncooler, Hausaufgaben werden keine mehr gemacht und, und, und.

Du verlässt dich aufs Handy, auf diverse Suchmaschinen im Internet und auf elektronische Terminkalender. Wie viele Telefonnummern kennst du heute noch auswendig? Wenige kennen ihre eigene. Stelle dir vor, dein Handy ist kaputt. Du willst deinen Partner anrufen, dass du später kommst. Was bringt dir nun ein Handy eines Kollegen, wenn du die Nummer nicht kennst? Du leidest unter digitalem Alzheimer. Je weniger du dein Gehirn nutzt, desto weniger kann es funktionieren. Wie willst du im Alter geistig fit sein, wenn du schon jetzt damit beginnst, dein Gedächtnis zu vernachlässigen, und fleißig darauf hinarbeitest, später unter geistiger Verblödung und Alzheimer zu leiden? Baust du kein fundiertes Basiswissen auf und bist auch nicht bereit, dir Wissen anzueignen, kannst du auch keine kreativen Ideen produzieren. Ist doch beruhigend, das zu wissen, oder? Deshalb ist es außerordentlich wichtig, dass du deine grauen Zellen wieder forderst und förderst, wie du es als Kleinkind noch spielerisch gemacht hast. Beginne gleich JETZT!

Der vierfache Paralympicssieger im Tischtennis, Jochen Wollmert, sagt zur Bedeutung des lebenslangen Lernens: *„Es ist für jeden wichtig, dazu zu lernen und sich weiter zu entwickeln. Das gilt für den Sport wie für den Beruf. So gibt es im Sport Änderungen in der Technik und der Taktik, die erfordern, sein Spielsystem anzupassen. Dasselbe gilt für den Beruf, der einer ständigen Weiterentwicklung bedarf."*

Der erfolgreiche Flensburger Erfinder (u. a. Smokythek, TrinkUhr) Sven Olsen sieht es genauso: *„Mir scheint lebenslanges Lernen der wichtigste Aspekt unserer Entwicklung zu sein. Wer aufhört zu lernen, hört auf, dabei zu sein und lässt das Leben an sich vorbeiziehen. Heute bestimmen Dinge unser tägliches Leben, die es vor einigen Jahren noch gar nicht gab. Informationen gehen im Sekundentakt um die Welt und wir googeln-posten-skypen. Das auf der Welt vorhandene und täglich benötigte Wissen wächst rasant. Die Universität des Lebens, das lebenslange Lernen, ist heute so wichtig und spannend wie das Leben selbst."*

Gedächtnistraining erleichtert dir das lebenslange Lernen ungemein. Für wen ist Gedächtnistraining geeignet? Als Schüler und Student kannst du dich leichter auf anstehende Prüfungen vorbereiten und weitaus bessere Noten schreiben, sogar mit weniger Aufwand. Auch im Beruf profitierst du. Du merkst dir Namen und Gesichter, Telefonnummern und Fachwissen besser. Als Verkäufer merkst du dir die wichtigsten Verkaufsargumente in spielerischer Form. In deiner Partnerschaft kannst du dir einigen Stress ersparen, weil du in Zukunft an die Einkaufsliste und den Jahres-/Hochzeitstag denkst. Wieder andere merken sich plötzlich Witze und verlegen weniger Gegenstände wie Schlüssel bzw. finden sie schneller wieder.

Ob du Informationen behältst oder nicht, hängt stark von deiner Motivation ab. Je größer die Motivation, desto größer dein Lernerfolg. Du speicherst primär das ab, was dich auch interessiert. Ist dir ein Thema wichtig, macht es dir Spaß, dich damit zu beschäftigen. Dann geht dir alles einfacher von der Hand und es bleibt im Gedächtnis. Mir geht es persönlich so, wenn es um Sportergebnisse geht. Ich bin total sportbegeistert. Täglich surfe ich im Internet und im Videotext und überfliege die Sportergebnisse in den verschiedensten Sportarten, um auf dem neuesten Stand zu sein. Dabei halte ich Ausschau nach Erfolgsgeschichten, die ich in meine Vorträge einbauen kann. Außerdem verfolge ich natürlich auch gespannt die Entwicklung der

Sportler und Mannschaften, die ich begleite. Wenn ich mich im Anschluss an mein „Sportstudium" mit meiner Frau unterhalte, wird die manchmal fast wahnsinnig. Ich frage sie: „Mensch, hast du schon gehört, Bayern hat ... gespielt. Und Nowitzki hat ... geschafft. Und die Handballer haben ... gewonnen." Dabei werfe ich mit Statistiken um mich, als würde ich den ganzen Tag nichts anderes tun, als diese auswendig zu lernen. Dabei überfliege ich sie tatsächlich nur. Meine Grundmotivation ist jedoch so hoch, dass die Informationen in meinem Kopf hängen bleiben, teilweise sogar über Wochen, Monate oder gar Jahre. Ich kann gar nichts dafür.

Auf der anderen Seite kann mir meine Frau per Telefon auf dem Weg in den Supermarkt sagen: „Schatz, denk bitte dran, Brot mitzubringen." Wenn ich mir das nicht gezielt abspeichere, ist die Information innerhalb von Sekunden wieder weg. Als hätte sie das niemals gesagt. Es ist in der Vergangenheit sogar schon vorgekom-men, dass ich felsenfest davon überzeugt war, dass sie nichts von Brot gesagt hatte. Das hätte mich das eine oder andere Mal fast meinen Kopf gekostet. Wie in diesem Supermarktfall gilt es natürlich auch, sich Informationen zu merken, die dich weniger interessieren. Dort greifen die Gedächtnistechniken.

Jedes Kind hat eine erstaunlich hohe Grundmotivation, was das Lernen betrifft. Wenn du es als Erwachsener schaffst, diese Grundmotivation zu erhalten oder wieder zu entfachen, ist es möglich, dein Leben lang schnell und mit Spaß zu lernen. Selbstverständlich brauchst du als 60-Jähriger länger, deine Gedächtnisleistung zu verbessern, als wenn du erst 16 oder 20 Jahre alt bist. Das liegt u.a. daran, dass du als älterer Mensch deine grauen Zellen, die du über Jahre vernachlässigt hast, erst wieder anschieben und ein Gefühl fürs Lernen entwickeln musst. Jemand, der direkt aus der Schule, dem Studium oder der Ausbildung kommt, ist das Lernen gewohnt. Außerdem verliert dein Gehirn ab dem 22. Lebensjahr jährlich etwa 1-1,5 % seiner Leistungsfähigkeit, wenn es wenig genutzt wird. Dennoch lohnt sich ein regelmäßiges Training in jedem Alter. So wird das Lernen für jede Altersklasse zu einem spielerischen Vergnügen.

Dank sogenannter Mnemotechniken könntest du noch besser eine Rede frei halten, dich im Verkaufsgespräch an Details und die gewünschten Argumente für dein Produkt erinnern, die Namen und Gesichter deiner Kunden behalten, den Hochzeitstag nicht vergessen, Vokabeln, Formeln, Daten, die Einkaufsliste und Zahlenreihen wie Pin- und Telefonnummern mit Leichtigkeit dir einprägen. Aufschreiben war gestern, dank Mnemotechniken kannst du deinen Notizzettel im Kopf abspeichern. „Mnemo" leitet sich von „Mnemosyne" ab, eine Titanin und Geliebte des Zeus, die in der griechischen Mythologie als Göttin der Erinnerung gilt. Beherrschst du die Mnemotechnik, lernst du nicht nur schneller und effizienter, du bist auch vor Blackouts geschützt. Angst, das Gelernte im entscheidenden Moment zu vergessen, spielt bei Prüfungen eine große Rolle. Dank der Mnemotechniken hast du jedoch wieder Spaß am Lernen und da hat Angst keinen Platz mehr.

Der Memory-Effekt – Lernen mit Bildern

Die Kunst für ein gutes Gedächtnis besteht darin, dass du alle Informationen, die du behalten möchtest, in Bilder umwandelst – verbunden mit Emotionen. So wie sich z. B. Spitzensportler ihre Ziele mit Bildern visualisieren, kannst du Bilder sehr gut nutzen, um wichtige Informationen auf deiner Festplatte – dem Gehirn – abzuspeichern. Es ist das Denken in Bildern, das Fantasieren in kleinen verrückten Geschichten, das du brauchst, um unerwünschte Gedächtnislücken zu stopfen.

Der Trick ist, dass du beide Gehirnhälften nutzt. Die linke steht für Zahlen, Daten, Fakten (ZDF) und ist für die Logik zuständig, die rechte steht für Emotionen, Gefühle, Bilder, Phantasie, Gerüche, Kreativität. Wenn du nun beide Gehirnhälften mit Unterstützung von Phantasie und Bildern verknüpfst, kannst du auf unterhaltsame Art und Weise jede Menge Wissen abspeichern. Lustige, kindgerechte Geschichten setzen sich extrem schnell und nachhaltig fest. Grenzenloses Herumspinnen ist Voraussetzung für den Erfolg. Dein Gehirn liebt das Außergewöhnliche. Das Normale lässt es kalt.

Der Erlebnistennisspieler Erkan Soysal, bekannt aus „Wetten, dass ..?" und u. a. Rekordhalter von vier Guiness-Weltrekorden[8], setzt Bilder und Geschichten im Tennis gezielt bei seinen Schülern ein: *Ich belaste meine Schüler nicht mit fachspezifischen Worten (Pronation/Rotation/45 Grad Unterarmdrehung beim Ballkontakt usw.). Ich sage meinem Schüler stattdessen: ‚Lasse*

---

[8] Mehr Info unter www.erlebnistennis.de

deinen Schlagarm nach dem ausgeführtem Schlag (z. B. der Vorhand) so zum Stehen kommen, dass du die Uhrzeit vom Handgelenk ablesen kannst. Stelle dir einfach ein Standbild vor, wo eine weitsichtige Person die Uhr auf ca. 40 cm Entfernung vom Handgelenk abliest.' Hat mein Schüler dieses Standbild erreicht, hat er die Schlagausführung technisch mit allen Inhalten umgesetzt, ganz ohne komplizierte Fachworte."

In meinen Vorträgen erzähle ich regelmäßig Geschichten, da diese den zu vermittelnden Stoff am besten begreiflich machen. Die Zuhörer nehmen weitaus mehr aus einem Vortrag mit, wenn sie statt stupider Wissensvermittlung Geschichten hören. Das wollte ich in meinen Anfängen als Vortragsredner nicht glauben und habe viel Faktenwissen erzählt. Die Teilnehmer sind mir regelmäßig fast eingeschlafen und waren nach dem Vortrag vor allem geistig geschafft – zu viel „Kaugummi" fürs Gehirn.

Durch den Einsatz von Emotionen beim Lernen – am besten positiven – behältst du die gewünschten Inhalte weitaus schneller. Zielsetzung ist, das Lernen zum Spiel zu machen. Mit Spaß lernst du bis zu elf Mal leichter. Wissen jeder Art speicherst du schneller und nachhaltiger ab, wenn es mit positiven Emotionen verbunden wird. Lernen bei guter Laune funktioniert also am besten. Humor bewirkt, dass du dich gut fühlst.

Dass dein Gehirn sehr gut dafür geeignet ist, über Bilder und Emotionen zu lernen, zeigt sich bereits im Kindesalter. Hast du schon einmal gegen vier- bis fünfjährige Kids Memory gespielt? Und, wie war es? Grausam, oder? Da erzielst du keinen Stich. Die führen uns vor. Ich habe vor vielen Jahren Memory gegen den Cousin meiner Frau gespielt, der damals knapp fünf Jahre alt war. Daran erinnere ich mich noch heute, als wäre es gestern gewesen – was zeigt, wie stark sich emotionale Erlebnisse bei uns ins Gedächtnis einbrennen. Erinnerst du dich z. B. noch an den 11. September? Du fragst jetzt sicher nicht: „Was für ein 11. September?" Du fragst höchstens: „Du meinst den Terroranschlag in New York?" Genau, den meine ich. Kannst du dich noch an das Jahr des Anschlags erinnern? Richtig, 2001. Ich kann mich sogar noch genau daran erinnern, um welche Uhrzeit das war und was ich gerade gemacht habe. Es war 15:30 Uhr am Nachmittag. Ich war bei meinen Eltern zu Besuch. Draußen schien die Sonne und das Fernsehgerät lief gerade. Das ist ewig her, doch ist es so präsent, als wäre es gestern. Kannst du dich auf der anderen Seite noch daran erinnern, was du vor drei Tagen zu Mittag gegessen hast? „Woher soll ich das noch wissen?", fragst du mich vielleicht.

Die meisten wissen es tatsächlich nicht mehr. Es fehlen besondere Emotionen dazu. Dagegen kann ich dir noch sagen, was ich am 23. Dezember 2010 meiner Frau zu Mittag gekocht habe. Warum? Das war der Tag, an dem ich ihr den Hochzeitsantrag gemacht habe. Sind hohe Emotionen – positiver oder negativer Art – im Spiel, brennen sich die Ereignisse richtig tief auf deiner Festplatte ein.

Kommen wir zurück zum Memory-Beispiel. Auch hier waren Emotionen im Spiel. Nach ein paar Runden Memory fragte der Cousin meiner Frau mich: „Du, warum kannst du das eigentlich nicht? Das ist doch ganz einfach." Zu Beginn hielt ich mich damals für richtig clever. Ich hatte zunächst die Karte umgedreht, bei der ich mir unsicher war. Damit hatte ich noch eine zweite Chance, falls es die falsche war. Doch er hatte eine andere Taktik: Er drehte erst die Karte um, bei der er sich sicher war. Und bei der zweiten war er sich leider auch sicher. Während ich noch grübelte: „Verdammt, wo ist bloß die Karte mit dem Spielzeugauto?", hatte er das Auto bereits gefunden und zwei weitere Pärchen richtig aufgedeckt. Du brauchst ein gesundes Ego, um mit kleinen Kindern Memory zu spielen.

Warum bekommen die Knirpse das Memory-Spiel so gut hin? Die Kleinen verbreiten totales Chaos auf dem Spielfeld, während unsereins am liebsten ein präzise aufgestelltes Spielfeld hätte, bei dem die Karten alle in Reih und Glied stehen. Die Kleinen sehen das ganze Spiel als ein großes Bild und merken sich die Details. Wir Erwachsenen dagegen versuchen – meist vergeblich – ausschließlich über Rationalität die richtige Karte zu finden: „Den bunten Ball finde ich in der dritten Zeile von oben und in der fünften Spalte von links." Schwierig wird es, wenn nur noch wenige Karten da sind, weil uns dann das Ausgangsstadium mit allen Karten fehlt. Wir Erwachsenen nutzen primär die linke Gehirnhälfte, die Logik. Diese fordert ein klares System. Kinder nutzen auch die rationale, doch vor allem die rechte bildhafte und emotionale Seite. Ein kleines Kind merkt sich das alles fast ausschließlich unbewusst. Der Knirps greift hin, weil er das räumliche Vorstellungsvermögen mit der bildhaften Erinnerung und der Rationalität der linken Gehirnhälfte verbindet. Und schon hat er schneller die zugehörigen Karten gefunden als du.

Anderen Erwachsenen und mir gegenüber habe ich die Niederlagen folgendermaßen beschönigt: „Du weißt doch. Es ist wichtig, den Kleinen gewinnen zu lassen. Der ist gezeichnet fürs Leben, wenn er verliert. Das Gewinnen steigert vor allem sein Selbstbewusstsein und Selbstvertrauen." Ob die Ausrede funktioniert hat, fragst du dich? Nicht wirklich. Sie war jedoch wichtig für mein Ego. Heute gehe ich dem Memory-Wettkampf mit kleinen Kindern einfach aus dem Weg.

Der ehemalige Tennisprofi und Davis-Cup-Sieger Marc-Kevin Goellner hat das Lernen von Kindern für sich entdeckt: *„Lebenslanges Lernen ist ganz wichtig. Wenn man stehen bleibt, ist das Leben zu Ende. Wir können uns zu jeder Zeit von anderen etwas abgucken. Am meisten lernen wir von Kindern und können uns Kleinigkeiten abgucken. Das sollte man sich bewahren."*

Ein Tipp für die Zukunft:

Obwohl die linke und rechte Gehirnhälfte bei Frauen von Natur aus besser verknüpft ist, vergessen sie genauso häufig wie Männer, wo sie ihre Autoschlüssel hingelegt haben. Teste einmal ein richtiges Abschiedsszenario aus: „So, lieber Schlüssel, ich lege dich jetzt hier direkt auf den Heizkörper und hole dich auch später genau hier wieder ab." Bisher  hast du deinen Schlüssel meist unbewusst verlegt, d. h., du warst mit deinen Gedanken woanders, als du ihn abgelegt hast. Durch das Abschiedsszenario schaffst du ein größeres Bewusstsein.

Welche Bilder und Techniken du letztlich einsetzt, um dir Informationen zu merken, bleibt dir überlassen. Entscheidend ist vielmehr, DASS du die gewünschten Dinge behältst. Neben den im Buch genannten gibt es noch viele weitere Techniken, mit denen du dich geistig fit halten und deine Familie, Freunde, Kollegen und Kunden zum Staunen bringen kannst. Traue dir etwas zu, aktiviere dein Gehirn und bleibe dabei locker und gelassen. Fange klein an und setze dir gerade zu Beginn erreichbare Ziele.

„Lebenslanges Lernen hält jung" – Interview mit Charly Steeb

 Charly Steeb ist dreifacher Davis-Cup-Sieger sowie zweifacher Olympiateilnehmer und war vier Jahre Kapitän des deutschen Davis-Cup-Teams. Bis Ende 2009 war er Gesellschafter der Sportmanagement Agentur CMG (ClientManagementGroup), die sich mit der Vermarktung von Sportlern, Schauspielern und Events beschäftigt. Seit Januar 2010 ist er als Geschäftsführender Gesellschafter der Charly Steeb GmbH in der Sportler- und Eventvermarktung tätig. Seit dem Wechsel vom Spitzensport in das Management beschäftigt sich Charly Steeb mit der Frage, wie sich Erfolgsstrategien aus dem Profisport auf das Management übertragen lassen. Diesbezüglich hat er sich spezialisiert auf die Themen Motivation, Teambuilding und Führung sowie Stressmanagement und Mentaltraining.[9]

Was bedeutet für dich LEBEnsqualität?

„Lebensqualität bedeutet für mich vor allem, Zeit mit meiner Familie verbringen zu können. Auf der anderen Seite auch, gesundheitlich in der Lage zu sein, alles tun zu können, z. B. den Sport treiben, den ich möchte."

Wie kann Tennis die eigene LEBEnsqualität steigern?

„Tennis ist eine Sportart, die du bis ins hohe Alter betreiben kannst. Sie hat eine hohe soziale Komponente, so dass du sie mit deinen Freunden ausüben kannst. Sie erhöht die eigene Lebensqualität – vor allem für mich persönlich besitzt Tennis eine hohe Leidenschaft."

Welche Bedeutung hat lebenslanges Lernen für dich?

„Ich halte es für sehr wichtig, offen zu sein und lebenslang zu lernen. Ich arbeite mich ständig in andere Sportarten ein, lerne Neues dazu. Auch neue Sprachen zu lernen ist wichtig. Dann bleibt man auch jung."

---

[9] Mehr Infos unter www.charlysteeb.com und www.brainandbalance.de

Hast du eine spezielle oder mehrere Lernmethoden, um dir z. B. besser Namen, die Geheimzahl deiner EC-Karte oder eine Einkaufsliste zu merken?

„Früher fiel es mir schwer, wenn ich Gesichter gesehen habe, mir die Namen dazu zu merken. Wenn z. B. jemand Ralf heißt, den ich kennen lerne, verbinde ich heute das Bild dieser Person mit einem Ralf, den ich bereits kenne. Das hilft mir enorm beim nächsten Mal, mich an den Namen zu erinnern. Zahlen verbinde ich mit einem Bild, einer Geschichte oder einer Jahreszahl, die mir vertraut ist. Zum Beispiel 1967 als mein Geburtsjahr."

Welche Rolle spielten zu deiner aktiven Zeit mentale Grenzen in deinem Sport, z. B. Spieler zu schlagen, die als unschlagbar galten? Wie bist du damit umgegangen?

„Ich habe mir selbst zu viele Grenzen gesetzt, oft zum Negativen. Ich habe bewertet, wie gut der andere ist. Das hatte entsprechenden Einfluss auf meine eigene Leistung. Ich habe durch Kung-Fu kennen gelernt, Grenzen extrem zu verschieben. Ich habe Übungen durchgeführt, bei denen ich vorher im Traum nicht geglaubt hätte, die machen zu können. Das hat mir auch fürs Tennis geholfen, einen Schritt weiter über Grenzen hinaus zu gehen. Ein normales Tennistraining war nach einem Kung-Fu-Training keine besondere Herausforderung mehr."

Praktische Anwendung

1. Tag: LERNEN – Merke dir Zahlen, PIN-Codes, Telefonnummern ...

Hast du Mühe, dir Zahlen zu merken, die mehr als zehnstellig sind? Du lachst mich aus und empfiehlst mir, weniger ironisch zu sein? Im Kurzzeitgedächtnis kannst du dir etwa bis zu sieben Zahlen merken, wenn du untrainiert bist. Gedächtnisgroßmeister merken sich innerhalb einer Stunde über 2.000 Ziffern in der richtigen Reihenfolge und bereits über 100 in fünf Minuten. Nur wenige wollen das. Ich auch nicht. Darum geht es mir auch gar nicht. Es zeigt jedoch, wozu du in der Lage sein könntest, wenn du ein wenig üben würdest.

Bekomme ich deine Telefonnummer?

Ich teile deine Ansicht, dass es wenig Sinn macht, sich Hunderte oder Tausende Ziffern zu merken. Dennoch kann es von Vorteil sein, wenn du dir z. B. Telefonnummern (bis zu 13 Ziffern) schnell und vor allem nachhaltig merken kannst. Stelle dir vor, du gehst morgen früh laufen. Im nächstgelegenen Park begegnest du deiner Traumprinzessin, deinem Traumprinzen, Kaliber Heidi Klum, Angelina Jolie bzw. Brad Pitt, George Clooney oder wer

dir gerade gefällt. Du sprichst ihn bzw. sie an und ihr kommt ins Gespräch. Am Ende sagst du: „Was meinst du, wir können doch mal die Tage telefonieren, um uns zu verabreden. Bekomme ich deine Telefonnummer?" Dein Gegenüber: „Ja, klar." Du denkst dir: „Mist, warum habe ich gerade jetzt keinen Stift am Ohr? Den hab ich doch sonst immer dabei." Dein Handy hast du auch zu Hause gelassen. Was bleibt? Richtig: merken. Der andere legt los: „0171 7086583." Noch ein kurzes „Ciao" und du stehst wieder allein auf weiter Flur. Du rufst noch hinterher: „Alles klar, deine Nummer habe ich gespeichert. Ich rufe dich nachher an, Schatz." Was meinst du, was du für einen Eindruck hinterlässt, wenn du tatsächlich anrufst? Vor allem, wenn der andere sich gedacht hat: „Der/Die merkt sich das sowieso nicht. Endlich bin ich ihn/sie los." Und plötzlich rufst du an. In diesem Moment würde ich alles für ein Bildtelefon geben.

Doch wie merkst du dir nun Zahlen besser? Viele vertreten die Meinung: „Es gibt nichts Trockeneres als Zahlen." Das stimmt – wenn du sie nur rational als Zahlen betrachtest. Verwandelst du Zahlen hingegen in Bilder, behältst du sie in Zukunft besser.

Wenn du willst, kannst du dir mit ein wenig Training jede Telefonnummer merken. Dafür brauchst du keinesfalls ein Zahlengenie oder gar ein Freak zu sein. Mit der richtigen Technik bleiben die Zahlen in deinem Gedächtnis hängen. Mache dir in Zukunft zu jeder Zahl ein Bild. Du möchtest wissen, wie das geht? Dazu stelle ich dir die sogenannte „Klobrillen-Liste" vor, benannt nach dem Bild für die erste Zahl „0".

Die Klobrillen-Liste beinhaltet die Zahlen 0–20 und dazu passende Bilder.

Beispiele für die Klobrillen-Liste:

- Die Zahl 0 ist ganz einfach – die Klobrille, da sie die Form einer 0 hat. Das WC hat welches Symbol? Richtig, die Doppelnull „00".
- Die 1 ist das Einrad, Zwillinge sind zu 2-t, die 3 ist die Ampel mit ihren drei Phasen (grün, gelb, rot).
- Der Kompass hat 4 Himmelsrichtungen – Norden, Süden, Westen, Osten.
- 5 Finger hat die Hand. Bitte keine Diskussionen, inwieweit der Daumen als Finger gilt oder nicht. Biologen wissen, was ich meine.
- Am 6. Dezember kommt der Nikolaus. Wenn du artig warst, legt er dir kleine Geschenke von Beate Uhse oder Orion in deinen geputzten Schuh. Richtig, erotische Bilder zur besseren Verknüpfung der 6 mit dem Nikolaus.
- Zu der 7 passen am besten die 7 Zwerge hinter den 7 Bergen. Im Wort Achterbahn steckt die Zahl 8 bereits drin.
- 9 ist der Luftballon: ein Ballon mit einem Band sieht aus wie die Zahl neun, außerdem kennst du sicher das Lied „99 Luftballons" von Nena.
- Die 10 Gebote in der Bibel passen perfekt zur 10, 10 ist also die Bibel.

Selbstverständlich kannst du dir hier deine eigenen Bilder ausdenken, die zu den jeweiligen Zahlen passen. So kann die Nr. 1 auch ein Baum, ein Zauberstab, ein Ei, eine Flasche, eine Kerze, der Torwart oder einfach Platz 1 auf dem Podium sein. Oder etwas ganz anderes. Wichtig ist bei der Auswahl der Bilder, dass sie von der Form oder vom Zusammenhang her zu der jeweiligen Zahl passen. Je länger du brauchst, um dir ein passendes Bild auszudenken, desto besser bleibt das Bild im Gedächtnis haften. Wird dein Gehirn aufgefordert, sich intensiv mit einer Sache zu beschäftigen, werden viele Informationen dazu abgespeichert.

Aufgabe:
Lerne die ersten elf Briefkästen deiner Klobrillen-Liste auswendig. Das geht sehr schnell, wenn du dir zu der Zahl das entsprechende Bild vorstellst. Was ist noch die 2? Und die 4? Die 8? 1? 5? 0? 10?

2?	
4?	
8?	
1?	
5?	
0?	
10?	

Sehr gut!

Diese Technik bietet dir die Möglichkeit, beliebig lange Zahlenkombinationen abzuspeichern. Du zerlegst eine beliebig lange Zahlenfolge in Einzelzahlen oder Zahlenpaare. Zu den Zahlenpaaren denkst du dir passende Bilder aus. Anschließend entwickelst du aus den Bildern eine passende Geschichte. Gibst du die Geschichte in der richtigen Reihenfolge wieder, ergibt sich daraus die ursprüngliche Zahlenreihe. Das schaffst du auch ohne den Titel als Gedächtnisweltmeister.

Auch die Zahlen 11 bis 20 der Klobrillen-Liste kannst du dir bildhaft merken. Hier findest du meine Eselsbrücken.

Beispiele der Klobrillen-Liste 11 bis 20:
- 11 Spieler hat die Fußballmannschaft.
- 12 Uhr ist Mittag.
- Bei der Zahl 13 fällt mir sofort Freitag, der 13., ein. Also ist ein Kalenderblatt mit „Freitag, 13." das Bild zur 13.
- Am 14. Februar steht Valentinstag auf dem Plan. Das Herz ist ein schönes Bild für diesen besonderen und emotionalen Tag.
- 15 Punkte ist die beste Note in der Schule. Die 15 hat damit das Bild Schule.
- Um 16 Uhr ist „Teatime". Da gibt es Tee und Gebäck.
- 17 ist Schneewittchen, weil eine Person – Schneewittchen – mit sieben anderen – den 7 Zwergen – unterwegs ist.
- 18 Löcher hat der Golfplatz.
- Um 19 Uhr gibt es Abendessen.
- Um 20 Uhr beginnt die Tagesschau.

Aufgabe:
Lerne auch die Zahlen 11 bis 20 auswendig, bevor du mit der nun folgenden Übung weiter machst. Wiederhole anschließend alle 21 Briefkästen. Es wird einige Zahlen geben, zu denen dir sofort die Bilder einfallen, bei anderen brauchst du länger. Das hängt mit der Qualität der Bilder und der Verknüpfungen in deinem Gehirn zusammen. Wenn du dir das eine oder andere Bild partout nicht merken kannst, suche dir ein anderes, zu der Zahl passendes.

0	
1	11
2	12
3	13
4	14
5	15
6	16
7	17
8	18
9	19
10	20

Nehmen wir die oben erwähnte Telefonnummer, um sie zu lernen. Sie lautet: 0171 7086583. Die 01 kannst du schon einmal getrost wegstreichen, da jede Handynummer mit 01 beginnt. Es bleibt übrig 7 17 0 8 6 5 8 3. Wie du siehst, habe ich auch Zahlenpaare gebildet, zu denen du bereits Briefkästen besitzt. Es bleiben acht Bilder, die wir im Folgenden zu einer Geschichte verknüpfen.

7 = Zwerge, 17 = Schneewittchen, 0 = Klobrille, 8 = Achterbahn, 6 = Nikolaus, 5 = Hand, 8 = Achterbahn, 3 = Ampel.

Merke dir folgende Geschichte: Die 7 Zwerge klammern sich an Schneewittchens Rockzipfel fest, weil sie auf der Klobrille eine wilde Achterbahnfahrt genießen, die sie vom Nikolaus geschenkt bekommen haben. Plötzlich greifen alle blitzartig mit der Hand in die Achterbahn, um zu bremsen. Die Ampel ist nämlich auf Rot gesprungen.

Jetzt sagst du vielleicht: „Boah, ist das aufwändig. Ich soll mir acht Bilder in Form einer Geschichte merken, um eine Telefonnummer abzuspeichern? Da wäre es doch viel einfacher und vor allem schneller, nur die Telefonnummer auswendig zu lernen, als zusätzlich noch den Bilderkram drum herum." Im ersten Moment klingt deine Argumentation schlüssig. Du wirst mit ein wenig Übung jedoch schnell feststellen, dass diese Technik dir das Abspeichern von Telefonnummern immens erleichtert. Denke daran, die Geschichte mit der Person zu verknüpfen, zu der die Telefonnummer gehört. Sprich: Entweder gehören die 7 Zwerge der Person, die diese Telefonnummer hat, oder diese Person ist einer der 7 Zwerge.

Übung

Nun bist du dran. Nimm deine Handynummer und entwickle selbst daraus eine Geschichte, um sie dir zu merken. Wenn dich in den nächsten Tagen jemand nach deiner Handynummer fragt, antwortest du einfach: „Die 7 Zwerge klammern sich an Schneewittchens Rockzipfel, weil sie auf der Klobrille ..." Natürlich antwortest du mit deiner eigenen Telefonnummerngeschichte. Das kommt richtig gut an, glaube es mir. Vor allem als Frau ist dieser Ansatz genial, wenn dich ein Mann nach deiner Telefonnummer fragt.

Jetzt weißt du übrigens auch, wofür die Abkürzung 007 steht: „Auf der Toilette, da sitzen die sieben Zwerge" ...

Pin-Code oder Pin-Up?

Hattest du schon einmal einen Blackout am EC-Automaten? Wie oft habe ich früher am Automaten geschwitzt. Nicht, weil ich Angst hatte, dass mein Konto nicht gedeckt ist, sondern vielmehr: „Fällt mir jetzt auch meine PIN-Nummer ein?" Mir ist es damals das ein oder andere Mal passiert, dass meine EC-Karte einbehalten wurde. Drei Versuche sind auch nicht wirklich viel, oder? Bei vier Ziffern sind es immerhin 4x3x2x1 = 24 Möglichkeiten, um die richtige Kombination zu treffen. Da wäre ein wenig mehr Kulanz von den Banken schon wünschenswert, oder? Machen wir zum Beispiel die folgende PIN-Nummer: 4312. Die einzelnen Zahlen stehen für

die Bilder 4 = Kompass, 3 = Ampel, 1 = Einrad, 2 = Zwillinge. Eine mögliche Geschichte: Deine EC-Karte ist gleichzeitig ein Kompass. Dieser schlägt Alarm und zeigt Richtung Ampel. Du schaust hin und siehst auf einem Einrad Zwillinge bei Rot die Straße überqueren. Ich wette, dass du dir diese Geschichte weitaus schneller und länger merkst, als wenn du nur die Zahlen abspeicherst. Wie häufig passiert es, dass du die Zahlen vertauschst? Statt „43" machst du „34" daraus. Zwar kann es immer noch passieren, dass du am Ende überlegst: „Was war zuerst da? Das Einrad oder die Zwillinge? 12 oder 21?" Selbst wenn du hier falsch liegen solltest, kommst du mit einem Fehlversuch bei der Eingabe aus. Und mit etwas Glück spuckt der Automat das gewünschte Geld aus, vorausgesetzt, du hast etwas auf deinem Konto. Und spätestens, wenn du eine 100er Liste hast, zu der wir in den folgenden Wochen auch noch kommen werden, fällt das Vertauschen weg.

Übung: PIN-Nummer

Wenn du dieses Buch die ganze Zeit im Auge und in der Nacht unter deinem Kopfkissen liegen hast, trage hier deine PIN-Nummer ein. Ansonsten nutze zur Sicherheit einen Extrazettel. Die PIN-Nummer lautet: ▢▢▢▢ . Denke dir zu deiner PIN-Nummer eine passende Geschichte aus. Je absurder, bescheuerter, witziger, ungewöhnlicher deine Geschichte ist, desto besser prägst du sie dir ein.

Vorschläge für die Klobrillen-Liste (Zahlen-Symbol-System) auf einem Blick
0 Klobrille
1 Einrad, Baum, Torwart, Kerze, Zauberstab, 1. Platz
2 Zwilling, Schwan, Lichtschalter, Gehirn, Sonnenbrille,
3 Ampel, Dreizack, Hocker, Pyramide, Dreirad, M von McDonald, Möwe
4 Kompass, Auto, Stuhl, Kleeblatt
5 Hand
6 Nikolaus, Würfel, Elefant, (Orion), Schultüte
7 Zwerge, Fahne, 7 Schläfer
8 Achterbahn, Schneemann, Rennrad, BH, Sanduhr
9 Luftballon, Katze, Kegel
10 Bibel, Golfschläger mit Ball
11 Fußballmannschaft
12 Mittag, Gespenst
13 Freitag, Fahrstuhl
14 Herz (Valentinstag)
15 Schule, Ritter
16 Teatime, Teenager
17 Schneewittchen, Kartenspiel
18 Golfplatz, Feierabend, Verbotene Liebe, Führerschein
19 Abendessen
20 Tagesschau

Aufgabe: Klobrillen-Liste
Suche die für dich passenden Begriffe heraus bzw. finde neue und notiere sie dir.

0			
1		11	
2		12	
3		13	
4		14	
6		15	
7		16	
5		17	
8		18	
9		19	
10		20	

2. Tag: ERNÄHRUNG – Nüsse sind Hirnnahrung

Als hochwertigen, pflanzlichen Eiweißlieferanten empfehle ich dir Nüsse für deine Denkleistung. „Wie, Nüsse?", schaust du mich fragend an. „Nüsse machen doch dick." Warum? „Weil viel Fett darin ist." Du hast Recht! Nüsse enthalten viel Fett. Und es stimmt auch, dass sie dick machen. Nämlich dann, wenn du eine Packung auf einmal isst und vor allem dann, wenn sie sich in einer M&M's-Tüte verstecken. Nüsse sind jedoch besser als ihr Ruf. Nüsse enthalten wenig Kohlenhydrate. Dafür enthalten sie viel Eiweiß und hochwertiges Fett. Die Krönung der Nuss-Schöpfung ist die Walnuss. Sie hat ein ausgezeichnetes Verhältnis von Omega-6- zu Omega-3-Fetten. Schau dir einmal die Form der Walnuss an. Wie sieht sie aus? Richtig, wie dein Gehirn. Und schau mal hinein: Sie enthält sogar zwei Gehirnhälften. Was will die Natur dir damit sagen? Nein, natürlich nicht, dass du die Walnuss gegen dein Hirn austauschen sollst. Obwohl, bei einigen Menschen habe ich tatsächlich das Gefühl, dass deren Gehirn nicht wirklich viel größer ist als eine Walnuss ... Isst du regelmäßig Walnüsse, nimmt deine Denkleistung wieder an Fahrt auf. Die sinkt nämlich über die Jahre, weil die meisten Menschen zu wenig hochwertige Fette aus Fisch, Öl und eben Walnüssen zu sich nehmen. Das Verhältnis der Omega-6- zu Omega-3-Fetten ist bei vielen komplett missraten, da sie zu viele gesättigte Fettsäuren, z. B. aus Fertigprodukten, zu sich nehmen. Das Denken wird so mit dem Alter immer langsamer. Ich kann dich beruhigen: Du selbst merkst das nur bedingt. Viele schieben es aufs Alter, falls es dann doch irgendwann auffällt. Die Gründe liegen jedoch vielmehr in der unausgewogenen Ernährung.

Tipp:
Iss eine Hand voll Nüsse pro Tag und du kannst wieder klar denken.

3. Tag: BEWEGUNG – Treppe statt Fahrstuhl und Rolltreppe

100%ig kennst du den Tipp: „Nimm die Treppe statt des Fahrstuhls oder der Rolltreppe." Und, machst du das auch? Es genügt eben nicht, wenn du den Tipp kennst. Es gilt, dass du diesen Tipp lernst und lebst. Über 80 % der Bevölkerung lassen sich lieber von der Rolltreppe ins nächste Stockwerk befördern, als Treppen hochzugehen. Die meisten nehmen sogar den Fahrstuhl oder die Rolltreppe, um nach unten zu fahren. Warum bist du so faul und lässt dich „chauffieren", anstatt zu Fuß zu gehen? Standardantworten sind z. B.: „Das ist so anstrengend." Klar ist das anstrengend, wenn du dich im Alltag selbst kaum noch bewegst. Andere sagen: „Ich habe Hüfte." Oder Rücken, Knie, Fuß und andere Wehwehchen. Woher kommen diese Probleme? In der Regel daher, dass du dich kaum bewegst. Wieder andere antworten: „Ich bin so was von geschafft. Du, ich habe heute den ganzen Tag gearbeitet." Wenn du diese Menschen fragst, welcher Arbeit sie nachgehen, sitzen die meisten den ganzen Tag am Schreibtisch und verrichten durchweg geistige Arbeit, keinerlei körperliche Arbeit. Auch geistige Arbeit schlaucht, keine Frage. Dass jedoch Bewegung eine der besten Möglichkeiten ist, um nach einem harten Tag am Schreibtisch wieder in Schwung zu kommen, glaubt nur eine kleine Minderheit. Warum? Weil sie es nicht ausprobiert hat. Frage einmal die Menschen in deinem Umfeld, die sich am Ende eines harten Tages noch sportlich betätigen, wie sie sich anschließend fühlen. Die große Mehrheit wird dir sagen: „Ich fühle mich danach richtig gut. Ich bin energiegeladener als vorher. Der Bürostress ist wie weggeblasen. Ich kann supergut abschalten. Ich schlafe viel besser." Die, die sagen, dass sie danach fix und fertig seien, trainieren entweder zu hart oder sind ganz am Anfang.

44

Tipp:
Sei nicht einer von vielen, sondern sei eine Ausnahme. Nimm so häufig wie möglich die Treppe statt des Fahrstuhls oder der Rolltreppe.

Die ersten Male wird es noch etwas anstrengend sein und die Diskussionen mit deinem Schweinehund ‚Ach-nö' sind ggf. heftig. „Nein, ich will nicht laufen. Ich will fahren."– „Ich laufe! Und du kommst mit!"... Denke nicht darüber nach, tue es einfach. Schnappe dir die Leine und ziehe den Schweinehund hinter dir her. Mit jedem Mal fällt es dir leichter und du gewöhnst dich schnell daran. Auch dein Schweinehund folgt dir bald freiwillig. Nach ein paar Wochen ist es Normalität, zu Fuß zu gehen. Dann geht ihr – du und inzwischen „Oh ja" – locker mit einem Lächeln im Gesicht die Treppe hinauf an den Menschen vorbei, die neben euch die Rolltreppe nehmen. Was ist das für ein tolles Gefühl? Hey Treppe, du kannst kommen ...!

4. Tag: ENTSPANNUNG – Stress ade im Büroalltag!

Während du dir deine Kollegen nur bedingt aussuchen kannst, kannst du dein Arbeitsumfeld schon eher positiv beeinflussen. Wie wohl du dich im Job fühlst, hängt von mehreren Faktoren ab. Der Durchschnittsdeutsche sitzt heute sieben Stunden täglich. Wir kommen aus mit zwölf Minuten Bewegung am Tag. Diese Entwicklung ist alarmierend. In Deutschland haben die kaufmännisch-verwaltenden Berufe laut Bundesanstalt für Arbeitsschutz und Arbeitsmedizin aktuell die größte Zahl von krankheitsbedingten Ausfalltagen. Menschen, die während ihrer Arbeit hauptsächlich sitzen, werden übrigens auf charmante Art als „Bürogummi" bezeichnet.

Erleichtere dir den Büroalltag, indem du folgende Tipps beherzigst:

Tipp: Dynamisches Sitzen

Zu häufiges und zu langes Sitzen wirkt sich negativ auf deine Gesundheit aus. Ein höhenverstellbarer Tisch, der dir ermöglicht, auch im Stehen zu arbeiten, sollte heute Standard sein. Der „Faule" packt alle Arbeitsutensilien, die er häufig benötigt, direkt in Reichweite. Bloß unnötige Wege vermeiden. Mache es in Zukunft genau andersherum: Packe die häufig genutzten Arbeitsmittel außer Reichweite. Das zwingt dich, dich mehr zu bewegen. Und anstatt deinen Kollegen aus der anderen Abteilung anzurufen, gehe in Zukunft die paar Schritte zu ihm. Dynamisches Sitzen unterstützt deine Gesundheit und Leistungsfähigkeit – der Wechsel zwischen aufrechter, nach vorne gebeugter und zurückgelehnter Sitzhaltung sorgt für Abwechslung. Vor allem brauchst du Abwechslung bei den zu erledigenden Aufgaben. Untersuchungen haben deutlich gemacht, dass je monotoner und schlechter eine Arbeit gestaltet ist und je weniger Handlungsspielraum sie gewährt, desto mehr Ausfalltage aufgrund von Krankheit die Folge sind.

Tipp: Gute Beleuchtung

Bildschirmarbeit bedeutet für deine Augen Hochleistungssport. Abhängig von deiner Tätigkeit wandern deine Augen bis zu 30.000 Mal pro Tag vom Bildschirm über die Tastatur und Telefonanzeige hin zu den Papiervorlagen und wieder zurück. Das zeigt die Bedeutung einer guten Beleuchtung. Ich persönlich arbeite mit einer Tageslichtschreibtischleuchte. Der Unterschied zu normalem Schreibtischlicht ist wie der zwischen Tag und Nacht. Ich bin konzentrierter, fitter – selbst zum Feierabend hin. Brennende, müde, zusammengekniffene Augen, Kopfschmerzen und unkonzentrierte Arbeitsphasen sind längst Vergangenheit. Aber Achtung: Auch mit Tageslichtlampe sind Pausen einzuhalten.

Tipp: Luftaustausch

Mit Körpergerüchen aller Art getränkte, ungelüftete Arbeitsräume rauben deinem Körper den lebenswichtigen Sauerstoff, um klar denken und produktiv arbeiten zu können. Darüber hinaus pulvern Fotokopierer und Laserdrucker Feinstaub und Ozon in die Luft, Markerstifte enthalten Lösungsmittel und einige Möbel sind behandelt und sondern Gase ab. Die Werte liegen zwar unter den erlaubten Grenzwerten, eine Wirkung haben sie dennoch. Achte auf einen ständigen Luftaustausch in deinem Büro. Lüfte alle 88 Minuten in deiner Pause kurz durch. Zimmerpflanzen unterstützen den Luftaustausch und sorgen darüber hinaus für einen zusätzlichen Wohlfühleffekt. Eine norwegische Studie hat herausgefunden, dass die gesundheitlichen Probleme von Mitarbeitern in einem begrünten Büro geringer sind.

Tipp: Raumklima

Achte auch auf das Raumklima in deinem Büro, d. h. auf Temperatur und Luftfeuchtigkeit. Bist du einem ständigen Wechsel zwischen warm und kalt ausgesetzt, hast ständig Zugluft im Nacken oder Gesicht und leidest aufgrund dessen unter trockenen Augen, ist ein konzentriertes, angenehmes Arbeiten unmöglich. Allein ein Laserdrucker produziert so viel Wärme wie acht bis zehn Personen. Temperaturen von 21° bis 23° C im Winter und 22° bis 26° C im Sommer werden empfohlen – bei einer Luftfeuchtigkeit zwischen 30 und 60 %.

Sei dir sicher: Bei Umsetzung dieser Tipps erzielst du weitaus bessere Arbeitsergebnisse und bist vor allem nach Feierabend noch fit für private Aktivitäten.

5. Tag: MOTIVATION – Du setzt dir deine Grenzen selbst!

Wie viele Quadrate siehst du in der folgenden Abbildung 1? Zähle sie bitte erst einmal, bevor du weiter liest.

Abbildung 1

Fertig? Lass sie uns gemeinsam zählen. Wie lautet deine Antwort? 16? Meistens nennen Teilnehmer als erste Zahl sofort die 16. Letztens sagte jemand 9, doch die meisten sind mit 16 einverstanden. 17, sagst du? Stimmt, die ganze Abbildung selbst ist ein großes Quadrat.

O. k., plötzlich siehst du weitere Quadrate und zählst 21, weil du inzwischen auch die vier größeren Quadrate wahrgenommen hast, die sich aus je vier kleinen Quadraten zusammensetzen (Abbildung 2).

Ach so, 22, da die vier kleinen Quadrate der Mitte ebenfalls die Form eines größeren Quadrats besitzen.

Abbildung 2

Bist du fertig? Das glaubst du vielleicht. Jetzt geht es erst richtig los!

Schaue dir einmal das Kreuz in der Mitte an (Abbildung 3). Wiederum kommen vier größere Quadrate – zusammengesetzt aus kleinen – dazu und wir sind bereits bei 26 Stück.

Abbildung 3

Auch jetzt fallen dir vielleicht noch weitere, noch größere Quadrate ins Auge. Statt der 2x2 Felder erkennst du sicher die 3x3 Felder – die Neunerblöcke – wie sie in Abbildung 4 gekennzeichnet sind.

50

Abbildung 4

Schon bist du bei 30 Quadraten angelangt. Bei 30 hören die meisten in der Regel auf zu zählen. 30 ist für viele eine schöne Zahl – quadratisch, praktisch, gut. Sind 30 Quadrate auch für dich o. k.? Du sagst: „Joah, anfangs hatte ich schon weniger Quadrate im Blick und einige Zweifel, dass das wirklich so viele sein könnten. Jetzt kann ich die 30 Quadrate jedoch nachvollziehen."

Glaubst du etwa, dass das schon das Ende ist und ich mich mit gewöhnlichen 30 Quadraten zufrieden gebe? Gibst du dich mit 30 Quadraten zufrieden? Bedeuten 30 Quadrate für dich bereits, aus dem Quark zu kommen? Da erwarte ich schon mehr Einsatz von dir. Deshalb schaue bitte nochmals nach Möglichkeiten, die du bisher vernachlässigt hast, bevor du weiter liest.

Hey, hab ich dich erwischt? Erst selbst überlegen, dann weiter lesen!
Schaue dir intensiver die Stellen an, an denen die Linien sich schneiden. Was
fällt dir da auf? Entdeckst du dort die winzigen, kleinen Quadrate, die so
aussehen wie in den folgenden zwei Abbildungen (Abbildung 5 und 6)?

Abbildung 5

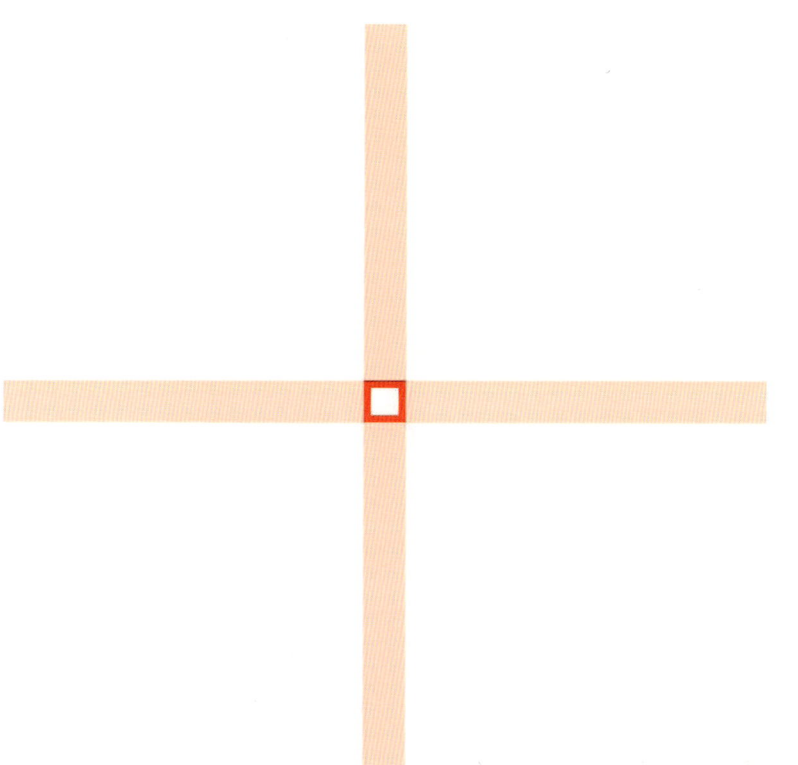

Abbildung 6

Addierst du diese 25 Miniquadrate zu den 30 bereits bestätigten Quadraten hinzu, hast du in diesem Moment sage und schreibe 55 Quadrate gezählt. Erinnere dich zurück an den Beginn der Übung. Angefangen hast du mit 16. Jetzt kannst du natürlich sagen: „Ey komm. So ein Blödsinn, das können wir so nicht machen!" Ich frage dich: „Warum nicht?"
Wenn du weiter schaust, entdeckst du sogar noch viel mehr Quadrate. Schau, jedes der 16 sofort sichtbaren Quadrate hat eine innere und eine äußere Begrenzungslinie (Abbildung 7). Schon hat sich die Anzahl der Quadrate in Sekundenbruchteilen verdoppelt. Und wieder kannst du sagen: „Das geht nicht. Ich lege das Buch gleich aus der Hand." Genauso gut kannst du entgegnen: „Klar, warum nicht? Logisch geht das."

Abbildung 7

Und selbst das bedeutet längst noch nicht, dass das alle Quadrate gewesen sein müssen. Du kannst und darfst – musst jedoch nicht – die gesamte Abbildung allein in deiner Vorstellung in Quadrate teilen. Und die Quadrate, die da herauskommen, kannst du nochmals in kleinere Quadrate aufteilen. Alles in deiner Vorstellung. Das kannst du alles machen oder es sein lassen. Entscheidend ist: Da, wo du dir selbst die Grenze setzt, du ganz allein – ob bei 16, 160, 1.600, 16.000, 1,6 Millionen – erst da ist Schluss! Denn die einzige Spielregel, die du bei dieser Aufgabe von mir bekommen hattest, war, die Quadrate zu zählen. Quadrate sind Rechtecke mit vier gleich langen Seiten und Winkeln von jeweils 90 Grad. Es gab keine weiteren Vorschriften über deren Größe, Form und Gestalt der Umrandungen bzw. Trennungslinien. Weitere Regeln hast du dir höchstens selbst ausgedacht, bewusst oder unbewusst – etwa nach der Devise: „Ich darf nur die offensichtlichen Quadrate zählen!"

Ständig bist du auf Grenzen fixiert. Wenn dir kein anderer die Grenzen setzt, setzt du sie dir einfach selbst. Du triffst Aussagen wie: „Wann soll ich noch Bücher zu meinem Fachbereich lesen? Der Tag hat nur 24 Stunden."; „Ich kann sowieso nicht abnehmen. Ich habe schlechte Gene."; „Sport werde ich niemals in meinen Alltag integrieren können. Ich komme immer erst spät von der Arbeit und da steht die Familie an erster Stelle."; „Was, alle 88 Minuten eine 8-minütige Pause einlegen? Pausen sind was für Weicheier."; „Ziele schriftlich formulieren? Für andere mag das stimmen. Ich habe meine Ziele im Kopf." – bla, bla, bla. Dies ist nur eine kleine Auswahl an Grenzen, die mir immer wieder von Seminarteilnehmern und Coaching-Kunden genannt werden. Ich bin ganz ehrlich: Für mich sind das alles nur Ausreden.

Seit deiner frühesten Kindheit Tag für Tag, Woche für Woche, Monat für Monat wirst du auf Einschränkungen programmiert. Alles, was nicht ausdrücklich erlaubt ist, ist deiner Ansicht nach verboten: „Du, ich würde mich ja mehr bewegen, auch bereits bei der Arbeit. Aber mein Chef würde das sicher gar nicht gerne sehen, wenn ich beim Telefonieren aufstehe und durch das Büro laufe." Du lässt dich von etwas einschränken, auch wenn du objektiv betrachtet alle Freiheiten hast. Warum? Du könntest stattdessen genauso gut davon ausgehen, dass alles, was nicht ausdrücklich verboten ist, erlaubt ist.

Was willst du beweisen?

Dein Verhalten bei der Quadratübung ist typisch für deinen alltäglichen Umgang mit Problemen. Wenn du ein Problem hast, dann fragst du dich sehr selten, wie du es trotz vorhandener Schwierigkeiten lösen kannst. Stattdessen setzt du unglaublich viel Energie ein, um zu beweisen, dass etwas **nicht** geht. Dabei reicht vielfach bereits ein Bruchteil deiner Energie aus, um zu beweisen, dass es geht. Die Frage ist: „Was willst du beweisen?"

Du glaubst ständig, du wärst irgendwo an der Grenze deiner Möglichkeiten angekommen. Glaube mir: Da, wo du die Grenze am Anfang vermutest – bei dir selbst und bei anderen Menschen aus deinem Umfeld wie Kindern, Schülern, Mitarbeitern, Sportlern usw. – da ist sie nie und nimmer. Wo deine Grenzen wirklich sind, das wirst du niemals erfahren. Du kannst diese jedoch mühelos verschieben, da du aktuell nur einen Bruchteil deines persönlichen Potenzials nutzt Du bist zu weitaus mehr in der Lage, als du bisher geglaubt hast.

Die Quadrataufgabe ist eine sehr lehrreiche Aufgabe. Sie zeigt dir auf einfachste Weise Folgendes: Je entschlossener du Gebrauch von deiner Freiheit machst, kreativ zu denken und selbst zu entscheiden, desto leichter fällt es dir, eine Lösung zu finden. Wenn dir tausend Wege offen stehen, dann führt dich mindestens einer mit großer Wahrscheinlichkeit zum Erfolg.

Die Bedeutung und Wirkung mentaler Grenzen im Sport zeigen dir diese Aussagen von Marc-Kevin Goellner und Torsten May:

„Das hat viel mit Selbstvertrauen zu tun, um nicht zu sagen, ausschließlich. Es ist die große Kunst, sich in die Lage zu bringen, zu spielen, ohne sich Gedanken darüber zu machen, was passieren wird, wenn man verlieren sollte oder was andere sagen. Du willst gewinnen und andererseits ist es dir scheißegal, ob du verlierst. Wenn du dir Gedanken über das Verlieren machst, verlierst du sowieso. Ich habe mir selbst Grenzen gesetzt, indem ich mich limitiert habe. Ich habe dann gezweifelt, ob das, was ich gerade tue, das Richtige ist, ob ich richtig trainiert habe, ob ich den richtigen Trainer hatte. Diese ganzen ‚Obs' haben dazu geführt, dass man zweifelt. Die Selbstzweifel zerfressen dich und lassen dich verlieren." (Marc-Kevin Goellner, Ex-ATP-Tennisprofi, Davis-Cup-Sieger 1993, Tennistrainer)

„Zu Anfang meiner Karriere habe ich gespürt, dass ich an Grenzen gelangen kann. Diese habe ich ganz bewusst überschritten. Am Ende meiner Karriere habe ich jedoch gespürt, dass ich immer stärker an meine Grenzen kam und dass ich nicht mehr so sehr den Willen habe, meine Grenzen zu überschreiten. Ich habe gespürt: bis hierher kommst du und nicht mehr weiter. Meinen Olympiasieg habe ich unbedingt gewollt. Ich wusste, ich kann es schaffen und habe daran geglaubt. Ich habe meine mentalen Grenzen überschritten, habe mir gedanklich vorgestellt, wie ich jeden meiner Gegner mit welcher Taktik schlagen kann. Das hat funktioniert. Da habe ich gespürt, dass man Erfolg in gewisser Weise gedanklich vorbereiten kann. Da habe ich gemerkt, dass der Kopf neben dem körperlichen Training 70–80 % der Leistung ausmacht." (Torsten May, Ex-Profi-Boxer und Olympiasieger 1992)

6. Tag: LERNEN – Namen sind wie Schall und Rauch

Mein Namensgedächtnis ist glücklicherweise auch bereits ohne Gedächtnistechniken ganz o. k. gewesen. Ich habe z. B. noch nie meinen Namen vergessen. Das können nicht alle von sich behaupten. Nach ein paar Drinks zu viel oder auf die Frage der Polizei, wie man denn heiße, ist tatsächlich dem einen oder anderen schon mal der Name entfallen oder gar ein ganz anderer Name über die Lippen gekommen. Viele haben aber auch ohne Alkohol und Polizei ein Namensgedächtnis wie ein Sieb. Keine Sorge, das braucht kein Alzheimer zu sein. 83 % der Bevölkerung vergessen regelmäßig Namen. Du bist in guter Gesellschaft.

Sicher kennst du folgende Situation: Du bist mit deinem Schatz unterwegs. In der Stadt kommt euch ein bekanntes Ehepaar entgegen. Du sagst: „Siehst du die da drüben? Das sind doch die ... Na, wie heißen die noch gleich? Mensch, hilf mir mal auf die Sprünge." Dein Schatz: „Du, ich komme gerade auch nicht darauf." Ihr grüßt kurz, natürlich ohne Namen. Nach ein wenig Smalltalk geht ihr weiter. Anschließend ist es euch peinlich und ihr würdet am liebsten im Erdboden versinken, da die anderen beiden eure Namen noch wussten, sogar eure Vornamen, während ihr komplett überfordert wart. Aus einer solchen Situation kommst du nur gut heraus, wenn du das perfekt überspielen kannst oder dein Gegenüber ein genauso schlechtes Erinnerungsvermögen wie du hat.

Ständig höre ich Ausreden in der Form, dass die Leute sagen: „Du, ich kann mir Namen einfach nicht merken. Da kann ich nichts machen." Diese Leute strengen sich überhaupt nicht mehr an bzw. machen sich überhaupt nicht die Mühe, den Namen abzuspeichern. Das ist eine selbsterfüllende Prophezeiung, da es dann natürlich auch niemals funktionieren kann.

Das Wort, das Menschen am liebsten hören, ist der eigene Name. Dein Gegenüber freut sich, wenn er mit seinem Namen angesprochen wird, da der eigene Name für einen Menschen von großer Bedeutung ist. Teste es einfach aus, indem du z. B. die Kassiererin beim Discounter deines Vertrauens mit Namen ansprichst: „Vielen Dank, Frau Wagner. Tschüss!" Die Kassiererin kann vorher noch so unfreundlich gewesen sein, nachdem du sie mit Namen angesprochen hast, garantiere ich dir, dass sie zu dir aufschaut und dich freundlich anlächelt. Wenn du ein gutes Namensgedächtnis besitzt, hat das für dich einige strategische Vorteile. Stelle dir vor, du hast ein Meeting in einem Unternehmen. Kennst du bereits die Namen aller Teilnehmer, hinterlässt du schnell einen bleibenden Eindruck.

Lernst du zehn neue Personen kennen, bleiben dir normalerweise vielleicht noch die ersten drei Namen im Gedächtnis. Beim vierten wird es bereits kritisch, nach dem letzten bist du froh, wenn du noch deinen eigenen Namen weißt. Mit der folgenden Technik hast du am Ende nicht nur die zehn Namen drauf, sondern auch die der Frau und der Freundin. Das kann dich auf der Erfolgs- und Freundesleiter schnell einige Stufen nach oben bringen.

Du brauchst wieder einen mentalen Briefkasten im Kopf, damit du einen Namen zu einem neuen Gesicht blitzschnell abspeichern und später wieder abrufen kannst. Achte bei deinem Gegenüber in Zukunft auf Details, auf markante Merkmale, die dir sofort ins Auge stechen, bevor es sich dir vorstellt. Sensibilisiere dich auf die Macken der Menschen. So kannst du dir dein Gegenüber besser einprägen. Achte auf Besonderheiten im Gesicht wie z. B. Stups- oder Hakennase, abstehende Ohren, Bart, hohe Stirn, Kotletten, Mittelscheitel, langes oder stoppeliges Haar, Locken, schiefe Zähne, Narben, zusammengewachsene Augenbrauen, Grübchen. Schaue auch auf Körperauffälligkeiten wie O- oder X-Beine, einen besonderen Gang, den Klang der Stimme, die Aussprache, besonderen Schmuck, Kleidung oder, oder, oder. Bei der Kleidung kommen dir ggf. sofort Zweifel, dass du denkst: „Und was ist, wenn mein Gegenüber beim nächsten Mal statt des rosa Anzugs – mein mentaler Briefkasten – ein schwarzes Poloshirt trägt?" Selbst dann wirst du ihn erkennen, auch wenn der Anker fehlt. Während der Anker als Briefkasten angelegt wird, um dich an die Person zu erinnern, speichert dein Gehirn gleichzeitig weitere Einzelheiten zu der Person.

Bei Vorträgen, Partys usw. lerne ich viele Menschen kennen, häufig nur flüchtig, indem mir der eine oder andere kurz vorgestellt wird und wir dann weitergehen. Viele sind überrascht, wenn ich ihren Namen weiß, sofern wir uns später nochmals über den Weg laufen.

Um dir also den Namen einer Person zu merken, richte dir einen mentalen Briefkasten zu dieser Person im Kopf ein. Das charakteristische Merkmal, das dir spontan ins Auge sticht, wenn du die Person anschaust und sie ggf. mit dir spricht, verknüpfst du nun mit dem Namen. Übertreibe das hervorstechende Merkmal in deiner Vorstellung. Erstelle dir eine Karikatur des Gesichts, die dir durch ihre Komik in Erinnerung bleibt. Um dieses Merkmal bastelst du dir eine Geschichte, die zum Namen der Person passt. Hat diese Person z. B. eine große, spitze Nase und heißt Busshard, ist die Verbindung zwischen dem Merkmal „spitze Nase" und dem Namen „Busshard" schnell gefunden. Stelle dir vor, Herr Busshard steht dir gegenüber und ein

Bussard hackt ihm kräftig auf die Nase. Ob der Name jetzt mit „h" oder nicht geschrieben wird, ist im ersten Moment unbedeutend. Einige Seminarteilnehmer fangen sofort an, die Technik zu kritisieren, indem sie sagen: „Jetzt weiß ich aber noch nicht, wie ‚Busshard' geschrieben wird." Darauf antworte ich nur: „Wenn du den Namen der Person komplett vergessen hast, weißt du erst recht nicht, wie er geschrieben wird." Ich schreibe den Namen einer Person lieber falsch, als dass ich gar nicht weiß, wie sie heißt, oder wie siehst du das? Ich frage z. B. in Gesprächen nach: „Schreibt sich Ihr Nachname ‚Busshard' mit ‚h' oder ohne?" Darüber freut sich dein Gegenüber sogar noch mehr und merkt, dass du dir Gedanken machst. Das kommt gut an.

Natürlich ist es eher die Ausnahme, dass ein Name dir sofort ein Bild liefert. Becker, Richter, König, Maler usw. sind dankbare Nachnamen, jedoch selten. Andere Namen gilt es zunächst in passende Bilder zu verwandeln.

Matthias hört sich ähnlich an wie Matjes und die Spielkarte As. Meinen kompletten Namen „Matthias Herzog" kannst du dir merken, indem du dir vorstellst, ich sähe aus wie ein MATJes, der ein AS hinter sich HER-ZOG.

Bei Stephan könnte dir z. B. das Bild von einem STEPPendem HAHN einfallen. Gaby ist die Abkürzung für Gabriele und klingt fast wie GABEL. Hat die Gaby, mit der du zu tun hast, z. B. Segelohren, könntest du dir vorstellen, dass ihre Ohren links und rechts jeweils mit einer Gabel am Kopf festgehalten werden. Ich weiß, das ist etwas makaber und bereits schmerzhaft in der Vorstellung. Die Wahrscheinlichkeit, dass du dir so den Namen merkst, ist jetzt jedoch sehr hoch.

Vornamen sind meistens leichter zu merken als Nachnamen. Zum einen gibt es weniger Vornamen als Nachnamen und zweitens werden sie häufiger gebraucht. Selbstverständlich gibt es auch Namen, bei denen du sofort denkst: „Den merke ich mir nie, geschweige denn, dass ich irgendwann überhaupt akustisch verstehe, wie diese Person heißt, oder den Namen aussprechen kann." Ich hatte vor kurzem eine Kundin namens „Walaszkowski-Aktas". Gesprochen: „Walaschkowski". Zerlege diesen Namen in einzelne Silben: „Walasch-Kow-Ski" oder „Wal-Asch-Kow-Ski". Entweder merkst du dir den Walach, der auf dem Kopf Ski fährt. Oder du merkst dir den Wal, der auf seinem Arsch gelandet ist, weil der auf dem Kopf Ski fuhr. Den Zweitnamen „Akt-as" kannst du in die Teilbilder „Akte" und „As" zerlegen. So findet der Walach bzw. Wal, als er auf dem Boden liegt, die Ursache, warum er gestürzt ist: eine Akte, in der ein As versteckt war.

Telefonierst du mit einer Person, hast du normalerweise kein Bild zu dieser Person. Du willst dir den Namen merken, auch wenn du gerade unterwegs bist und kein Papier zur Hand hast. Suche dir einen Ort oder Gegenstand in deiner Umgebung, den du als „Briefkasten" nutzt. Telefonierst du mit Herrn Eisenschmidt, merke dir z. B., dass das Telefon aus „Eisen" geschmiedet ist. Wenn du eine zusätzliche Stütze brauchst, um am Ende des Telefonats nicht aus Versehen „Schmied" statt „Schmidt" zu sagen, erschlägst du einfach mit dem Telefon den Moderator Harald „Schmidt" – in Gedanken, versteht sich. Am Ende des Telefonats kannst du deinen Gesprächspartner mit Namen verabschieden – garantiert. Neue Geschäftsbeziehungen haben übrigens mit der Mnemotechnik zuverlässig einen HERZlichen Start. Du kannst dir sicher vorstellen, dass, wenn du nun Herrn Eisenschmidt das erste Mal live und in Farbe triffst und dir die Bildergeschichte zu dem Namen ins Gedächtnis springt, du ihm auf jeden Fall mit einem freundlichen Lächeln begegnest – der beste Start in eine neue Geschäftsbeziehung.

Pass auf: In Zukunft wirst du häufiger von Menschen angesprochen werden, die überrascht sind, dass du dir so schnell so viele Namen merkst. Überlege dir gut, was du ihnen erzählst. Nur wenige möchten wirklich hören, wie du dir ihren Namen merkst.

Als Strategie empfehle ich dir, auf einer Liste gängige Vor- und Nachnamen zu notieren und mit Bildern zu versehen. Nachfolgend findest du eine kleine Auswahl an Namen und den dazugehörigen Bildern, mit denen ich mir den jeweiligen Namen besser merke. Auf www.matthiasherzog.com findest du unter „Downloads" eine Liste mit weiteren Namen und passenden Bildern dazu, die du dir gerne herunterladen kannst. Es wird Bilder geben, die für mich sehr gut passen, für dich jedoch ungeeignet sind, weil du keinen Bezug dazu hast. Im Gehirn bleiben die Informationen nur hängen, wenn du mit den Verknüpfungen etwas anfangen kannst. Anderenfalls lösen sie sich in Rauch auf. Erstelle dir deine eigene Namensliste samt den passenden Bildern. Wenn sich in Zukunft dein Gegenüber vorstellt, hast du schnell das passende, kreative Bild zu seinem Namen und steigerst die Chance, dir den Namen für immer und ewig zu speichern. Wende die Technik in den nächsten Tagen in deinem Familien-, Freundes- und Kollegenkreis an. Je häufiger du dir kreative Bilder und Geschichten zu den verschiedenen Namen, die dir im Alltag begegnen, erstellst, desto leichter und vor allem nachhaltiger bleiben dir Namen im Gedächtnis. Nutze auch die Ideen deiner Mitmenschen.

Frage auch andere, welche Bilder ihnen zu verschiedenen Namen einfallen. Neue Namen ergänzt du einfach mit den passenden Bildern dazu.

Zusätzlich kannst du dein Gedächtnis trainieren, indem du dein Gegenüber ständig mit seinem Namen ansprichst. Du erzielst einen doppelten Effekt: Durch die Wiederholung lernst du den Namen noch schneller und der andere fühlt sich ernst genommen und willkommen.

Nimm dir ein Fotoalbum zur Hand bzw. schaue dir Fotos von Bekannten auf deinem PC an. Schaue nach markanten Auffälligkeiten dieser Personen und erfinde zu deren Namen Geschichten. Wende die Technik anschließend bei Personen an, die du neu kennen lernst. Du bleibst auch diesen Menschen in Zukunft im Gedächtnis. Heute ist es die Ausnahme, wenn sich jemand an den Namen des Gegenübers erinnern kann. Merkst du dir die Namen, giltst du als aufmerksam und dein Gegenüber fühlt sich wertgeschätzt. Dieser Trick schafft viele Sympathien und Pluspunkte. Und ganz nebenbei trainierst du dein Gehirn und hältst es frisch, indem du es nutzt.

Beispiele für Vornamen:

Alexander	Alexander der Große; trinkt *alles* auf *Ex* und dann wird ihm *anders*
Bernhard	Bernhardiner-Hund
Bettina	liest im Bett die Zeitschrift „Tina"
Birgit	Birke; mag sie *Bier*? Nee, *igitt*!
Erika	Erikablümchen
Gitta	Gitter (z. B. vor den Augen)
Harald	Seine Haare sind alt
Leo, Leon	Löwe
Peter	Schwarzer Peter
Sabine	Summende Biene
Sarah	Sahara
Victor	macht das Siegeszeichen V für Victory
Walter	Ähnlichkeit mit Wal in hohem Alter

Ex-Bundesliga-Profi André Breitenreiter, der u. a. 1992 mit Hannover 96 den DFB-Pokal gewann und jetzt als Fußballtrainer tätig ist, merkt sich die Namen seiner Spieler wie folgt: *„Ich verbinde Zahlen mit Bildern (z. B. Rückennummern bekannter Fußballer, die ich weiß), um sie mir besser zu merken."*

Ex Profi-Boxer Torsten May, 1992 Olympiasieger in Barcelona, stellt sich bei manchen Vornamen einfach eine Gegebenheit vor, die er bereits einmal mit jemandem erlebt hat, der denselben Namen hat.

Du siehst, es gibt vielfältige Möglichkeiten, dir Namen besser zu merken.

7. Tag: Meine Erfolge in der ersten Woche

Das habe ich in den letzten sechs Tagen erreicht:

Wie hast du beim Selbstcheck zum Lernen abgeschnitten? Wie viele der 20 Begriffe konntest du dir merken?

Wie lautet deine „Klobrillen-Liste"? Schreibe zu den Zahlen 0–20 die dazu gehörigen Bilder auf, die du dir im Kopf abgespeichert hast.

0

1

2

3

4

5

6

7

8

9

10

11

12

13

14

15

16

17

18

19

20

Wo setzt du diese Liste bereits ein?

Wie lautet die Bildergeschichte zu deiner Handynummer oder zu einer dir wichtigen Person, die du dir bisher nicht merken konntest?

Welche Bildergeschichte hast du dir zu deinem PIN-Code überlegt?

Erinnere dich an die Quadratübung. Wo liegen deine Grenzen in Bezug auf deine LEBEnsqualität? Wie löst du die eine oder andere Grenze in Zukunft auf?

Wie merkst du dir die Namen neuer Bekanntschaften? Nimm fünf Personen aus deinem Bekanntenkreis und verknüpfe markante Merkmale dieser Personen mit ihrem Namen, indem du eine kleine Geschichte erfindest.

1

2

3

4

5

Welchen Tipp hast du diese Woche ausprobiert, um dem Stress im Büroalltag „Ade" zu sagen, so dass du auch nach Feierabend noch fit für private Aktivitäten bist?

2. Woche: Ernährung

Selbstcheck

Viele Menschen leiden unter einer ganz schweren Krankheit, dem Nasch-Alzheimer. Du fragst dein Gegenüber, was er den Tag über gegessen hat und er antwortet dir: „Eigentlich nichts." Kennst du diese Menschen? Oder gehörst du sogar selbst dazu? Häufig ist dir gar nicht bewusst, was du alles unkontrolliert in dich hineinstopfst. Du kommst abends nach Hause und denkst dir noch: „Hey, ich habe den ganzen Tag über nichts Richtiges gegessen. Da gönne ich mir jetzt mal eine richtige Portion." Von Mal und Mal wunderst du dich, warum die Waage die letzte Grenze immer noch toppt: „Das Teil muss kaputt sein. Ich habe doch fast gar nichts gegessen. Schnief!"

Führe mindestens drei Tage lang ein Ernährungstagebuch und schreibe dir konsequent auf, was du alles isst – z. B. Donnerstag bis Samstag. Eine Vorlage kannst du dir unter www.matthiasherzog.com herunterladen. Binde einen Tag des Wochenendes auf jeden Fall mit ein. Kalorienzählen ist hier tabu. Entscheidend ist vielmehr, dass dir das unbewusste in dich Hineinschaufeln wieder bewusst wird. Das ist der erste Schritt auf dem Weg zu einem neuen Ernährungsverhalten. Wichtig: schreibe bitte ALLES auf, was du isst. Und schreibe vor allem auch auf, was du trinkst. Getränke sind häufig sogar die größeren Dickmacher. Du brauchst nichts abzuwiegen. Schreibe jedoch grob die Menge auf, z. B. 3 Scheiben Brot, 1 dünne Scheibe Käse, 4 Salamischeiben, 2 kleine Gläser Apfelsaft. Und notiere den Grund, warum du isst. Hinterfrage, inwieweit es wirklich Hunger ist oder vielleicht doch andere Gründe wie Stress, Langeweile, Einsamkeit o. ä. eine Rolle spielen. Du weißt: Ehrlich währt am längsten.

Ernährungstagebuch			
Tag	**Datum**		
	Was? Wie viel?	**Zeit**	**Grund**
Frühstück			
Getränk			
Zwischen-mahlzeit			
Getränk			
Mittag			
Getränk			
Zwischen-mahlzeit			
Getränk			
Abendbrot			
Getränk			
Zwischen-mahlzeit			
Getränk			

Ausgewogene Ernährung: In der Theorie Profi, in der Praxis Amateur!

Das Interessante ist: Wir Deutschen sind das am besten informierte Volk Europas, wenn es um das Thema Ernährung geht. Dennoch sind wir gleichzeitig die dicksten Europäer. Wir haben also kein Wissensproblem, sondern vielmehr ein Umsetzungsproblem. Wir sind Wissensriesen und Umsetzungszwerge. Das ging mir früher auch so. Ich war zu Kindertagen so ein richtiger Negerkussbrötchenjunkie – dies war ein weißes Fluffibrötchen mit zwei Negerküssen. Lecker fein mit einem großen Glas Kakao dazu, vier Löffel Kakaopulver waren Pflicht – Esslöffel, versteht sich. Der Löffel stand fast im Glas. Dazu habe ich wenig Sport gemacht. So war ich als Jugendlicher eher der wabbelige Typ. Das Gemeine war: mein bester Freund futterte genauso viel und war nur die halbe Portion von mir. Den hat es bei jedem kleinen Windstoß weggepustet, wenn er neben mir gegangen ist – deshalb gingen wir bei Wind hintereinander ... Kennst du solche Exemplare, die den ganzen Tag essen können, was sie wollen und kein Gramm zunehmen? Solche Menschen haben einen Stoffwechsel wie ein Hochleistungsbrennofen. Alles, was hinein kommt, geht sofort in Flammen auf und verbrennt bis auf den letzten Krümel. Auf der anderen Seite gibt es die Menschen, die brauchen die Schwarzwälderkirschtorte beim Bäcker nur anzuschauen und nehmen gleich 5 kg zu.

Obwohl weitaus mehr Männer übergewichtig sind (in Deutschland ca. 75 % der Männer, 50 % der Frauen), ist das Diätthema primär ein Frauenthema. Männer haben im Vergleich zu Frauen einen geringeren Erwartungsdruck. Dafür gibt es im Alltag verschiedene Beispiele: Wenn dir ein Mann mit Viermannzeltfigur oben ohne, nur mit Shorts, weißen Socken und Sandalen bekleidet, entgegen kommt, regt sich kaum jemand auf. Das ist normal. Wenn sich hingegen eine leicht übergewichtige Frau mit ärmellosem Top und kurzer Hose sehen lässt, gibt es sofort Gesprächsbedarf und schiefe Blicke: „Das geht ja gar nicht. Wie läuft die denn rum, die fette Kuh? Das wäre mir ja peinlich."

Woher kommt der hohe Erwartungsdruck bei Frauen? Ganz klar aus den Medien – TV, Internet, Zeitungen und vor allem Zeitschriften. Wie viele Zeitschriften kennst du, auf denen ein knackiger Kerl abgebildet ist? Diese kannst du an einer Hand abzählen. Die meisten wurden inzwischen aufgrund mangelnder Nachfrage eingestellt. Und, wie viele Zeitschriften gibt es hingegen mit superschlanken Frauen auf dem Cover sowie im Heft? Mit Frauen in Bikini, durch die du auch ohne Röntgenblick durchgucken

kannst, wenn sie von der Sonne angestrahlt werden? Origamifiguren, die du beliebig oft falten und in einer Frauenhandtasche mit dir herumschleppen kannst?

Unzählige – viele davon mit den verschiedensten Frauennamen betitelt: „Lisa", „Laura", „Tina", „Brigitte" ... Dazu kommen im TV die 50-jährigen Hausfrauen, die bereits mehrfach gestrafft, gebügelt und abgesaugt wurden, um optisch zu ihrem 25-jährigen Lover zu passen. Nicht zu vergessen die Topmodels, die auf allen Kanälen zu sehen sind.

Der Erwartungsdruck für Frauen ist also sehr hoch. Sehen Frauen diese perfekten Geschöpfe in Zeitschriften, TV und Online, werden einige sofort depressiv. Du als Frau bist gefrustet und erzählst alles deiner besten Freundin – der Milka–Schokolade. Steigst du dann auf die Waage, entgleisen deine Gesichtszüge und die Waage fliegt im hohen Bogen zum Fenster raus.

Wir Männer machen es uns im Vergleich zu euch Frauen sehr einfach. Wir kommen nicht auf die Idee, die „Men's Health" oder „GQ" zu kaufen, um zu schauen, wie es um unseren Marktwert bestellt ist. Wir gehen nur mit unserer sportlichen Badehose bekleidet – Boxershorts bis zum Brustnabel hochgezogen – ins Schwimmbad, schauen uns um und stellen fest: „Guck mal an. So schlimm sehe ich ja gar nicht aus." Sobald nur einer dicker ist, sind wir mit uns und unserem Waschbärbauch zufrieden.

Wenig essen macht dick!

Es ist dabei Wahnsinn, wie schnell die Ansichten in Bezug auf das Thema Ernährung wechseln. Mal heißt es: Iss häufiger am Tag kleinere Mahlzeiten, am besten fünf. Woanders wirst du aufgefordert, nur drei Mahlzeiten am Tag zu essen und längere Pausen zwischen den Mahlzeiten einzulegen – am besten fünf Stunden. Das eine Jahr sind die Fette daran schuld, dass du dick wirst, im Folgejahr sind es die Kohlenhydrate. Aus einer Low Fat Diät wird die Low Carb Diät. In den Talkshows streiten sich die Experten. Jeder verkauft dir eine andere Diät – am besten die, die er entwickelt hat. Dass du dann irgendwann die Nase voll hast und dir sagst: „Bevor Ihr euch alle einig seid, esse ich erst einmal das, was mir schmeckt", kann ich gut verstehen. Wir wissen heute, dass wir nicht zwingend dicker werden, weil wir zu viel essen, sondern vielmehr deshalb, weil wir uns für das, was wir essen, einfach zu wenig bewegen. Wenn mehr Essen nicht das Problem von Übergewicht ist, dann kann was nicht die Lösung deiner Gewichtsprobleme sein? Richtig, dass du weniger isst, also eine Diät machst. Wenn du jemanden fragst, was du tun musst, um abzunehmen, kommt meistens jedoch was wohl als erster Tipp? „Iss weniger. Dann nimmst du auch ab." Totaler Blödsinn!

Prof. Michael Hamm, Ernährungswissenschaftler an der Universität Hamburg, sagt, dass fast jede Diät funktioniert, wenn es darum geht, Gewicht zu reduzieren. 99 % der Menschen, die eine Diät machen, sind jedoch nicht in der Lage, das über die Diät reduzierte Körpergewicht länger als ein Jahr zu halten. Anschließend sind alle mindestens genauso dick wie vorher oder gar noch dicker. Du kennst dieses Phänomen als Jojo-Effekt. Prof. Hamm spricht von „Dick durch Diät." Hier wird der Verursacher direkt beim Namen genannt. Der Schuldige ist in diesem Fall die Diät selbst.

Ich kann dir anhand eines Beispiels zeigen, dass Diäten niemals funktionieren können. Nimm einmal an, du führst 2.000 kcal am Tag zu dir. Jetzt machst du die FDH-Diät – „Futter Die Hälfte". Es bleiben noch 1.000 kcal, die du am Tag zu dir nehmen darfst. Die erste Reaktion deines Körpers auf diese Diät ist welche? Richtig, dein Magen knurrt. Du hast Hunger. Damit hast du natürlich schon gerechnet. Dir war klar, dass die kommende Woche sehr hart werden wird. Doch du nimmst dir vor, härter zu sein. Also bleibst du standhaft und machst weiter FDH. Nach einer Woche stellst du dich auf die Waage. Was ist das Ergebnis? Die zeigt tatsächlich weniger Kilos an. Du warst erfolgreich und hast Gewicht verloren. Vielleicht sogar sieben Pfund in sieben Tagen. So reißerisch werben einige Frauenzeitschriften gerne für ihre Diäten: „Die 7-Pfund-in-7-Tagen-Diät – garantiert!" Du bist natürlich begeistert, dass du 3,5 kg weniger hast, statt z. B. 70 kg nur noch 66,5 kg. „Endlich eine Diät, die ihre Versprechen gehalten hat", denkst du dir. Mache jetzt bitte nicht den Fehler, anschließend in den Spiegel zu gucken. Du weißt zwar, dass du 3,5 kg leichter bist, das Hüftgold und Schenkelsilber kleben jedoch immer noch wie Magneten an deinem Körper. Jetzt folgt meistens der Satz: „Du, ich nehme immer an den falschen Stellen ab. Vor allem im Gesicht und am Busen." Clever wie du bist, schickst du die nächste „7-Pfund-in-7-Tagen-Diät" ins Rennen, um deinem Pommesfriedhof den

Kampf anzusagen, nach dem Motto: „Viel hilft viel." Du sagst dir: „Jetzt klappt es sicher. Wenn ich dann nur noch 63 kg wiege, sollte der Burgerfriedhof weg sein." Also nochmals sieben Tage FDH. Leider läuft die zweite Diät weitaus weniger erfolgreich als die erste Diät. Zwar hältst du dich an deine halben Mahlzeiten, doch tut sich auf der Waage kaum noch etwas. Du denkst dir: „Das kann doch nicht wahr sein. Ich esse kaum noch etwas und nehme nichts mehr ab?" Also gibst du FDH auf und schlemmst wieder 2.000 kcal am Tag, lässt dabei jedoch Folgendes außer Acht: Während deiner Diät hat sich neben deinem Gewicht auch dein Stoffwechsel reduziert. Isst du 2.000 kcal, während dein Stoffwechsel nur 1.000 kcal verlangt, kannst du dir denken, wohin das führt. 1.000 kcal am Tag zu viel lassen schnell wieder das alte Gewicht auf der Waage aufleuchten. Als Bonus erhältst du noch 2 kg gratis dazu, so dass du plötzlich 72 kg statt der 70 kg vor der Diät wiegst. Jetzt brauchst du die Leckereien nur noch anzugucken und hast sofort das Gefühl, du hättest erneut ein Kilogramm mehr drauf. Sicher kennst du diese Entwicklung, wenn du bereits die eine oder andere Diät hinter dir hast. Diäten sind eine ausgezeichnete Trainingsmaßnahme, um möglichst schnell noch dicker zu werden. Mache eine Diät nach der anderen und du kannst dir sicher sein, dass du jedes Mal erfolgreich ein paar Kilos mehr parkst.

Das American College of Sports Medicine (ACSM) hat bei Untersuchungen von über 1.000 Personen herausgefunden, dass es unmöglich ist, mehr als 1 kg Fett in zehn Tagen zu verlieren. Wenn du es geschafft hast, in sieben Tagen 3,5 kg abzunehmen, können das höchstens 700 g reines Fett gewesen sein. Was waren dann die anderen 2,8 kg? Richtig, Wasser und Muskeln. Während Körperfett nur knapp 25 % Wasser enthält, bestehen deine Muskeln zu knapp 75 % aus Wasser. Das heißt, jeder Wasserverlust geht mit einem Verlust deiner Muskulatur einher. Wasser, Mineralien, Glykogen (Speicherform der Kohlenhydrate) und Eiweiß sind die Hauptbestandteile deiner Muskeln. Diese verlierst du in einem Verhältnis von 4:1. Die Waage zeigt dir nur den Gewichtsverlust an – dessen Zusammensetzung bleibt für dich ein Geheimnis. Wer dir ein ehrliches Feedback gibt, ist der Spiegel. Hier kannst du sehen, inwieweit du auch wirklich deine Fettpolster reduziert hast. Wenn nicht, waren es hauptsächlich Wasser und Muskulatur. Wenn du vier Einheiten fettfreier Substanz zu einem Anteil Fett verlierst, sinkt dann dein Körperfettanteil – prozentual gesehen – oder nimmt der sogar zu? Genau, dein Körperfettanteil nimmt zu, d. h. dank der Diät hast du zwar 3,5 kg abgenommen, bist jedoch fetter als vorher.

Was glaubst du: Wenn du jetzt wieder zunimmst, geschieht das im Verhältnis 4:1 – sprich vier Anteile Muskeln zu einem Anteil Fett? Sicher nicht. Was kommt eher wieder auf die Hüften? Genau: Fett. Die vier bis fünf Kilogramm, die du zunimmst, sind also primär Fett. Du hast damit nach der Diät viel mehr Fett drauf als vorher. Außerdem erhöhst du mit jeder Diät den sowieso schon über die Jahre stattfindenden Muskelverlust. Du siehst: Diäten sind absoluter Müll.

Die Baustoffe für dein Traumhaus: Stroh, Holz und Bausteine

Dein Körper braucht Kohlenhydrate, Fette und Eiweiße. In der Bildersprache spreche ich von Stroh, Holz und Bausteinen.

Kohlenhydrate – Stroh für die Energie zwischendurch

Kohlenhydrate stecken vor allem in Brot, Reis, Nudeln, Kartoffeln, Müsli und Süßigkeiten. Darüber hinaus stecken sie in gesüßten Getränken. Das sind flüssige Süßigkeiten. Kohlenhydrate brennen superschnell – wie Stroh.

Achte bei der Auswahl kohlenhydratreicher Kost auf Lebensmittel, die reich an Ballaststoffen sind. Sie machen lange satt und lassen den Blutzuckerspiegel nur leicht ansteigen. Sicher hast du in dem Zusammenhang schon einmal von einem „niedrigen glykämischen Index" gehört. Er ist ein Maß für den Blutzuckeranstieg im Blut, der durch kohlenhydratreiche Nahrung verursacht wird. Je schneller die Kohlenhydrate im Blut als Glukose (einfachster Zucker) auftauchen, desto schneller wird die Feuerwehr – das Insulin – herausgeschickt, um den „Brand" des Strohdaches zu löschen. So lange viel Insulin unterwegs ist, wird kaum Fett verbrannt.

Willst du erfolgreich abnehmen, greife vermehrt zu „langsamen Kohlenhydraten" – also dicken Strohballen. Diese findest du vor allem in Vollkornprodukten wie Vollkornbrot, Vollkornnudeln, Gemüse, Obst.

Fette – Holz für ein langes und wärmendes Feuer

Fette brennen weitaus langsamer als Stroh, also Kohlenhydrate. Sie brennen langsam und lange. Sie sind besser als ihr Ruf – wenn du die richtigen Fette isst. Fett ist essentiell für die Aufnahme der fettlöslichen Vitamine E, D, K und A. Fett dient als Schutzschicht und -polster deiner inneren Organe und schützt als Isolationsschicht vor Kälte. Außerdem ist Fett eine riesige Energiequelle. Achte darauf, primär ungesättigte Fettsäuren, die bevorzugt in pflanzlichen Produkten vorkommen, zu essen. Zu viele gesättigte Fettsäuren dagegen verkleben deine Gefäße und dein Gehirn. Sie kommen bevorzugt in tierischen Produkten wie Fleisch und Wurstwaren, Käse, Butter, Sahne vor. Außerdem sind sie in Süßigkeiten, Snacks und Fertigprodukten versteckt.

Öle schmieren deinen Körper und machen ihn geschmeidig. Zu viel macht ihn matschig. Schaue gleich im Schrank nach, welche Ölsorten du dort stehen hast. Ich meine im Küchenschrank, nicht im Hobbykellerschrank oder Gartenhaus das 10W40-Motoröl. Hast du Sonnenblumen-, Distel- oder Maiskeimöl im Schrank stehen? Dann nimm die Flaschen sofort heraus,

stelle dich wie Dirk Nowitzki zum Freiwurf und werfe sie in die nächste Tonne. Auch wenn es sich hier um pflanzliche Öle handelt, sind diese ungesund, weil sie ein ungünstiges Omega-6- zu Omega-3-Verhältnis haben. Dieses fördert Entzündungen in deinem Körper. Krankheiten wie Arthritis, Rheuma, Arteriosklerose, Neurodermitis sowie Alzheimer sind die Folge. Falls Alzheimer bei dir bereits vorangeschritten ist, merkst du das daran, dass du schon jetzt die ungesunden Öle vergessen hast. Verwende statt Sonnenblumen-, Distel- oder Maiskeimöl lieber folgende Öle: Olivenöl, Rapsöl, Walnussöl und Leinöl. Leinöl hat das beste Omega-6- zu Omega-3-Verhältnis – leider schmeckt es auch so. Benutze zum Kochen und Backen bitte nur Oliven- und Rapsöl, da diese auch erhitzt werden dürfen. Walnuss- und Leinöl bitte nur kalt nutzen.

Viele Menschen essen Butter und ich kann dich beruhigen: Du darfst auch in Zukunft weiter Butter essen. Butter ist besser als ihr Ruf. Fatal ist nur, auf welche Art und Weise viele die Butter essen. Bei Vortragsveranstaltungen, für die ich als Redner gebucht werde, gibt es nach dem Vortrag häufig ein Buffet mit kalten Platten. Hier werden regelmäßig Brote und Brötchen mit Butter unter dem Belag serviert. Wenn ich in ein Brot beiße, habe ich anschließend des Öfteren einen Gebissabdruck im Brot – so dick ist die Butter darauf. Aber wie kommt die ganze Butter aufs Brot? Das kennst du aus deinem Alltag. Viele lagern Butter im Kühlschrank. Dort fühlt sie sich wohl und bleibt länger frisch. Wird sie morgens herausgenommen, ist sie noch steinhart. Willst du nun dein Brot mit Butter bestreichen, brauchst du ein stabiles Messer und viel Kraft im Arm, um überhaupt ein Stück Butter abzuschneiden. Da scheitern einige bereits morgens dran – Schwächeanfall. Das Butterstück ist in vielen Fällen fast dicker als die Brotscheibe selbst. Beim Verstreichen drückst du nun die Butter fast durch das Brot durch. Um das zu vermeiden, akzeptierst du die dicke Butterschicht auf deinem Brot. Beißt du nun in das Brot, hinterlässt du einen dicken Zahnabdruck. Was bleibt, ist eine Butterbrotmischung mit unten viel Stroh (Kohlenhydrate) und oben dickem Holz (Fett). Dünn aufs Brot geschmiert ist Butter völlig in Ordnung. Einen leider viel zu guten Ruf genießt die Margarine. Schaue dir dazu die Zutatenliste der Margarine genau an. Die Inhaltsstoffe, die an erster Stelle stehen, machen den größten Anteil am Gewicht aus. Die folgenden Zutaten haben einen weiter abnehmenden Gewichtsanteil in der Margarine. Wenn an erster Stelle „Pflanzliche Öle" stehen, kannst du dir sicher sein, dass das minderwertige Öle sind. Wären es hochwertige Öle, würde sie der Hersteller genauestens benennen und die Qualität auf der Vorderseite in Großbuchstaben hervorheben. Im Reformhaus erhältst du gute Margarine wie Rapsöl- und Olivenölmargarine. Die darfst du gerne essen.

Ich habe für mich die perfekte Alternative zur Butter entdeckt, die ich dir auch ans Herz lege: Frischkäse. Frischkäse gibt es in der fettarmen Variante und natürlich auch als Doppelrahmstufe. Selbst die Doppelrahmstufe enthält mit knapp 20 % jedoch immer noch weniger als die Hälfte an Fett im Vergleich zur Butter. Darüber hinaus enthält Frischkäse einen wichtigen Nährstoff, der bei Margarine und Butter fehlt – richtig, Eiweiß, also Bausteine.

Zum Frühstück empfehle ich dir daher, statt Butter Magerquark unter deine Marmelade zu streichen. Der ist superlecker und sorgt für mehr Frische im Geschmack.

Eiweiß – Baustein für dein Haus

Eiweiß ist der Baustein deines Hauses – deines Körpers. Er brennt schlecht. Braucht er auch nicht, denn er sorgt für den Aufbau. Die Bausteine sind unglaublich wichtig für deine Gesundheit. Wie ein Haus ist auch dein Körper vom Verfall bedroht und braucht regelmäßig neue Bausteine. Deine Körperzellen erneuern sich ca. alle drei Monate. Es findet eine Dauerrenovierung deines Hauses – deines Körpers – statt. Haut, Haare, Fingernägel etc., alles erneuert sich. Dafür braucht dein Körper viel Eiweiß – am besten gleichmäßig über den Tag verteilt, da es nicht gespeichert wird. Deshalb ist es wichtig, dass jede Mahlzeit Eiweiß enthält. Eiweiß ist das Facelifting von innen und wirkt nach außen. Exzellente Eiweißlieferanten sind vor allem:

- Fleisch (Geflügel, Wild), grundsätzlich Fleisch möglichst aus regionaler Bioproduktion nach dem Motto: weniger, aber mit Qualität
- Fisch, insbesondere fetter Fisch
- Milch und Milchprodukte, bei Unverträglichkeit ist Sojamilch ein guter Ersatz
- Tofu (enthält sehr hochwertiges Eiweiß, geschmacklich jedoch tatsächlich gewöhnungsbedürftig)
- Nüsse und Eier (keine Angst vor Cholesterin, diese Warnung ist veraltet)

Diese Bausteine sättigen besser als Fette und Kohlenhydrate und sorgen für einen höheren Energieverbrauch. Isst du zu wenig Eiweiß, verlierst du Muskulatur. Hat der Körper kein Nahrungseiweiß für Regenerations- und Aufbauprozesse zur Verfügung, holt er sich das Eiweiß aus den Zellen und baut deine Muskulatur ab.

Tipp

Iss mindestens drei Mal täglich Eiweiß. „Wie viel?" fragst du mich zu Recht. Wenn es sich um festes Eiweiß handelt, iss eine Hand voll (Nüsse, Quark, Tofu, Käse, Frischkäse). Bei einem flachen Eiweißlieferanten wie Fisch und Fleisch nimm deine Handfläche als

Maßstab – in Größe und Dicke. Bei flüssigen Eiweißlieferanten wie Milch, Buttermilch und Kefir nimm eine Doppelfaust als Richtwert.

Hier drei gute Gründe, um Eiweiß zu essen: Eiweiß macht satt, schlank und schön!

Vorsicht:

Auch wenn das Wort Käse in folgenden Produkten als Wortstamm enthalten ist, diese gehören in keiner Weise zu den Eiweißlieferanten: Käsestange, Käsekuchen …

Der dreifache Davis-Cup-Sieger Charly Steeb hat für sich die perfekte Mischung gefunden: *„Während meiner aktiven Zeit habe ich auf kohlenhydratreiche und fettarme Kost geachtet. Ich habe mich bewusst und ausgewogen ernährt, was zu meiner aktiven Zeit in der Tennisszene eher die Ausnahme war. Auf eiweißreiche Ernährung habe ich vor allem in der Trainingsphase und in der Zeit des Kraftaufbaus speziell geachtet.“*

Trenne Stroh und Holz! Das macht dich froh und stolz!

Was brennt besser? Stroh oder Holz? Wenn du Stroh anzündest, brennt es sofort lichterloh. Das kennst du aus den trockenen Sommermonaten, in denen du regelmäßig in der Presse liest, dass ein Reetdach (Strohdach) abgebrannt ist. Holz dagegen brennt sehr schwer. Es dauert seine Zeit, bis es brennt – wie im Kamin. Solange du immer kräftig Stroh in den Kamin gibst, brennt das Stroh, während das Holz erhalten bleibt. Genau dasselbe geschieht in deinem Körper. Solange du über den Tag verteilt ständig Kohlenhydrate zu dir nimmst – in fester oder auch in flüssiger Form –, werden auch primär nur Kohlenhydrate, also das Stroh, verbrannt. Das Holz bleibt auf den Hüften.

Doch es geht noch schlimmer, nämlich dann, wenn du Kohlenhydrate und Fette zusammen isst, wie z. B. Currywurst mit Pommes, Ketchup und Majo, Brot mit Butter und Wurst, Schnitzel mit Pommes, Hamburger, Pizza. Hier gibst du deinem Körper die Kombination aus Stroh und Holz zu verdauen. Das leicht brennbare Stroh wird sofort verbrannt, während dein Körper mit dem Holz nichts anzufangen weiß. Das Holz zu verbrennen und damit an die gewünschte Energie zu gelangen, würde ihn in diesem Moment viel zu sehr anstrengen. Also packt er das Holz in die Speisekammer. Die Kombination Kohlenhydrate und Fette sind die perfekten Dickmacher. Schneller geht's nimmer!

Tipp:

Trenne Stroh von Holz auf deinem Teller. Gerne kannst du Nudeln, Reis und Kartoffeln essen. Wenn du diese jedoch mit fettiger Soße und Fleisch isst, schmierst du dir das Fett auf direktem Wege um deine Hüfte. Iss zu den Kohlenhydraten lieber fettreduzierte Lebensmittel wie z. B. Gemüse. So wird weiter fleißig Stroh verbrannt und gleichzeitig hat der Körper kaum Holz zur Verfügung, das er in die Speisekammer stecken kann. Wenn du darüber hinaus das Stroh reduzierst, ist dein Körper gezwungen, auf das Holz – die Fette – zurück zu greifen.

Womit aber hängt es zusammen, dass wir so einen Appetit auf Stroh, also auf Kohlenhydrate haben? Was meinst du? Unsere Schaltzentrale – dein Gehirn – ist ganz heiß darauf. Ist der Blutzuckerspiegel oben, geht es dir gut, du bist leistungsfähig und glücklich. Geht der Blutzuckerspiegel jedoch in den Keller, wirst du nervös, unkonzentriert. Dein Verstand schaltet sich ab – als wenn du den Lichtschalter im Zimmer ausknipst und plötzlich im Dunkeln stehst. Schnellstmöglich laufen deine Füße mit dir den kürzesten Weg in die Küche oder zum nächsten Schnellimbiss bzw. Kiosk. Dein Schweinehund liefert dir dazu die passende Ausrede: „Ich brauche jetzt Nervennahrung."
Optimal ist es, den Blutzuckerspiegel über den Tag auf einem konstanten Pegel – weder zu hoch, noch zu niedrig – zu halten. So hat dein Körper die Kohlenhydrate zur Verfügung, die er u. a. für das Gehirn braucht, während die Fette – aufgenommene Blutfette und gespeicherte Fette – für andere Körperprozesse angezapft werden.

Eine Lebensmittelgruppe, die wenig Stroh enthält und ausgezeichnet sättigt, ist das Gemüse. Ich sehe dir deine Begeisterung förmlich an – deine Ge-

sichtszüge sind entgleist und du sagst mit etwas Ironie in deiner Stimme: „Mmh, lecker." Wie kommt es, dass das Gemüse so einen schweren Stand in der Gesellschaft hat? Kleine Kinder spucken ihren Eltern regelmäßig den Brokkoli oder den Blumenkohl ins Gesicht. Größere Kinder verweigern sich komplett und strampeln mit den Füßen, wenn du versuchst, ihnen den Mais durch die Zahnlücken durchzuschieben. Gemüse führt ein Schattendasein und steht bei vielen auf der Lebensmittelwunschliste ganz am Ende – im Kleingedruckten. Klar schmecken Hamburger, Pizza, Pommes und Currywurst besser – oft aber auch, weil dem Gemüse einfach der Geschmack fehlt.

Du brauchst das Buch jetzt nicht weg zu legen und einen Gemüsegarten zu pflanzen. Das lass lieber deine kleinen Kinder machen. Die haben Spaß daran, etwas zu pflanzen. Damit steigerst du übrigens auch die Wahrscheinlichkeit, dass deine Kinder beginnen, Gemüse zu essen. Etwas, was sie selbst gepflanzt, gepflegt und am Ende geerntet haben, ist viel interessanter als etwas, was aus dem Supermarkt von Mama zubereitet auf den Teller kommt. Hast du weder Kinder noch einen Garten bzw. Zeit und Lust für Gemüse aus dem Garten, greife bevorzugt zu Tiefkühlgemüse. Während das Gemüse im Markt häufig unreif geerntet wird und nachreift, kannst du dir bei Tiefkühlgemüse sicher sein, dass es reif geerntet und direkt eingefroren wurde – förmlich schockgefrostet. Damit bleiben die Vitamine und Mineralstoffe zum größten Teil erhalten. Doch komme bitte nicht auf die Idee, das Gemüse jetzt auch gefroren zu essen. Dann friert dir dein Hirn ein. Achte bei der Gemüsezubereitung bitte darauf, dass diese vitaminschonend erfolgt. Gemüse am besten nur kurz dünsten. In einem Wokkochtopf lässt es sich sehr gut zubereiten. Zu lang gekochtes Gemüse enthält keine Vitamine mehr. Da kannst du gleich stattdessen ein feuchtes Taschentuch essen. Der Vitamingehalt ist etwa derselbe.

Teste einfach aus, Kohlenhydrate und Fette voneinander zu trennen, ohne es von vornherein kategorisch abzulehnen. Du wirst schnell erkennen, dass es auch richtig lecker schmeckt, einen großen Teller Gemüse mit Fleisch zu essen und die Nudeln dazu einfach mal wegzulassen. Das ist anfangs ungewohnt, keine Frage. Wir haben einfach ein Missverhältnis, was die Aufteilung auf unseren Tellern anbelangt. Wir meinen heute noch, der Großteil müssten Kohlenhydrate wie Nudeln, Reis oder Kartoffeln sein. Dazu gehört ein großes Stück Fleisch und ein kleiner Klecks Gemüse. Das Ganze wird mit dickflüssiger Soße versetzt, so dass am Ende kaum zu erkennen ist, was überhaupt auf dem Teller liegt – fast so wie beim schneebedeckten Gletscher.

Der Erlebnistennisspieler und vierfache Guiness-Weltrekordhalter Erkan Soysal setzt diese Ernährungsform erfolgreich um: *„Ich achte darauf, abends* *keine Kohlenhydrate zu mir zu nehmen. Stattdessen eher leichte Kost wie Gemüse. Eiweiß nehme ich bevorzugt über Fisch zu mir. Außerdem nehme ich extra Eiweißpräparate.* "

Zähme den Hunger zwischendurch – Snacks

Du stehst um sechs Uhr auf und hast den Vorsatz vor Augen: „Heute esse ich gesund und verzichte darauf, dauernd zwischen den Mahlzeiten zu naschen." Das klappt zu Beginn auch ganz gut. Du frühstückst wie gewohnt und freust dich bereits auf den gedünsteten Fisch mit Gemüse heute Mittag in der Firmenkantine. Auf das Einpacken eines süßen Zwischensnacks verzichtest du gezielt, deinen guten Vorsätzen zuliebe. Es ist halb zehn, eine besondere Uhrzeit in Deutschland. Dein Magen knurrt fürchterlich. Der Heißhunger meldet sich. Was nun? Deine guten Vorsätze sind schnell dahin. Du greifst in deine Schreibtischschublade und holst dir ein zweites Frühstückchen heraus – dein Vorrat für den absoluten Notfall. Mit dem Satz: „Die Kleinigkeit passt schon. Die ist so leicht", rechtfertigst du dir den Griff und schon ist das Frühstückchen verdrückt. Würde es bei einem Happen bleiben, wäre es tatsächlich noch kein ernst zu nehmendes Problem. Weil es nicht wirklich satt macht, folgt jedoch in 30-minütigen Schritten ein drittes und ggf. sogar ein viertes Frühstückchen. So überbrückst du einigermaßen die Zeit bis zum Mittagessen. Doch die guten Vorsätze für den Tag sind passé. Mit dem Gedanken „Das hat alles eh keinen Sinn mehr, der Tag ist ernährungstechnisch gelaufen", genehmigst du dir zum Mittagessen einen kleinen, süßen Nachtisch und am Nachmittag und Abend jeweils noch eine Kleinigkeit Frustfutter. All diese „Kleinigkeiten" lähmen deine Fettverbrennung und machen dick. Einmal richtig bei einer größeren „Kleinigkeit" zugelangt wäre hingegen gesünder und macht schlanker, als wenn du dauernd ein bisschen zwischendurch isst.

Einige Experten empfehlen, fünf Stunden zwischen den Mahlzeiten komplett aufs Essen zu verzichten, damit der Körper genug Zeit hat, Fett zu verbrennen, nachdem die Insulinausschüttung sich wieder beruhigt hat. Fünf Stunden zwischen Frühstück und Mittag und fünf Stunden zwischen Mittag und Abendbrot. Keine Frage, auch ich schüttle wie du nur den Kopf und frage mich: „Haben die Experten das jemals selbst ausprobiert?" Selbstverständlich sind Esspausen von mehreren Stunden sinnvoll. Diese sollten zuckerfrei bleiben, denn jeder Fruchtsaft, jeder Kaffee mit Zucker, jede Limo und jede essbare Süßigkeit sorgen dafür, dass Insulin ausgeschüttet und damit deine Fettverbrennung unterdrückt wird. Das Insulin bewirkt, dass die Zellen Zucker aufnehmen und der Blutzuckerspiegel sinkt. Leider sinkt er nach einem schnellen Anstieg wieder genauso rasch, so dass er häufig sogar unter das Ausgangsniveau fällt. Es kommt zur Unterzuckerung und Heißhungerattacken wie oben beschrieben sind die Folge. Das Insulin bewirkt nicht nur das Einlagern des Zuckers in die Zellen, sondern hemmt gleichzeitig den Fettabbau. Das heißt, du lagerst zum einen die dickmachenden Stoffe ein und verhinderst gleichzeitig den Abbau der Dickmacher. Das macht langfristig dick. Realistischer und geeigneter sind Esspausen von ca. drei Stunden. Je nach Länge deiner Esspausen kommst du so auf drei bis fünf Mahlzeiten am Tag – drei Hauptmahlzeiten und zwei Snacks.

Bevor du gedankenversunken auch in Zukunft zwischen zwei Hauptmahlzeiten zu Snacks aller Art greifst, mache dir bewusst, warum du jetzt gerade essen willst. Ist es wirklich Hunger oder nur Appetit? Isst du aus Langeweile, bei Stress oder aus Frust? Verwechselst du ggf. Durst mit Hunger? Auch Gewohnheiten spielen eine Rolle: „Zu einem Kaffee gehört auch ein Keks"; „Jetzt habe ich mir eine Belohnung verdient". Frage dich ab heute, ob du überhaupt hungrig bist, bevor du etwas isst. Du isst in den verschiedensten Situationen, selten jedoch, weil du wirklich Hunger hast.

Betrachte dein Ernährungstagebuch, das du zum Einstieg erstellt hast. Wann hast du was warum gegessen? Auf diese Weise lernst du deine Essgewohnheiten genauer kennen und kannst sie in Zukunft optimieren. Isst du etwas, weil es gut riecht und lecker aussieht, dann hast du Appetit und keinen Hunger. Appetit wird also stark von diesen positiven äußeren Einflüssen geleitet und ist meist auf ein (Genuss)Ziel gerichtet. Dein Körper selbst braucht das Essen nicht, doch du verlangst danach. Wenn du in Ausnahmefällen nach bestimmten Leckerbissen greifst, ist das absolut in Ordnung. Wird das jedoch die Regel, droht eine Gewichtszunahme.

Achte beim Essen bitte auf Sättigungssignale. Wir essen heute einfach zu schnell, zu viel, an jedem Ort und vor allem zu oft zwischendurch. Dein Körper erhält gar keine Gelegenheit, dir ein Feedback zu geben, dass er satt ist. Iss in Zukunft langsamer und am dafür vorgesehenen Ort ohne Ablenkung (Fernsehgerät), lass dir Zeit beim Essen, kaue tatsächlich die empfohlen 20–30 Mal je Bissen und achte auf ein Sättigungsgefühl. Dieses meldet sich erst etwa 20 Minuten nach dem ersten Bissen.

Überkommen dich des Öfteren Heißhungerattacken, ohne dass du weißt, woher sie genau kommen? Das geht vielen Menschen ähnlich und ist ein Hinweis auf zu viel Stress, Langeweile, Nervosität oder Unzufriedenheit. Eine typische Reaktion ist über den Sättigungsgrad hinaus zu essen. Die Folge sind Völlegefühl und ein schlechtes Gewissen. Das schlechte Gewissen wird mit weiterem Essen „beruhigt" – ein Teufelskreislauf.

Höre in dich hinein, inwieweit Langeweile oder Frust häufig Ursachen sind, dass du plötzlich etwas isst. Isst du aus Langeweile, suche dir eine Alternativbeschäftigung. Lies ein gutes Buch, verabrede dich mit Freunden, gehe zum Sport oder deinen Hobbys nach. Gönne dir eine Massage, einen Wellnessbesuch oder, oder, oder. Du wirst überrascht sein, was du alles Schönes mit deiner Zeit anfangen kannst außer essen. Isst du aus Frust, reagiere dich auf andere Art und Weise ab. Auch hier hilft Bewegung – putzen, spazieren gehen, Gartenarbeit, Treppen laufen, mit den Füßen auf den Boden stampfen, Sport. Nebenbei verbrennst du noch kräftig Kalorien. Wenn danach der Magen knurrt, hast du wirklich Hunger.

Tipps: Die besten Snacks für zwischendurch:

- Backwaren ohne Fett, z. B. 1-2 Schreiben Vollkornbrot mit jeweils 1 EL Magerquark oder dünn mit Frischkäse bestrichen, darauf dekorativ angeordnet frisch gewaschenes, klein geschnittenes Gemüse nach Wahl (z. B. Paprika, Möhren, Tomate, Feldsalat, Pilze)
- 1 hart gekochtes Ei, ggf. auf einer Scheibe Vollkornbrot verteilt, mit Frischkäse darunter
- ein Becher körniger Frischkäse, dazu ein bis zwei Hände voll Gemüse-Sticks nach Wahl zum Eindippen (Zucchini, Rettich, Kohlrabi, Gurke, Stangensellerie)
- ein bis zwei Hände voll gewaschenes Obst nach Wahl (z. B. Orange, Aprikosen, Pflaumen, Erdbeeren)
- 150-250 ml Naturjoghurt (0,1-1,5 % Fett) mit einer Hand voll geschnittenem Obst nach Wahl mischen (z. B. Apfel, Birne, Mango, Kiwi, Heidelbeeren); gerne noch ein paar Nüsse dazu (z. B. Walnüsse, ungesalzene Erdnüsse, Haselnüsse)
- eine Hand voll Nüsse oder getrocknete Früchte (Aprikosen, Mango, Apfelchips)

Ein großes Glas stilles (Mineral-)Wasser ist ein guter Killer des Hungergefühls. Die energiefreie Flüssigkeit beschäftigt deinen Magen. Außerdem fällt es dir damit leichter, auf deine zwei bis drei Liter Wasser am Tag zu kommen.

Einige Sportler wie Ex-Profi-Boxer und Olympiasieger Torsten May geste-hen offen ein, dass sie Leistungspotenzial verschenkt haben, weil sie sich erst spät mit gesunder Ernährung beschäftigt haben: *„Mit Ernährung habe ich mich erst im letzten Drittel meiner aktiven Karriere beschäftigt. Am Anfang meiner Karriere war ich sehr jung, 18, 19, 20 Jahre und hatte so viel Power und Erfolg, da habe ich von den Ressourcen meiner Jugend gelebt. Im Nachhinein habe ich viel verpasst. Ich habe mich lange nicht so bewusst ernährt, wie es der aktuelle Stand im Sport ist. Ich hätte noch viel mehr aus mir rausholen können, wenn ich den Kenntnisstand über Ernährung mit Anfang 20 gehabt hätte, den ich dann mit 30 Jahren hatte. Statt einseitiger Ernährung habe ich mehr auf eine ausgewogene Ernährung mit hochwertigen Kohlenhydraten aus z. B. Ge-müse geachtet, mehr Wasser getrunken.“*

Werde ein gesunder Trinker – mit Wasser!

Dein Körper besteht zu 60 bis 70 % aus Wasser, dein Gehirn sogar zu 85 %. Was braucht dein Körper am dringendsten, um zu funktionieren? Bier, ich weiß. Nein, Spaß beiseite. Flüssigkeit ist überlebenswichtig. Zwar kann dein Körper bis zu drei Wochen ohne Nahrung auskommen, jedoch nur höchs-tens drei Tage ohne Flüssigkeit, in der Wüste sogar nur wenige Stunden. Schaffst du täglich mindestens zwei Liter Flüssigkeit zu trinken? Ich rede

jetzt nicht von Alkohol, damit das klar ist, sondern primär von Wasser. Ex-Bundesliga-Profi André Breitenreiter antwortet auf die Frage, was seine Spieler bevorzugt trinken, kurz und knapp mit: „Wasser!“

Ohne Wasser läuft auch bei der besten Ernäh-rung nichts. In Israel bekommst du beim Arzt als erstes ein großes Glas Wasser gereicht. Hier wissen die Menschen: Viele Beschwerden und Erkrankungen haben ihre Ursache im falschen Trinkverhalten.

Acht von zehn Menschen trinken zu wenig. Gehörst du auch dazu? Die Wahrscheinlichkeit ist relativ hoch. Dein Körper verliert ununter-brochen Wasser: beim Schwitzen über die

Haut, über die Nieren, den Darm und beim Atmen. Den Verlust gilt es durch Getränke und wasserhaltige Nahrungsmittel bestmöglich wieder auszugleichen. Alle wissen, dass es unglaublich wichtig ist, ausreichend zu trinken, doch vergessen sie es aufgrund des Alltagsstresses. Du bist den ganzen Tag in Aktion und merkst erst, dass es Zeit ist, etwas zu trinken, wenn du Durst hast. Dann besteht bereits ein großer Wassermangel. Die Folge sind Konzentrationsverlust, Müdigkeit, Migräne, Kopfschmerzen und vieles mehr. So bedeuten zwei Prozent Flüssigkeitsverlust bereits 20 % Konzentrationsverlust.

Viel trinken macht schlank, schön und gesund
Trinken bietet dir viele Vorteile: Trinken hält jung, leistungsfähig, fit, macht schlank und verleiht deiner Haut ein gesundes und vor allem pralles Aussehen. Oder willst du lieber aussehen wie eine vertrocknete Topfpflanze? Das Aussehen deiner Haut hängt stark vom Trinkverhalten ab. Trinkst du wenig, bleibt deine Haut trocken. Da kannst du noch so teure Feuchtigkeitscreme nutzen, es hilft nichts. Wasser trinken ist die weitaus günstigere und erfolgreichere Alternative.

„Warum macht Trinken schlank?", willst du wissen. Laut einer aktuellen Untersuchung der Berliner Charité verbrauchst du durch das Trinken von Wasser bis zu 100 kcal pro Liter zusätzlich. Das hängt damit zusammen, dass dein Körper das Wasser auf Körpertemperatur erwärmt, damit er es verwenden kann. Und dabei verbraucht er – logisch: Energie. Schaffst du es, in Zukunft täglich einen halben Liter Wasser mehr zu trinken – z. B. 2 Liter statt bisher 1,5 Liter – kannst du in einem Jahr 2,5 kg pures Körperfett verbrennen. Darüber hinaus braucht dein Körper Wasser, um überhaupt das Fett abtransportieren zu können. Ohne Wasser kein Fetttransport. Damit wir uns richtig verstehen: Komme nicht auf die Idee, ab heute statt z. B. 1,5 Liter ganze 5 Liter zu trinken in dem Glauben, dadurch im kommenden Jahr 17,5 kg Körperfett zu verlieren. Das wäre zu viel des Guten und ggf. gesundheitsschädlich. Ein guter Anhaltspunkt, um deinen täglichen Wasserbedarf festzustellen, ist die folgende Berechnung: Dein Körper braucht pro Kilogramm Körpergewicht 30–40 ml Wasser. Heißt bei 60 kg zwischen 1,8 und 2,4 Liter, bei 80 kg zwischen 2,4 und 3,2 Liter. Beim Sport verbrauchst du je nach Intensität, Dauer und Klima zwischen einem halben und einem Liter pro Stunde zusätzlich. Ein ausgezeichneter Indikator dafür, dass du ausreichend getrunken hast, ist deine Urinfarbe. Ist diese klar, passt alles, hat sie Apfelsaftschorlenfarbe, wird es dringend Zeit.

Du kannst Wasser auch als Naschbremse einsetzen, denn Wasser trinken macht satt. Daher empfehle ich dir, zunächst ein Glas Wasser zu trinken, wenn du das Gefühl hast, hungrig zu sein und Schokolade zu brauchen. Oft ist die Naschgefahr gebannt, wenn du Wasser trinkst. Wasser füllt den Magen und lässt somit weniger Platz für Kalorienhaltiges. Trinkst du zum Essen etwas, bist du schneller satt und isst automatisch weniger. Am besten trinkst du bereits 33 Minuten vor der geplanten Mahlzeit ein großes Glas Wasser, dann ist der Hunger geringer und du isst nachweislich weniger, da der Magen mit der Verarbeitung des Wassers beschäftigt ist.

Außerdem stoppt Wasser die Insulinachterbahn in deinem Körper, die vor allem von zuckerhaltigen Getränken wie Limo, Cola oder Energydrinks in Gang gesetzt wird. Während du nach dem Trinken zuckerhaltiger Getränke Hunger hast, weil der Blutzuckerspiegel nach einem schnellen Anstieg wieder in den Keller schießt, ersparst du dir diese Entwicklung durch das Trinken von Wasser.

Dein Körper kann das Wasser nur bedingt speichern. Der Mensch ist kein Kamel, auch wenn einige einen Höcker vor sich herschleppen. Trinkst du zu viel auf einmal, wird das Wasser sehr schnell wieder ausgeschieden und mit ihm wertvolle Mineralien. Verteile deshalb deine Wasserrationen über den Tag möglichst gleichmäßig – ein Glas Wasser pro Stunde ist top.

Du denkst vielleicht: „Alles super Argumente, Matthias. Ich bin überzeugt davon, dass viel trinken wichtig ist. Dennoch vergesse ich es ständig. Was kann ich tun, um daran erinnert zu werden?" Die folgenden Tricks unterstützen dich, deine Flüssigkeitszufuhr zu steigern.

Tipps zur Steigerung der Flüssigkeitszufuhr

- Mach es dir zu einer neuen Gewohnheit, bereits direkt nach dem Aufstehen ein Glas warmes Wasser zu trinken (mind. 200 ml).
- Trinke zum Frühstück ein zweites Glas Wasser. Als Kaffee- und/oder Teefreund darfst du auch gerne eine Tasse Tee oder Kaffee trinken (ungesüßt).
- Stelle dir morgens bereits zwei große Flaschen (1–1,5 Liter) mit dem Ziel parat, diese bis abends 18:00 Uhr geleert zu haben. Trinke bis mittags bereits die erste Flasche. Der Körper hat morgens ein Wasserdefizit, da du nachts durchs Schwitzen viel verloren hast.
- Habe immer mindestens eine große Flasche Wasser griffbereit (1–1,5 Liter), im Büro, neben oder auf dem Schreibtisch, im Auto, Wohnzimmer, Schlafzimmer. Für unterwegs packe dir eine 0,5 Liter Flasche in deine Akten- oder Handtasche. Ich fahre im Auto eine Wasserkiste spazieren. So bin ich jederzeit gut versorgt.

- Nutze jede Gelegenheit, über den Tag verteilt regelmäßig zu trinken.
- Greife bewusst zu Nahrungsmitteln mit einem hohen Wasseranteil wie Obst und Gemüse.
- Lass dich auf fröhliche Art und Weise ans Trinken erinnern: Mit SMILEY, der fröhlichen TrinkUhr, kommst du mit mehr Spaß ans Glas.[10]

Freie Fahrt für die richtigen Getränke

Mit jedem Schluck, den du trinkst, hast du die Wahl, dich dick oder dünn zu trinken. Saft, Limonaden und Alkohol haben einen größeren Einfluss auf dein Körpergewicht und deine Gesundheit, als du glaubst. Während du primär mit dem Trinken das Ziel verfolgst, deinen Durst zu löschen, lassen die Unmengen an Kalorien in zuckerhaltigen Getränken deine Taille verschwinden. Während du beim Trinken von einem Liter Wasser 100 kcal verbrennst, ohne dich zu bewegen, nimmst du mit einem Liter Limonade 500 kcal auf. Das entspricht fast einer kompletten Mahlzeit und umgerechnet 40 Zuckerstücken – die kleinen, die du in den Tee wirfst.

Reduziere alle Getränke, die viel Zucker, Aroma- oder Farbstoffe, Geschmacksverstärker oder andere Zusatzstoffe enthalten. Es geht nicht darum, dass du komplett auf diese Getränke verzichtest. Verbote sind verboten. Viel entscheidender ist die Menge und Häufigkeit, in der du diese Getränke konsumierst. Diese Getränke fallen unter die Genussmittel. Das sagt schon alles.

Jochen Wollmert hält ebenfalls nichts von Verboten, sowohl beim Essen als auch beim Trinken: *„Besonders vor einem Spiel achte ich darauf, leichte Kost zu mir zu nehmen. Ich bin jedoch keiner, der auf alles verzichten würde. Dann würde mir etwas fehlen. Ich bin auch deshalb erfolgreich, weil ich Spaß am Leben habe. Dazu gehört auch die Ernährung. Wenn ich mal Lust darauf habe,*

---

[10] Mehr Infos unter www.matthiasherzog.com und unter www.trinkuhr.de

gibt es auch mal eine Pizza oder einen Burger oder ein Bier. Wenn man es nicht jeden Tag macht, ist es auch nicht so tragisch."

Aus dem Straßenverkehr kennst du das Ampelprinzip. Ständig fährst du auf Ampeln zu und wünschst dir, dass diese grün zeigen. Bei grün hast du freie Fahrt, bei gelb ist bereits leichte Vorsicht geboten und bei rot hast du zu stoppen. Wären die Ampeln im Straßenverkehr ständig rot, hättest du schnell keine Lust mehr aufs Autofahren, oder? Wenn sie selten rot zeigen, ist das noch o. k. Bei gelb kannst du noch entscheiden, ob du Gas gibst und drüber fährst oder ob du bereits abbremst. Und bei grün gibst du Gas ohne nachzudenken. Ähnlich kannst du die verschiedenen Getränke auf dem Markt nach diesen drei Farben einteilen. Im Folgenden findest du die SMILEY-Getränke-Ampel.

Diese Getränke liegen im grünen Bereich:

* (stilles) Wasser
* Grüntee (ungesüßt)
* Kräutertee (ungesüßt)
* Früchtetee (ungesüßt)

Du kannst auch kohlensäurehaltiges Wasser trinken. Stilles Wasser hat jedoch den Vorteil, dass dein Körper es einfacher aufnimmt und du dir einige unschöne „Bäuerchen" ersparst. Kohlensäure bläht deinen Verdauungstrakt auf und hemmt alle Stoffwechselprozesse. Forscher fanden sogar heraus, dass Kohlensäure Entzündungen an den empfindlichen Schleimhäuten des Verdauungssystems verursachen kann. Außerdem ist der Körper vieler Menschen bereits übersäuert und kohlensäurehaltiges Wasser verschärft diese Entwicklung zusätzlich. Stilles Wasser wirkt der Übersäuerung entgegen.

Ich kann mir bereits deinen Gesichtsausdruck bildhaft vorstellen zu der Tatsache, dass ich dir empfehle, fast ausschließlich Wasser zu trinken. Du denkst: „Wie öde ist das denn? Wasser schmeckt langweilig. Ich brauche Geschmack." Ist das der Fall, dann gib deinem Wasser das nötige Aroma. Schneide kleine Obststücke aus Zitrone, Limette, Orange, Apfel zurecht, die du zu der Flasche Wasser oder einer Karaffe gibst. Das Wasser erhält ein fruchtiges Aroma, wenn du die Stücke längere Zeit darin lässt. Geraspelter Ingwer, frische Minze oder ein Spritzer Zitronensaft peppen dein Wasser ebenfalls geschmacklich auf. Warmer und kalter Tee ist auch nichts anderes als Wasser mit Geschmack, vorausgesetzt, du lässt den Zucker heraus. Brauchst du die Süße, gib etwas Süßstoff dazu.

Hier bist du im gelben Bereich unterwegs:

- Gemüsesäfte
- Saftschorlen (selbst gemischt)
- Isotonisches Getränk (verdünnt)
- Direktsäfte
- Buttermilch (ungesüßt)
- Smoothies
- Kaffee (ungesüßt)
- Milch, Kakao
- Kefir, Molke
- Bionade
- Alkoholfreies Weizenbier

Gemüsesaft: Viele verziehen das Gesicht, wenn sie an Gemüsesaft denken. Das erinnert ein wenig an Babynahrung, oder? Tomaten-, Karotten-, Rote-Bete- oder Gemüsemixgetränke enthalten im Vergleich zu ihren süßen Geschwistern, den Obstsäften, weitaus weniger Kohlenhydrate und Kalorien. Dennoch sind sie reich an Vitaminen, Mineral- und Ballaststoffen. Achte bei der Auswahl auf die Inhaltsstoffe. Ab und an werden Zucker und Aroma ergänzt, speziell bei Karotten- und Rote-Bete-Saft.

Saftschorlen: Die Apfelsaftschorle gilt als typisches Sportlergetränk. Es erfrischt und unterstützt dich während und nach einer harten Sporteinheit, ausgeschwitzte Mineralstoffe wieder aufzunehmen. Dennoch ist sie mit Vorsicht zu genießen. Zum einen überschätzen viele, was sie geleistet haben. Wenn du eine halbe Stunde lockeren Sport betreibst, brauchst du kein Sportlergetränk. Da kommst du locker mit Wasser aus. Außerdem unterschätzen viele den hohen Gehalt an Zucker – besonders bei den gekauften

Schorlen, die häufig ein Verhältnis von 1:1 haben, also ein Mischverhältnis von 50 % Wasser und 50 % Saft. Deine eigens gemischte Saftschorle sollte Minimum ein Verhältnis von 3:1 (75 % Wasser und 25 % Saft) haben. So sparst du bereits über die Hälfte an Kalorien und Zucker. Musst du dich noch an die geringere Süße gewöhnen, beginne mit einer 50:50-Mischung und reduziere den Saftanteil von Mal zu Mal. Im Optimum liegt das Mischverhältnis sogar bei bis zu 5:1 – also 85 % Wasser und 15 % Saft. Der im Saft enthaltene Zucker lässt sofort die Feuerwehr (Insulin) ausrücken, um den Blutzucker zu „löschen". Auch Fruchtzucker wirkt hier wie normaler Haushaltszucker.

Smoothies: Sicher wunderst du dich, warum ein Smoothie bei gelb und nicht bei grün zu finden ist, nach dem Motto: „Das ist doch Obst und Obst ist gesund." Die Mixturen aus pürierten Früchten und Säften enthalten – selbst wenn kein zusätzlicher Zucker zugefügt wurde – große Mengen Fruchtzucker. 90 % der Kalorien stammen in der Regel aus dem Zucker. Je höher der Saftanteil im Getränk ist, desto weniger Nähr- und Ballaststoffe stecken darin. Beim Entsaften der Früchte landen die Ballaststoffe und andere gesunde Bestandteile im Müll. Das Sättigungsgefühl ist von kurzer Dauer, da der Inhalt der kleinen Flaschen fast genauso schnell heruntergeschluckt wie verdaut ist. Wenn schon Smoothie, dann nur selbst gemacht. Wasche frische Früchte der Saison, schneide sie klein und gib sie ungeschält in den Mixer. So bleiben die Ballaststoffe und Vitamine erhalten. Gib so viel Wasser dazu, dass die fertige Mischung gut trinkbar wird. Die beste Alternative bleiben weiterhin die puren Früchte. Mit ihrem großen Volumen füllen sie deinen Magen länger.

ACHTUNG! Hier wird es rot:
- Limonaden
- Saftschorlen (fertig)
- Cola, Fanta, Sprite, Spezi
- Fruchtsaftgetränk, Nektar
- Eistee
- Trinkschokolade (kakaohaltige Getränkepulver)
- Energydrinks

- Milchmix mit Zuckerzusatz (Schoko-, Erdbeer-, Vanillemilch; Buttermilch)
- Alkoholische Getränke

Fruchtsaftgetränke: Ein halber Liter Apfel-, Orangen- oder Multivitaminsaft enthält zwischen 50 und 60 Gramm Zucker. Iss Äpfel lieber, anstatt sie zu trinken. An einem Apfel kaust du kräftig und er sättigt – im Vergleich zum Apfelsaft, bei dem du gar nicht spürst, wie schnell der im Magen verschwunden ist. Apfelsaft enthält so viel Zucker wie Cola oder andere Süßgetränke.

Cola und Co.: Du darfst auch in Zukunft diese Getränke weiterhin trinken. Achte bei diesen Getränken nur darauf, dass du sie seltener und in geringerer Menge konsumierst. Sie regen deinen Stoffwechsel an und treiben deine Kalorienbilanz in die Höhe. Wenn du wirklich abnehmen willst, dann trinkst du sie höchstens morgens und mittags zum Essen. Meide sie zwischen den Mahlzeiten. Ansonsten regen sie durch ihre künstliche Süße deinen Hunger auf Süßigkeiten an.

Alkohol entflammt so schnell wie Kerosin. Sobald Alkohol in deinem Blut umherirrt, wird die Fettverbrennung komplett gestoppt – bis der Alkohol verbrannt und ausgeschwitzt ist und du deinen Rausch ausgeschlafen hast. Du weißt am besten, wie lange der unterwegs sein kann, abhängig von deinem Abfüllzustand. Wann trinkst du in der Regel Alkohol? Abends. Und wann verbrennst du normalerweise am meisten Fett? Richtig, nachts, während du schläfst und nichts isst, außer du schlafwandelst zur Nachschublade. Was folgerst du aus den beiden Informationen: abends Alkohol trinken und nachts am meisten Fett verbrennen? Korrekt, das geht nicht auf. Sobald du abends Alkohol trinkst, wird nachts kein Fett verbrannt. Hey, dass du mich ja richtig verstehst. Ich will dich keineswegs dazu anstiften, bereits zum Frühstück mit dem Trinken zu beginnen. Mir ist vielmehr wichtig, dir klar zu machen, dass du nachts nur Fett verbrennen kannst, wenn du auf Alkohol verzichtest. Reduziere deinen Alkoholkonsum, wenn du erfolgreich abnehmen möchtest. Laut einer aktuellen Studie ist jeder fünfte Deutsche Alkoholiker.
Selbstverständlich darfst du Alkohol trinken. Verbote sind verboten. Ab und zu ein Glas Bier am Abend ist o. k., oder der Piccolo aus dem Bauchnabel. Auch das gesunde Glas Rotwein ist dir sicher ein Begriff, oder? Viele sind

jedoch so skeptisch, dass sie gleich vier trinken, um sicher zu gehen. Einen Vorteil des Alkohols machen sich ältere Menschen zunutze: Alkohol konserviert.

Tipp:

Teste einmal, inwieweit du ein Genusstrinker oder bereits ein kleiner Alkoholiker bist. Verzichte einmal einen Monat auf jeden Tropfen Alkohol – auch auf den in der Weinsoße und den Pralinen. Wenn du das locker packst, bist du ein Genusstrinker. Falls du scheiterst, mache dir einmal ernsthaft Gedanken um dein Trinkverhalten.

„Genuss und Disziplin" – Interview mit Dr. Alfred Biolek

Dr. Alfed Biolek ist ehemaliger Fernseh-Entertainer, Talkmaster, Jurist, Buchautor und Fernsehproduzent. Er prägte in den vergangenen vier Jahrzehnten die deutsche Fernsehlandschaft. 1975 startete Alfred im WDR die Talkshow „Kölner Treff". Drei Jahre später folgte die Sendung „Bio's Bahnhof". 1994 startete die erfolgreiche Kochsendung „alfredissimo". Hier kochte der promovierte Jurist mit prominenten Gästen. Für seine besonderen Leistungen wurde Alfred mit vielen Auszeichnungen geehrt, u. a. Bambi, Goldene Kamera, Deutscher Fernsehpreis sowie großes Bundesverdienstkreuz.[11]

Was bedeutet für dich LEBEnsqualität?

„Indem ich mit dem Leben, was mir zugestanden wird, zurecht komme. Das ist Qualität. Dass ich nicht dauernd meckere und jammere und es anders haben will. Ich mache das Beste daraus. Zur Lebensqualität gehört für mich dazu, gesund zu sein, Freunde zu haben, mir einen bestimmten Standard leisten zu können."

---

[11] Mehr unter www.alfredbiolek.de oder www.alfred-biolek-stiftung.de

Worauf achtest du im Rahmen deiner Ernährung?

„Ich kaufe nur ‚saubere' Lebensmittel. Fleisch kaufe ich in einer guten Metzgerei und im Bioladen um die Ecke. Es muss nicht immer Fleisch sein. Mir ist eine gesunde Mischung wichtig, nicht speziell nur eine Sache oder eine Sache gar nicht. Ich esse alles – doch erstens mengenmäßig begrenzt und zweitens sehr ausgesucht. Ich achte darauf, dass das Essen gesund ist."

Wie wichtig ist Bewegung für dich?

„Ich habe als Kind nie irgendetwas gemacht, was auch nur in die Nähe von dem kommt, was man Sport nennt. Ich weiß bis heute nicht, ob man Fußball mit ‚F' oder ‚V' schreibt" (lacht). *„Ich mache keine Übungen. Doch bewege ich mich viel im Alltag. Dadurch, dass ich täglich koche, stehe und bewege ich mich viel in der Küche. Außerdem gehe ich regelmäßig einkaufen und gehe auch gerne in den Park und in die Stadt. Ich bewege mich bewusst."*

Wie kannst du am besten entspannen?

„Ich entspanne auf unterschiedlichste Weise. Wenn ich z. B. Freunde zum Essen einlade, entspanne ich beim Kochen. Während interessanter Gespräche kann ich auch sehr gut entspannen. Ich gehe in die Oper und ins Theater. Ich entspanne beim Lesen, bevor ich ins Bett gehe. Spezielle Entspannungsmethoden nutze ich jedoch nicht."

Warst du vor Sendungen damals aufgeregt?

„Nein, war ich nie. Ich habe bereits früh Dinge gemacht, die man heute Entertainment nennt. So habe ich Schüler- und Studentenkabarett gemacht. Das war für mich eine Selbstverständlichkeit, andere zu unterhalten."

Wie hast du dir die Motivation in deinem Beruf über Jahrzehnte erhalten?

„Ich habe immer nur das gemacht, was mir Spaß macht. Dazu kam die Mischung aus Genuss und Disziplin, die ich gepflegt habe – sowohl im Beruf als auch in meinem Privatleben. Beruflich habe ich mich z. B. immer gut vorbereitet. Dann war ich bereits motiviert."

Praktische Anwendung

1. Tag: ERNÄHRUNG – Fressgelage? Nein danke!

Der US-Forscher Brian Wansink[12] von der Universität in Illinois bewies in einer Studie, dass die meisten von uns so lange essen, bis der Teller für uns sichtbar leerer erscheint. So ließ er Versuchspersonen eine Suppe löffeln. Während sich bei der einen Gruppe der Suppenteller ganz normal beim Löffeln leerte, wurden bei der zweiten Gruppe durch einen Schlauch von unten die Teller unauffällig nachgefüllt. Im Schnitt aßen die Versuchspersonen der Nachfüllgruppe fast doppelt so viel (70 % mehr) und fühlten sich anschließend dennoch angenehm satt. In einem zweiten Experiment lud Wansink Studenten zum Fernsehschauen ein und servierte ihnen dazu gegrillte Hähnchenflügel. Die Versuchsteilnehmer, deren Teller mit Knochenresten umgehend abgeräumt wurden, aßen durchschnittlich fünf Hähnchenflügel mehr als diejenigen, bei denen die Reste auf dem Tisch stehen gelassen wurden. Daraus lässt sich folgern, dass unser Gehirn stark auf externe Reize reagiert, die uns signalisieren, dass eine Mahlzeit beendet ist – wie ein leerer Teller, Tischabfälle oder unsere Essnachbarn.
Ich kenne das letztgenannte von Restaurantbesuchen. Du sicher auch. Dadurch, dass ich beruflich viel unterwegs bin, esse ich des Öfteren in Restaurants. Gehe ich alleine essen, bestelle ich mir nur ein Hauptgericht. Das reicht in der Regel, um satt zu werden und alle wichtigen Nährstoffe aufzunehmen. Sobald ich jedoch mit Kunden Essen gehe, kommt plötzlich der gesellschaftliche Aspekt dazu. Schon wird aus einem gemeinsamen Essen schnell ein Gelage, ohne es wirklich zu merken. Es wird ein Aperitif bestellt, eine Vorspeise, es folgt das Hauptgericht und am Ende ein Dessert zur Nachspeise. Zur Verdauung folgt noch ein Digestif. Da ich keinen Alkohol trinke, fallen alkoholisierte Aperitifs und Digestifs weg. Dennoch esse ich weitaus mehr, als wenn ich allein essen würde. Studien bestätigen das: Allein die Gesellschaft einer zweiten Person führt dazu, dass wir bei einer Mahlzeit im Schnitt 35 % mehr essen. Zu viert an einem Tisch steigt die Menge sogar um 50 %, mit mehr als sieben Personen über 96 %. Das heißt jetzt natürlich nicht, dass du in Zukunft immer alleine essen solltest. Auf der anderen Seite gibt es nämlich Hinweise darauf, dass regelmäßige Familienmahlzeiten das

---

[12] http://www.wissenschaft.de/wissenschaft/news/252060.html

Risiko für Übergewicht senken, etwa, wenn Kinder gemeinsam mit ihren Eltern frühstücken.

Wichtig ist aber, dass du dir das übermäßige Essen beim Restaurantbesuch bewusst machst und in Zukunft lernst, kleine Portionen zu essen oder in der Speisekarte bewusst zu wählen. Achte zusätzlich beim Essen darauf, wann ein erstes Sättigungsgefühl auftaucht – bei den meisten erst nach 20 Minuten. Lege das Besteck zur Seite! Ich verzichte z. B. bei Geschäftsessen des Öfteren auf die Vorspeise bzw. suche mir bewusst eine leichte Vorspeise aus. So umgehe ich die Völlerei. Selbstverständlich gönne ich mir auch das eine oder andere Mal alle Gänge. Von Mal zu Mal ist das absolut in Ordnung.

2. Tag: BEWEGUNG – Werde zur Fettverbrennungsmaschine!

Was hältst du davon, zu einer regelrechten Fettverbrennungsmaschine zu werden? Klingt das für dich interessant? „Na logo", sagst du, „her damit." Dafür brauchst du deine Muskeln. Muskeln enthalten Kraftwerke, sogenannte Mitochondrien. Je mehr Kraftwerke du besitzt, desto höher ist deine Leistungsfähigkeit. In den Kraftwerken verbrennen die Nährstoffe, damit dir Strom und Wärme für dein Traumhaus – deinen Traumkörper – zur Verfügung stehen. Während des Sports sind die Kraftwerke hochaktiv, da brennen sie lichterloh, Energie wird erzeugt und dein Traumhaus strahlt hell erleuchtet. Nach dem Sport, wenn du tagsüber im Büro sitzt oder es dir abends zu Hause auf dem Sofa bequem machst, laufen die Kraftwerke auf Sparflamme. Deine Muskeln sind im Standby-Betrieb. Das Licht in deinem Traumhaus ist gedimmt, in einigen Räumen auf Notstrom geschaltet. Warum sollten Räume auch hell erleuchtet sein, in denen nichts los ist? D.h., deine Kraftwerke sind zwar 24 Stunden – rund um die Uhr – im Dauereinsatz. Bei körperlicher Inaktivität laufen die Kraftwerke jedoch auf Energiesparmodus. Wie steht es aktuell um deine Kraftwerke? Sehen die noch so jung und knackig aus wie damals? Kannst du dich noch erinnern, wie du als kleines Kind herumgetobt und auf Bäume geklettert bist? Wie du auf dem Spielplatz tonnenweise Sand geschippt und mit Freunden stundenlang Fangen gespielt hast? Wie du mit dem Fahrrad die Straße auf und ab gerast bist und im Wald Verstecken gespielt hast? Das waren noch LEBEndige Zeiten. Da hast du Energie verbrannt wie ein Hochofen. Dick werden war unmöglich. Deine Kraftwerke verbrauchten so viel Energie, da kamst du mit dem Essen kaum nach. Das war DAMALS! Und heute? Da findet deine Bewegung am PC statt, indem du deine Fingermuskulatur auf der PC-Tastatur und im Umgang mit der Maus trainierst. Deine Fuß- und Beinmuskulatur betätigst du intensiv im Sportwagen beim Gas geben und Bremsen – wenigstens die rechte Seite. Das Schalten strengt heute bereits so stark an, dass du Automatik fährst. Nee, ist schon klar. Ist auch bequemer. Wir wollen schließlich vermeiden, dass du dich überanstrengst. Nicht wahr? Sportwagen fahren hat auch mit Sport zu tun. Genauso wie Sportschau gucken oder im Stadion live bei der Lieblingsmannschaft mitfiebern. Auch das Vernichten einer Tafel Ritter Sport gehört bei vielen zum täglichen Sportprogramm dazu. Vielleicht nimmst du dir auch die Leistungssportler zum Vorbild und denkst dir: „Hey, so ein Spitzensportler hört bereits mit Anfang 30 mit dem Sport auf. Warum soll ich jetzt noch damit beginnen? Macht doch gar keinen Sinn."

Wenn aber die Heizkörper und Lampen in deinem Traumhaus nicht genutzt werden, sind sie überflüssig. Da stimmst du mir sicher zu. Denn Lampen und Heizkörper sind in der Anschaffung teuer und vor allem im Unterhalt. Also weg damit. Dasselbe geschieht in deinem Körper. Werden die Heizkörper und Lampen, und damit die Kraftwerke nicht genutzt, wird die Leistungsfähigkeit zunächst gedrosselt und anschließend eins nach dem anderen abgebaut. Diese Energiesparmaßnahmen gehen mit dem Abbau deiner Muskulatur einher.

Du brauchst jetzt natürlich auch weitaus weniger Energie in Form von Lebensmitteln. Isst du jedoch weiter wie bisher, sucht sich die überschüssige Energie ein flauschiges Plätzchen. Dein Traumhaus erhält einen weichen, schwabbeligen Anstrich, der dein Haus unansehnlich macht.

Wenn das Starten der Kraftwerke, d. h. die Bewegungen auch noch schmerzhaft und schwerfällig werden, kommt dir eines Tages plötzlich doch in den Sinn, dass du etwas tun könntest, damit es dir wieder besser geht. Zum Beispiel ein wenig Sport machen.

Welche Sportarten sind laut weit verbreiteter Meinungen gut geeignet für das Abnehmen? Welche fallen dir sofort ein? In meinen Vorträgen schalt es mir entgegen: Laufen, Radfahren, Schwimmen, Inlineskaten, Walking. Unter welchem Oberbegriff werden diese Sportarten zusammengefasst? Richtig: Ausdauertraining, Herz-Kreislauf-Training. Also machst du dich auf den Weg und beginnst zu laufen, zu schwimmen, Rad zu fahren und große Zahnstocher spazieren zu tragen – also Nordic-Walking, wenn dir das Laufen noch zu anstrengend ist. Vor kurzem traf ich zwei Damen beim Nordic Walking mit Schutzbekleidung, für Knie, Ellenbogen, Hände und Kopf, wie beim Inlineskaten. Ich frage mich bis heute, inwieweit sie die zum Selbstschutz oder zum Schutz voreinander getragen hatten.

Ausdauertraining ist überlebenswichtig, keine Frage. Dein Herz-Kreislauf-System wird trainiert und die Sauerstoffversorgung verbessert. Müll wird aus deinem Haus abtransportiert. Du wirst fitter, kannst dich besser und länger konzentrieren, in deinem Oberstübchen brennt wieder mehr Licht, du hast auch nach acht-, zehn- oder gar zwölfstündiger Arbeit noch Lust, mit deinen Lieben etwas zu unternehmen und verfällst in Zukunft nicht mehr innerhalb von zehn Minuten auf der Couch liegend in die Schnarchphase. Zudem ist Ausdauertraining eine klasse Möglichkeit, um Stress abzubauen. Auch beim Sport selbst läuft es besser: mit dem Rad fliegst du förmlich über deine Lieblingsstrecke. Statt Zahnstocher spazieren zu tragen kannst du wieder joggen, beim Skaten überholst du sogar die Fußgänger. Warum? Deine Kraftwerke – Heizkörper und Lampen deines Traumhauses – fangen durch die genannten Sportarten wieder richtig an zu brennen, werden leistungsfähiger und größer. Die Heizkörper werden geputzt und neu gestrichen, die Lampen erhalten stärkere Leuchtmittel. Das heißt, die Anzahl der sogenannten Mitochondrien je Zelle nimmt zu, so dass mehr Sauerstoff transportiert wird. Die Kraftwerke geben richtig Vollgas, während du in Aktion bist und Sport machst: Rad fährst, läufst, inlineskatest.

Doch ACHTUNG!! Sobald du nach ca. 33 Minuten deine Ausdauereinheit beendest, ist es vorbei mit dem Buschfeuer. Übrig bleibt ein laues Feuerchen. Sitzt du wieder am Schreibtisch oder machst es dir auf der Couch gemütlich, schaltet die Fettverbrennung wieder in Standby. Um dauerhaft kräftig Fett zu verbrennen, müsstest du 24 Stunden am Stück Ausdauersport machen, 168 Stunden die Woche. Machst du das? Sicher nicht. Hält auch kein Mensch durch. Wie viele Stunden Ausdauersport machst du pro Woche? Ein, zwei oder drei Stunden? Sicher kaum mehr. Ich bin ehrlich zu dir: Das Fett, das du während des Sports verbrennst, ist ein Witz! Klar verbrennst du Fett. Doch die Menge entspricht gerade einmal der eines Schokoriegels – bei ca. 33 Minuten.

Die Fettverbrennung beginnt nach ... Minuten!

Ab wann fangen wir überhaupt an, Fett zu verbrennen? Sicher hast du eine Zahl im Kopf, die bis heute in deinem Bekanntenkreis und vielfach auch noch in den Medien seine Kreise zieht. Richtig: 30 Minuten. Wie lange trainierst du, wenn du erst nach 30 Minuten beginnst, vermehrt Fett zu verbrennen? 45 Minuten, 60 Minuten oder gar länger?

Es kann tatsächlich geschehen, dass du erst nach frühestens 30 Minuten richtig Fett verbrennst. Es kann sogar noch länger dauern, nämlich dann, wenn du kurz vorher kohlenhydratreich gegessen und/oder getrunken hast – z. B. Nudeln, Reis, Müsli, Bananen und Apfelschorle, das beliebteste Sportlergetränk. Der Körper hat anschließend Stroh im Blut und bevor er zu dem schwerer verfügbaren Holz greift, nimmt er lieber das Stroh zur Energiegewinnung. Schon ist es um die schöne Fettverbrennungseinheit geschehen. Erst wenn der Großteil der Kohlenhydrate verbrannt ist, setzt die Fettverbrennung ein.

Ich kann dich beruhigen. Wenn du dich vor einer Sporteinheit primär eiweißreich ernährst und die richtige Trainingsintensität beim Ausdauertraining wählst, erreichst du bereits nach wenigen Minuten eine ausgezeichnete Fettverbrennung. Isst du direkt nach dem Training erneut eiweißreich und gleichzeitig kohlenhydratarm, verlängerst du die Zeit der Fettverbrennung zusätzlich. So nutzt du den Nachbrenneffekt.

Spitzensportler haben die hohe Bedeutung der Kombination von Kraft- und Ausdauertraining bereits längst erkannt:

„Mittlerweile spielen Kraft- und Ausdauertraining eine große Rolle – auch im Nachhinein meiner Sportkarriere. Kraft und Ausdauer ist die Grundlage eines guten Fitness- und eines guten Wettkampfzustandes. Jede Taktik und jede Technik ist begrenzt durch Ausdauer und Kraft. Kondition ist das Ah und Oh." (Torsten May, Ex-Profi-Boxer und Olympiasieger 1992, Motivationstrainer)

„Ich kann noch so viel Technik und Spielwitz haben. Wenn mir die Kraft und Ausdauer fehlen, die ich separat trainieren muss, bringt mir das nichts. Du musst es als Gesamtpaket betrachten, in dem Kraft und Ausdauer zwei wichtige Puzzleteile bilden. Wenn Kraft oder Ausdauer fehlt, ergibt sich kein vollkommenes Bild. Muskeln bilden dabei ein stabiles Korsett, helfen den hohen Belastungen stand zu halten und beugen möglichen Verletzungen vor." (Marc-Kevin Goellner, Ex-ATP-Tennisprofi, Davis-Cup-Sieger 1993, Tennistrainer)

3. Tag: ENTSPANNUNG – Du bist, was du isst!

Warum isst du so, wie du isst? Es gibt einen treffenden Satz dazu, der da lautet: „Du bist, was du isst!" Dein aktuelles Essverhalten hat ganz spezielle Gründe, vor allem emotionale. Es kann gut sein, dass dir diese bis jetzt noch unbekannt sind. Wir essen aus folgenden Gründen: Genuss, Frust, Langeweile, Nervosität, Angst, Gesellschaft, günstiger bzw. teurer Preis, leckeres Aussehen ... und tatsächlich auch Hunger.

Nun startest du von einem auf den anderen Tag eine Ernährungsumstellung, die geschmacklich auch noch Abstriche vermuten lässt. Da zeigt sich dein Schweinehund ‚Ach-nö' und knurrt dich kräftig an. ‚Ach-nö' möchte nur dein Bestes und möchte dich kurzfristig glücklich sehen. Ihn interessiert nur die Gegenwart, nicht die Zukunft. Sicher kennst du die folgende oder eine ähnliche Situation aus eigener Erfahrung. Du kommst abends erschöpft von der Arbeit nach Hause, schaffst gerade noch den Weg auf die Couch. Dort liegst du nun müde und abgekämpft. Plötzlich meldet sich ‚Ach-nö': „Hey, was hältst du von ein, zwei Chips zum Entspannen? Die haben wir uns heute wirklich verdient." „Nein", denkst du dir. „Ich möchte endlich ein paar Kilos abnehmen." Doch ‚Ach-nö' bleibt bissig: „Ach, komm, nur eine Hand voll Chips. Die schmecken doch sooo gut. Danach geht es dir gleich besser." Du: „Nee, lass mich. Ich will nicht." ‚Ach-nö': „Komm schon. Mit dem Abnehmen kannst du doch morgen noch starten. Wirklich nur die eine Hand voll." „Na gut", sagst du dir. „Von einer Hand voll Chips wird mein Couch-Potato-Ring auch nicht größer. Doch morgen fange ich mit dem Abnehmen an." Also schleppst du dich mit letzter Kraft zur Naschschublade, holst die XXL-Tüte Chips heraus und greifst einmal mit der groß geöffneten Hand tief hinein. Du ziehst deine Hand zurück und schließt die Tüte Chips mit einem Frischeclip, damit die Chips bis zum nächsten Zugriff frisch bleiben. Mit der Hand voll Chips gehst du freudig zurück auf die Couch. Kaum hast du die Chips verdrückt, meldet sich ‚Ach-nö' erneut: „Duu, da ist noch eine zweite Hand voll leckerer Chips in der Schublade." Du erwiderst: „Nein, ich bleibe standhaft. Eine Hand voll haben wir abgemacht. Daran halte ich mich." ‚Ach-nö': „Wenn du ab morgen mit dem Abnehmen beginnen willst, müssen die Chips vorher noch weg. Die werden sonst schlecht." Du kannst dir denken, was geschieht: Deine Füße haben schneller verstanden, was ansteht und nehmen dich mit in Richtung Schublade – ‚Ach-nö' geht voraus. Dieses Mal greifen beide Hände fest die XXL-Tüte und gemeinsam geht ihr alle drei zurück auf die Couch. Hast du so etwas in der Art schon einmal erlebt? Klar, das kennen wir alle. Bei dem einen ist es die Ausnahme – der Schweinehund Marke Yorkshire Terrier. Bei anderen ist es Alltag – Schweinehund Marke Bull Terrier.

Was ist dir lieber – ein Yorkshire- oder ein Bull-Terrier? Wünschst du dir eher den Yorkshire, schicke ,Ach-nö' in Zukunft zum Tiertrainer Marke Martin Rütter. Es geht überhaupt nicht darum, den Schweinehund ins Tierheim zu stecken. Du brauchst ,Ach-nö'. Er beschützt dich u. a. vor Überanstrengung. Je nach Erziehungszustand braucht ,Ach-nö' jedoch ab und zu eine harte Hand.

4. Tag: MOTIVATION – Achte auf Lob und Anerkennung!

Hättest du gerne regelmäßig Lob von anderen – deinen Kollegen, Freunden, deinem Chef, Partner, Trainer, Eltern, Lehrern –, wenn du etwas gut gemacht hast? „Klar!", antwortest du. Glaubst du, dass Lob und Anerkennung wichtig für deine persönliche Entwicklung und die deiner Mitmenschen sind? „Auf jeden Fall!", stimmst du mir zu. Wie fühlst du dich nach einem Lob? „Ausgezeichnet. Energiegeladen. Glücklich!", sind vielleicht deine ersten Gedanken. Glaubst du, dass Lob und Anerkennung etwas mit hoher LEBEnsqualität zu tun haben? Du: „Aber hallo!" Und warum verteilst du Lob und Anerkennung so selten an andere Menschen?

Du willst respektiert werden und brauchst Lob und Anerkennung wie die Luft zum Atmen – in Beziehungen, im Berufsleben und selbstverständlich auch im Sport. Das Thema „Lob und Anerkennung" wird in unserer Gesellschaft absolut stiefmütterlich behandelt. Ehrlich gesagt ist das wenig überraschend. Wo sollen Lob und Anerkennung auch herkommen, wenn du nur am Quaken und Jammern bist? Du meckerst und kritisierst mit dem Glauben, dass dein Gegenüber dadurch am meisten lernt. Aber am meisten wächst du, wenn andere dich bestärken und dir sagen, was du gut machst. Kommt noch eine gesunde Prise konstruktive Kritik dazu, ist es perfekt.

Stelle dir vor, du besitzt eine wunderschöne Schatztruhe. Diese Schatztruhe steht bildlich gesprochen für dein Selbstbewusstsein. Wenn du die Truhe öffnest, siehst du wertvolle Münzen darin. Diese Münzen haben verschiedene Größen und stehen für Dinge, die dein Selbstvertrauen und damit dein Selbstbewusstsein gesteigert haben, z. B. deine Erfolge, Eigenlob oder positive Selbstgespräche. Die großen Münzen stehen für Dinge, die eine große

Bedeutung für dein Selbstbewusstsein besitzen, die kleinen Münzen für Dinge mit einer kleinen Bedeutung.

Ist deine Schatztruhe bis unter den Rand mit Münzen gefüllt, fühlst du dich selbstbewusst, optimistisch, stark, gut gelaunt. Du hast eine positive Körpersprache und sagst dir: „Ich glaube an mich. Ich schaffe es. Ich erreiche meine Ziele." Ist deine Schatztruhe hingegen fast leer, besitzt du nur wenig Selbstbewusstsein. Du fühlst dich pessimistisch, antriebslos, schlecht gelaunt. Deine Körpersprache ist negativ und du sagst dir: „Ich glaube, das geht schief. Ich scheitere. Das ist zu schwer. Dafür fehlt mir das Talent."

Was nur wenige Menschen wissen: Wie stark deine Schatztruhe mit Münzen gefüllt ist, sprich, wie groß dein Selbstbewusstsein ist, ist nicht nur von dir selbst abhängig, sondern auch von anderen Menschen, mit denen du Kontakt hast. Jedes Mal, wenn du mit einem Menschen zusammen bist, kannst du dessen Schatztruhe mit Münzen füllen, indem du ihm z. B. ein Kompliment machst, ihn lobst oder ihn bei etwas unterstützt, was ihm hilft, seine Ziele zu erreichen. Du sagst ihm, was er gut gemacht hat, oder bedankst dich bei ihm für seine Unterstützung. Das alles sorgt für positive Gefühle und stärkt sein Selbstbewusstsein.

Gleichzeitig kannst du mit deinem Verhalten dafür sorgen, dass seine Schatztruhe Münzen verliert. Wenn du ihn heftig kritisierst, anmeckerst, Lügen über ihn erzählst, ihn mobbst oder ihn ärgerst, sorgst du bei ihm für negative Gefühle und damit für den Verlust wertvoller Münzen. In der Konsequenz verliert dieser Mensch an Selbstbewusstsein.

Das Spannende an diesem Prinzip ist, das es wie ein Bumerang wirkt: Wenn du die Schatztruhe anderer Menschen füllst, füllt sich gleichzeitig deine Schatztruhe mit Münzen. Verteilst du Lob und Anerkennung an andere, erhältst du kurze Zeit später Lob und Anerkennung von anderen an dich gerichtet zurück. Das Gleiche geschieht umgekehrt: Wenn du andere Menschen nur erniedrigst, schlecht behandelst und über sie lästerst, verlierst du

Münze für Münze aus deiner Schatztruhe. Irgendwann ist deine Schatztruhe leer und du stehst alleine als Buhmann und ohne Freunde da.

Ein Grund dafür, dass du Probleme mit dem Verteilen von Lob und Anerkennung hast, ist, dass für dich das Positive so selbstverständlich geworden ist. Du sagst: „Das sind doch Basics, dass der seinen Job vernünftig macht. Dafür brauche ich nicht zu loben. Nachher wird der noch größenwahnsinnig und denkt, er wäre etwas Besonderes. So weit kommt es noch. Der soll mal auf dem Teppich bleiben."; „Das erwarte ich, dass meine Tochter ihre Hausaufgaben macht."; „Mein Mitarbeiter hat die an ihn gestellten Aufgaben ordentlich zu erledigen. Also ist es klar, dass er sich dafür anzustrengen hat. Nur weil er die Aufgaben so erledigt, wie ich es erwarte, bekommt er dafür doch kein Lob."; „Meine Freunde sind dazu da, dass sie mir helfen, wenn ich sie brauche. Dafür brauche ich mich nicht bedanken."

Du bist etwas Besonderes. Dein Gegenüber ist etwas Besonderes. Behandle ihn auch so. Es verlangt keiner von dir, dass du auf die Knie gehst und die Hand oder Füße der Person küsst, die du loben willst. Es reicht häufig bereits ein „Danke" oder „Gut gemacht" zu einem spezifischen Anlass und es fällt eine Münze in die Schatztruhe deines Gegenübers und in deine eigene Schatztruhe.

Gute Leistungen verdienen ein Lob. Achte beim Lob darauf, dass du es zeitnah und für ein spezifisches Ergebnis äußerst. Nicht: „Das hast du gut gemacht!", sondern: „Die Zwei heute in Mathe war klasse. Speziell bei dieser Aufgabe war ich positiv überrascht!"; „Wie Sie heute den Kunden Meyer von unserem Produkt überzeugt haben, hat mich sehr beeindruckt."; „Du hast dich heute mit vollem Einsatz ins Training reingehängt. Genau so wünsche ich mir das. Mache genau so weiter, das bringt dich nach vorn."; „Vielen Dank, dass du mich bei diesem Projekt unterstützt hast. Gerade bei den Formulierungen warst du mir eine große Hilfe." Derartige Aussagen machen Mut und stärken das Selbstvertrauen und -bewusstsein. Zeige, dass du Vertrauen in die Fähigkeiten anderer hast und dein „Schützling" – Kind, Schüler, Mitarbeiter, Sportler, Partner – allen Grund hat, an sich selbst zu glauben.

Bei schlechten Ergebnissen (Noten, Absagen, Niederlagen) mache dem anderen klar, dass er nicht versagt hat. Fehler gehören dazu und sind die schnellste Möglichkeit, sich weiter zu entwickeln. Es gilt, daraus zu lernen. Über schlechte Ergebnisse zu schimpfen bedeutet nur zusätzlichen Stress und verschlimmert die Situation meist noch. Es wird heute leider zu viel kritisiert und zu wenig gelobt.

Beginne jetzt sofort damit, die Schatztruhe der Menschen um dich herum mit Münzen zu füllen. Erinnere dich: Du füllst damit auch deine eigene Schatztruhe. Deshalb schaue dich einmal unauffällig um – schaue nach links, schaue nach rechts, schaue nach vorne, schaue nach hinten. Und du stellst fest: „Hey, da sitzen oder stehen Menschen, die haben dich bereits einige Male unterstützt; haben viel für dich getan; sind für dich da, wenn du sie brauchst; machen ihre Arbeit so, wie du dir das vorstellst, oder sogar noch besser." Wann hast du diesen Menschen das letzte Mal gedankt oder ihnen gesagt, wie viel du von ihnen hältst, wie sehr du sie schätzt und wie viel sie dir bedeuten? Wann hast du ihnen das letzte Mal gesagt, was sie gut machen oder warum du sie gern hast? Das dürfte bereits einige Zeit her sein. Nutze jetzt die Gelegenheit. Lege Buch und Stift aus deinen Händen. Na los! Stehe auf und gib mindestens drei Menschen um dich herum ein positives Feedback – Partner, Kindern, Eltern, Geschwistern, Freunden, Kollegen, Chef, Mitarbeitern, Trainern, Spielern.

Wenn du gerade alleine bist, hole das bitte in den nächsten 72 Stunden nach. Wenn du gerade mit wildfremden Menschen zusammen bist, suche dir dennoch mindestens eine Person, der du ein positives Feedback gibst. Wenn ich unterwegs bin, bedanke ich mich z. B. bei Verkäufern für ihre Freundlichkeit, den guten Service, ihr Entgegenkommen, das gute Angebot, lobe ihre Ausstrahlung. Wenn du dich einmal darauf sensibilisiert hast, vermehrt auf das Positive zu achten, fällt es dir immer leichter. Die anderen zwei Feedbacks holst du später nach. Nur tue es.

Komm ja nicht auf die Idee zu sagen: „Bevor ich den lobe, soll der mich erst einmal loben." Warte nicht, bis andere auf dich zukommen. Bei einigen kannst du lange warten. Mache den ersten Schritt und gehe auf andere zu. Nichts verbessert sich, außer du verbesserst dich. Deshalb mache jetzt den ersten Schritt.

Tipp:
Erwische die nächsten vier Wochen täglich deine Mitmenschen dabei, wie sie etwas gut machen. Lobe sie direkt dafür! Du wirst positiv überrascht sein, wie sich diese Personen in den nächsten Wochen und Monaten entwickeln.

Im Sport geben exzellente Trainer ihren Sportlern regelmäßig Feedback und stärken ihr Selbstbewusstsein gezielt:

„Meine Spieler haben alle Herz, sie bringen eine Top-Einstellung mit. Wir Trainer versuchen sie technisch, taktisch und physisch zu verbessern, so dass sie sich ohne Probleme mit ‚besseren' Spielern messen können. Ganz oft sage ich meinen Spielern, dass wir zu den besten Mannschaften der Liga gehören. Anfangs staunten sie mit offenem Mund und konnten es nicht glauben, weil sie sich so noch nie gesehen hatten. Nach den ersten Erfolgen registrierten sie aber, wie stark sie wirklich sein können. Mit Glauben, Selbstvertrauen und Überzeugung für die eigene Leistung gehen sie nun auf den Platz und wollen den Gegner wegfegen." (André Breitenreiter, Ex-Bundesliga Profi, DFB-Pokalsieger 1992, Fußballtrainer)

5. Tag: LERNEN – Und, mal wieder die Eier vergessen?
Werfe Einkaufszettel und Spickzettel weg!

Sicher kennst du folgende Situation: Sorgfältig schreibst du zu Hause deinen Einkaufszettel. Nun bist du im Supermarkt und wer ist zu Hause geblieben?

Richtig, der Einkaufszettel. Ich habe das Gefühl, dass Einkaufszettel richtige Nesthocker sind. Die wollen gar nicht raus, einkaufen. Die bleiben viel lieber zu Hause, wo es warm und trocken ist. Nun stehst du im Supermarkt und es will dir nicht einfallen, was du alles einkaufen wolltest. Du weißt vielleicht noch, dass du zehn Punkte  auf deiner Liste stehen hattest, doch hast du nur acht davon in deinem Einkaufswagen. Was ich früher gerne vergessen hatte, wenn ich ohne Einkaufszettel unterwegs war, waren die Eier. Ich kam vom Einkaufen nach Hause. Das Erste, was meine Freundin sofort fragte, als sie den Einkauf sah: „Und, wo sind die Eier?" Auf dem Küchentisch türmten sich Mehl, Bananen, Äpfel, Studentenfutter, Milch ... – nur keine Eier. Also hieß es: Schuhe wieder an und nochmals los. „Nimm doch nächstes Mal den Einkaufszettel mit oder merke dir die Sachen", durfte ich mir anhören. Außerdem hatte ich häufig mehr als doppelt so viele Artikel mitgebracht wie ursprünglich geplant, weil ich mir dadurch erhoffte, fast alles gekauft zu haben, was wir brauchten. So kam es schon mal vor, dass wir plötzlich drei Becher Quark, fünf Becher Naturjoghurt und vier Gurken im Kühlschrank hatten. Wenn du jetzt gut aufpasst, kannst du ruhigen Gewissens deinen Einkaufszettel in Zukunft zu Hause lassen.

Eine der ältesten Mnemo-Merktechniken, die auch die Gedächtnisgroßmeister und -weltmeister einsetzen, ist die Loci-Methode – eine Assoziationstechnik. Die Loci-Methode stammt vom lateinischen Wort „locus" ab. Locus" heißt übersetzt: „Ort, Platz, Stelle." Die Orts-Liste ist sehr hilfreich, wenn du gespeicherte Informationen zur benötigten Zeit am richtigen Ort abrufen willst. Mit dieser Methode kannst du fast alles abspeichern, ob Dinge zur Gartenarbeit aus dem Baumarkt, Verkaufsargumente, Stichpunkte einer Rede oder deine Einkaufsliste.

Wenn du bestimmte Informationen in deinem Gedächtnis suchst, ist es so, als wenn du einen virtuellen Briefkasten in deinem Kopf öffnest und die Post herausholst. Warum findest du zu Hause die Post so leicht? Ganz klar: weil du weißt, dass der Postbote die Post in den Briefkasten wirft und du weißt, wo dieser angebracht ist. Stelle dir einmal vor, dein Postbote wäre hochkreativ und würde die Post den einen Tag ins Blumenbeet legen, am nächsten Tag in deinen Kühlschrank und am übernächsten gar in die Toilettenspülung. Das würde dich vor große Herausforderungen stellen und wäre Stress pur. Genauso wie der kreative Postbote verhältst du dich jedoch mit den Informationen, die du in deinem Gedächtnis ablegst. Wenn du Zahlen, Daten, Fakten abspeichern willst, legst du sie irgendwo ab. Anschließend hast du keine Ahnung, wie und wo du sie später wieder findest. Hier unterstützt dich die Loci-Methode, mehr Ordnung in dein Hirn zu bringen.

Die zu merkenden Informationen werden mit bestimmten Bildern verknüpft, z. B. bestimmten Körperteilen zugeordnet. So kann dieser Briefkasten über die „Körper-Liste" angelegt werden. Deinen Körper als Merkhilfe zu nutzen, ist superpraktisch, da du ihn immer dabei hast. Diese Körper-Liste ist so etwas wie ein Briefkasten für ein Wohnhaus mit zehn Wohnparteien. Jede Wohnpartei hat einen eigenen kleinen Briefkasten.

Definiere zehn Partien deines Körpers als „Briefkasten" von unten nach oben. Kennen gelernt habe ich die Körper-Liste bei meinen exzellenten Trainerkollegen Gregor Staub und Markus Hofmann – beides Gedächtnistrainer und absolute Experten auf diesem Gebiet. Meine Körper-Liste sieht wie folgt aus: Briefkasten Nr. 1 ist der Fuß, es folgt die Nr. 2, die Knie. Präge dir die Reihenfolge ein, indem du die Liste wie folgt weiter nummerierst. Wichtig dabei: Stehe jetzt auf und berühre mit deinen Händen die folgenden Körperteile. So lernst du ganzheitlich, d. h. du setzt verschiedene Sinne beim

Lernen ein, indem du liest – am besten laut – und zusätzlich die Körperteile berührst. Stehst du? Perfekt. Dann geht's los.

Übung: Körper-Liste, Teil 1

Nehmen wir zunächst die Körperteile 1–5.

- Stelle dir die Form des Fußes als die Zahl 1 vor – länglicher Fuß mit krampfenden Zehen ist die Nr. 1.
- Du besitzt zwei Knie, also sind die Knie die Nr. 2.
- Die zwei Hosentaschen und der Hosenschlitz in der Mitte entsprechen drei Öffnungen – Hosentasche als Nr. 3.
- Du setzt dich auf deine vier Buchstaben, das Gesäß – die Nr. 4.
- Du greifst mit deinen Händen in die Taille. Deine Hand hat fünf Finger, die jetzt an der Taille liegen. Deine Taille ist die Nr. 5.

1. Fuß   2. Knie   3. Hosentasche

4. Gesäß/Hintern   5. Hüfte

Wiederhole diese Liste jetzt nochmals. Die Nr. 1 ist was? Nr. 2? Nr. 3? Nr. 4? Nr. 5?

Nr. 1?
Nr. 2?
Nr. 3?
Nr. 4?
Nr. 5?

Sehr gut.

Übung: Körper-Liste, Teil 2

Nun die Körperteile 6–10. Ich erwähnte bereits, dass wir uns am besten Bilder merken, die besonders sind und Emotionen wecken. Sehr gut können wir uns „Schweinkram", bzw. Erotisches merken.

* Die Nr. 6 ist die Brust. Nähere Ausführungen kann ich mir sicher sparen, die „Sex" hast du dir jetzt bestimmt gemerkt.
* Körperteil Nr. 7 ist die Schulter. Stelle dir vor, die sieben Zwerge machen richtig Party auf deiner Schulter, schon hast du dir als Nr. 7 die Schulter gemerkt.

6. Brust

7. Schultern

- Die Nr. 8 ist der Hals, durch dessen Öffnung eine Achterbahn verlegt ist.
- Als Nr. 9 merke dir dein Gesicht. Hier hat sich gerade eine Katze – die ja neun Leben haben soll – verfangen und mit ihren Krallen die Zahl 9 in deinem Gesicht verewigt.
- Den Abschluss bildet die Nr. 10 – deine Haare. Stelle dir vor, du hättest nur noch zehn einzelne Haare übrig. Weil dir das peinlich ist, hast du als Kopfbedeckung die Bibel auf dem Kopf liegen. Darin stehen die zehn Gebote.

8. Hals   9. Gesicht   10. Haare

Schon bist du durch und kennst die Körperliste. Was ist noch die Nr. 6? Nr. 7? Nr. 8? Nr. 9? Nr. 10?

Nr. 6?	
Nr. 7?	
Nr. 8?	
Nr. 9?	
Nr. 10?	

Übung: Körper-Liste, Teil 3

Hast du dir alle zehn Körperteile deiner Körperliste eingeprägt, gehe sie nochmals durch. Zunächst von unten nach oben und anschließend von oben nach unten. Fertig? Bitte übe zuerst, bevor du weiter liest. Jetzt wiederholen wir die zehn Körperteile einmal durcheinander. Was, du glaubst, dass du scheiterst? Ich wette mit dir, dass du mindestens sieben der zehn Körperteile richtig zuordnest. Du hast bereits fünf Begriffe, die für immer sitzen dürften. Die Nr. 1 und 10, weil sie außen liegen. Die Nr. 5 in der Taille, die Brust als Nr. 6 und die sieben Zwerge auf deiner Schulter hast du dir sicher bereits gemerkt. Zum Abschluss also die zehn Briefkästen noch einmal durcheinander:

Nr. 3?

Nr. 7?

Nr. 1?

Nr. 6?

Nr. 9?

Nr. 2?

Nr. 10?

Nr. 4?

Nr. 5?

Nr. 8?

Und? Wie viele hast du richtig wiedergegeben? Bist du ein bisschen stolz auf dich?

Sobald die zehn Körperteile samt Nummerierung sitzen, wird es ernst. Im Folgenden erhältst du zehn Einkaufsartikel, die du bitte auswendig lernst. Du hast fünf Minuten Zeit. Verknüpfe jeden Begriff lustig, schmerzhaft, übertrieben, seltsam oder gar erotisch mit dem zugehörigen Körperteil. Du stellst sehr schnell fest: Je merkwürdiger die Verknüpfungen „Begriff – Körperteil" sind, desto schneller behältst du sie.

Übung: Einkaufsliste

Nehmen wir einmal an, du hättest folgende Erledigungen für den Supermarkt auf deiner Einkaufsliste notiert:

1 Bananen
2 Weintrauben
3 Vollkornmehl
4 Frischkäse
5 Hähnchenfleisch
6 Milch
7 Kartoffeln
8 Vollkornmüsli
9 Wasser
10 Nüsse

Nutze jetzt die Körper-Liste zum Abspeichern der Begriffe:

1 Der neue Schuhtrend: Du trägst Bananenschalen als Schuhe.
2 Aus deinen Knien wachsen rote saftige Weintrauben.
3 Die Mehlpackung ist kaputt, deshalb transportierst du das Vollkornmehl in deinen Hosentaschen.
4 Dein Gesäß ist wund. Deshalb schmierst du es mit Frischkäse ein.
5 Für das heutige Mittagessen schneidest du dir Hähnchenfleisch aus deiner Taille.
6 Deine Brust gibt Milch, die du in Tetrapack abfüllst.
7 Auf deinen Schultern trägst du einen Zentnersack mit Kartoffeln.
8 An deinem Hals trägst du eine Kette, auf der statt Perlen Vollkornmüsli aufgezogen wurde.
9 Aus deinem Mund, deiner Nase und deinen Augen fließt klares, frisches Wasser.
10 Du trägst als trendige Kopfbedeckung eine riesige, hohle Nuss.

Wenn du jetzt an die Milch denkst, siehst du sie förmlich aus der Brust laufen. Das funktioniert in diesem Fall ebenfalls bei der Männerbrust. Auch andere Artikel springen dir sofort ins Gesicht. Sind die fünf Minuten zum Üben vorbei, mache zunächst fünf Minuten etwas anderes. Nimm dir anschließend einen leeren Zettel zur Hand und schreibe die zehn Einkaufsutensilien in der richtigen Reihenfolge auf. Und? Wie hat es funktioniert?

Optimal ist, wenn du die nächsten Tage jeden Tag eine neue Liste zum Üben erstellst – die kann erfunden oder für deinen Alltagsgebrauch nützlich sein. Wichtig ist, dass du die Methode übst. Je verrückter die Verknüpfungen sind, desto besser. Setze diese Methode in Zukunft beim Einkaufen ein. Wenn es dir zu risikoreich ist, den geschriebenen Einkaufszettel zu Hause zu lassen, nimmst du ihn dir zur Sicherheit einfach mit zum Einkaufen. Du lässt ihn während des Einkaufs in der Tasche und vergleichst kurz vor der Kasse die Liste auf dem Zettel mit den Waren in deinem Einkaufswagen.

Es wird immer wieder Situationen geben, in denen du dich winden kannst, wie du willst, du findest einfach kein Schlüsselwort. Na und? Es gibt nicht die perfekte Methode. Dennoch unterstützt dich diese Technik in vielen Situationen, bleibende Wissensnetze in deinem Gehirn zu spinnen. Sind diese gesponnen Netze engmaschig genug, denkst du auch zukünftig an die Eier beim Einkauf – und das ohne Einkaufszettel!

6. Tag: ERNÄHRUNG – Auswärts LEBEndig schlemmen

Natürlich kannst du essen gehen, auch wenn du abnehmen willst. Das Schild „Ich muss leider draußen bleiben" gilt auch weiterhin nur für Hunde. Gehe in Zukunft mit gutem Gewissen essen. Wenn du dich vor einem mehrgängigen Menü gegen eine Kalorienschlacht wappnen willst, iss z. B. 33 Minuten vorher eine halbe Scheibe trockenes Vollkornbrot. Sie stillt den ersten Hunger und nimmt den kalorienreichen Köstlichkeiten auf der Karte ihre Unwiderstehlichkeit.

Bestelle direkt eine Flasche Wasser, wenn du am Tisch sitzt. Dafür brauchst du nicht einmal die Karte. So vermeidest du, ein Getränk zu bestellen, das deine Blutzucker- und Insulinachterbahn in Gang setzt. Trinke auch zum Essen bevorzugt Wasser. Wenn du darüber hinaus ein Glas Wein zum Essen möchtest: Ein Glas Rot- oder Weißwein ist o. k. In Wein darf das Wasser auch gerne mit hinein. Die Rotweinschorle ist eine sehr gute Wahl, da es viele wertvolle Antioxidantien enthält. Antioxidantien wirken als Radikalfänger und schützen deine Zellen. Zu viel Alkohol macht hingegen betrunken und vor allem dick und alt. Möchtest du dennoch mehr trinken, hier ein Tipp dazu: Trinke vor dem ersten Glas Alkohol viel Mineralwasser, um deinen Durst zu stillen. Alkohol ist kein Durstlöscher. Trinke bei längeren Feiern auch nach jedem Glas Alkohol ein bis zwei Gläser Wasser.

Verzichte auf das Brot vor dem Essen. So ein Brotkorb steht bereits lange vor dem Essen auf dem Tisch. Hemmungslos greift fast jeder zu, um den ersten Hunger zu stillen. Dazu gibt es meist noch leckere hausgemachte Kräuterbutter, cremigen Quark oder feines Olivenöl. Unbemerkt schießt jetzt dein Blutzucker- und Insulinspiegel in die Höhe. Die anschließende Hauptmahlzeit findet den schnellsten Weg in deine Fettdepots. Tue in Zukunft so, als ob kein Brotkorb vor dir stünde. Lass deine Begleitpersonen gerne zugreifen, wenn sie das Brot brauchen. Kannst du über den Brotkorb frei entscheiden, gib ihn dem Kellner wieder mit oder stelle ihn auf einen Nachbartisch.

Als Vorspeise eignen sich vor allem Salat oder eine Suppe. Diese enthalten Ballaststoffe, die schon einmal den ersten Hunger stillen und deinen Magen füllen. Außerdem werden anschließend die Kohlenhydrate aus dem Hauptgericht langsamer im Blut aufgenommen. Bestelle dazu ein separates Dressing – z. B. Joghurtdressing. Gutes Joghurtdressing kommt ohne zusätzlichen Zucker aus. Vermeide fettige Dressings, die deinen Salat ertränken. Möchtest du zusätzlich Kalorien sparen, tauchst du deine Gabel vor jedem Bissen ins Dressing, bevor du sie in den Salat stichst, anstatt das Dressing über den Salat zu schütten. Bevorzuge eine klare statt einer cremigen Suppe, da die cremige Suppe häufig zu einem großen Teil aus Butter oder Sahne besteht. Bei einem klaren Süppchen kannst du dir sicher sein, dass sie weitaus fett- und zuckerärmer ist.

Das Hauptgericht setzt sich häufig aus Fleisch (z. B. Schwein, Rind, Wild), Geflügel (z. B. Pute, Hähnchen) oder Fisch zusammen. Diese darfst du guten Gewissens essen. Sie enthalten u. a. wertvolles und sättigendes Eiweiß. Lass jedoch die frittierten und panierten Speisen auf der Menükarte stehen. Dort sind sie am besten aufgehoben und du hast schon viel für deine Gesundheit getan. Ähnlich sieht es bei den Beilagen aus. Lasse die minderwertigen Kohlenhydrate mehrheitlich in der Küche. Bestelle statt der typischen Beilagen wie Nudeln, Reis, Knödel, Kartoffeln, Kartoffelbrei lieber die doppelte Menge Gemüse – z. B. mit Käse überbacken oder gegrillt. Oder greife zu Fisch oder Fleisch mit viel Gemüse oder Salat. Als Fettfalle lauert die Soße. Frage den Kellner nach den Zutaten und der Zubereitung. Lass dir ggf. die Speisekarte vom Kellner übersetzen, wenn du unsicher bist, was sich hinter der einen oder anderen Bezeichnung verbirgt. Mögliche Extrawünsche sind für Kellner und Köche heute alltäglich. Lege deine Scheu ab und lass dir bei Bedarf kalorienärmere Alternativen anbieten.

Sagst du: „Ich brauche auf jeden Fall Reis, Nudeln, Kartoffeln ...“, überlege dir, sie mit Gemüse und Salat zu essen und Fisch, Fleisch, Geflügel weg zu lassen. Du tust dir und deiner Figur einen Gefallen, wenn du im Restaurant um fettarme Zubereitung der Beilagen bittest. Viele Köche reichern Nudel & Co gerne mit Butter oder Öl an. Fett erleichtert das Erwärmen und verbessert die Optik beim Anrichten auf dem Teller.

Hebst du dir auch das Leckerste des Essens bis zum Schluss auf? Die Kruste beim Braten oder den knusprigen Pizzarand? Das besondere Geschmackserlebnis zum Abschluss rundet das Essen nochmals ab. Häufig isst du jedoch das Leckerste, wenn du bereits satt bist und „überfrisst" dich auf diese Weise förmlich. Was hältst du davon, wenn du in Zukunft mit dem Leckersten beginnst? Wenn du satt bist, höre auf, selbst wenn noch reichlich auf dem Teller liegt. Du hast keinen Grund mehr, weiter zu essen, wenn du satt bist und das Beste bereits genossen hast. „Doch!", antwortest du mir. „Ich bezahle doch das ganze Essen. Dann muss ich das auch aufessen." Bitte einfach den Kellner, dir die Reste einzupacken. Er selbst dürfte diese normalerweise wegwerfen – außer der nächste Kunde bekommt sie ... So hast du für den nächsten Tag nochmals ein leckeres Essen, auf das du dich freuen kannst. Und du hast Geld und Kalorien gespart.

Zum Nachtisch greife z. B. zum Stück Schokolade (höchstens eine Rippe) statt Dessert. Findest du nur schwere Desserts auf der Karte (z. B. Tiramisu, Mousse au Chocolat), ist die Schokolade in Kombination mit einem Kaffee eine freudige Alternative. Als Dessert bietet sich ein Fruchtsorbet ohne Milch oder Sahne an, oder ein Obstsalat mit Naturjoghurt und ein paar Nüssen.

- **Schlank mit Kantinenessen:** Die Qualität von Kantinenküchen ist sehr unterschiedlich. Häufig bieten diese Fertiggerichte an, die reich an Zusatzstoffen sind. Achte bei deiner Auswahl vor allem auf möglichst frische Produkte wie Gemüse, gedämpften Fisch oder Geflügelfleisch. Bei der Zusammenstellung deines Salats bevorzuge frische Varianten wie Blattsalat, Gurke, Tomaten, Möhren statt z. B. Dosenmais.

- **Party, ich komme:** Iss einen Happen, bevor du auf eine Party gehst, von der du nicht weißt, was es dort zu essen gibt. Auf vielen Partys stehen primär große Schalen und Tüten mit Knabberzeug – fettige und zuckerhaltige Nicht-Sattmacher.

- **Buffets:** Dir flattert eine Abendeinladung mit Buffet ins Haus. Ein großes „P" für Panik leuchtet bei dir auf. Keine Sorge, gerade Buffets bieten dir eine große ausgewogene Vielfalt und lassen eine gesunde Ernährung zu. Gehe hier ähnlich vor wie beim Restaurantbesuch. Genieße Fisch, Fleisch, Geflügel und Salate. Stelle dir für den Abschluss eine kleine Portion an der Käseplatte zusammen. Lasse gerade abends die Hände weg von Nudel- und Reissalaten, Brot und Gebäck.

7. Tag: CHECKLISTE – Meine Erfolge in der zweiten Woche

Das habe ich in den letzten sechs Tagen erreicht:

Nimm dein Ernährungstagebuch zur Hand. Falls du noch keins erstellt hast, führe die nächsten drei Tage eins. Eine Vorlage dazu findest du auf meiner Homepage. Frage dich anschließend: Was machst du bereits gut? Worauf willst du in Zukunft bei der Zusammensetzung deiner Ernährung achten, wenn du daran denkst, was du über Kohlenhydrate, Fette und Eiweiße gelesen hast?

Was hast du diese Woche mit Genuss genascht oder als Zwischensnack ausprobiert? Welche Snacks für zwischendurch testest du die nächsten Tage aus?

Wie viel und was trinkst du am Tag? Hast du deine normale Menge gesteigert?

Wen hast du diese Woche bereits gelobt? Niemanden? Dann beobachte sensibel dein Umfeld und erwische jemanden dabei, wie er etwas gut gemacht hat.

Wie steht es um deine Kraftwerke in den Muskeln? Sind sie noch jung und knackig? Was hast du diese Woche getan, um wieder zu einer Fettverbrennungsmaschine zu werden?

Schreibe die zehn Punkte deiner Körperliste auf. Wo hast du sie bereits eingesetzt (z. B. Einkaufsliste)? Welche Erfahrungen hast du damit gemacht? Falls du die Körperliste noch nicht eingesetzt hast, teste sie beim nächsten Einkauf oder der nächsten Produktpräsentation bzw. im beruflichen Umfeld aus.

1.
2.
3.
4.
5.
6.
7.
8.
9.
10.

Du hast zumindest einmal LEBEndig auswärts (Kantine, Restaurant) gegessen. Worauf hast du geachtet?

3. Woche: Bewegung

Selbstcheck

Wie fit bist du? – Teste deine Fitness!

Die dritte Woche startet mit einem Fitness-Check. Teste dich selbst. Wie fit bist du im Bereich Ausdauer? Nach diesem einfachen Check weißt du mehr. Wiederhole diesen Test am Ende der fünf Wochen nochmals, um zu sehen, wie stark du dich bereits verbessert hast. Führst du die in den nächsten Wochen vorgestellten Übungen durch und bringst zusätzlich mehr Bewegung in deinen Alltag, feierst du schnell neue Erfolge und wirst von Woche zu Woche fitter. Die Übungen fallen dir plötzlich so leicht, dass du schwerere Varianten brauchst, um einen Trainingseffekt zu erzielen.

Wie steht es um deine Ausdauer? Deinen Atem?

Kommst du schnell außer Atem? Eine Aussage über den Trainingszustand deines Herz-Kreislauf-Systems gibt dir dein Puls. Misst du deinen Erholungspuls nach einer sportlichen Belastung, erhältst du ein Feedback über die Qualität deiner Ausdauer. Der Erholungspuls, der eine Minute nach einer sportlichen Belastung gemessen wird, gibt an, wie schnell du dich nach der sportlichen Anstrengung erholst. Faktoren wie dein Geschlecht, dein Alter, deine Tagesform und auch deine aktuelle emotionale Verfassung haben Einfluss auf diesen Wert. Zur grundsätzlichen Einschätzung deiner Ausdauer reicht er jedoch vollkommen aus. Wenn du den Test in ca. drei Wochen wiederholst, achte darauf, dass annähernd die gleichen Gegebenheiten vorherrschen.

Aufgabe: Ermittle nun deinen Erholungspuls

Suche dir Treppen, auf denen du drei Minuten zügig auf und ab steigen kannst. Das kann zu Hause sein oder draußen an der frischen Luft. Hast du keine Treppen zur Verfügung, nimm z. B. eine stabile, rutschfeste Kiste mit einer Höhe von 20–25 Zentimetern, die du mit dem Boden nach oben vor dir hinstellst. Steige hier drei Minuten zügig auf und ab: linkes Bein rauf, rechtes Bein rauf, linkes Bein ab, rechtes Bein ab usw. Die Arme schwingen locker angewinkelt mit. Nach den drei Minuten legst du zunächst eine einminütige Pause ein.

Ermittle anschließend deine Herzfrequenz mit Unterstützung einer Pulsuhr samt Brustgurt oder an deiner Halsschlagader. Bei letzterer miss deinen Puls für 15 Sekunden und multipliziere die gezählten Herzschläge mit vier. Dadurch erhältst du deine Herzschläge pro Minute und damit deinen aktuellen Erholungspuls. Je fitter du bist, desto schneller sinkt dein Puls nach einer körperlichen Belastung wieder. Miss den Puls an der Halsschlagader mit Zeige- und Mittelfinger.

Testergebnis und Auswertung

Erholungspuls	✓	Fitnesszustand	
99 und weniger		Sehr gut	1
100–111		Gut	2
111–120		Befriedigend	3
121–130		Ausreichend	4
131 und mehr		Mangelhaft	5

5 und 4 Sorry, doch deine Fitness lässt zu wünschen übrig. Tue etwas für dein Herz-Kreislauf-System und trainiere deine Ausdauer. Du spürst schnell, wie dir dein Training in Zukunft deinen Alltag erleichtert und mehr Fitness schenkt. Schnell freust du dich über Verbesserungen und bleibst am Ball.

3 Du kennst die Note befriedigend aus der Schule, nach dem Motto: „Es könnte ja auch schlechter sein." Doch könnte es auch noch besser sein. Nutze die Chance, dich weiter zu steigern und arbeite an deiner Ausdauer.

2 Du bist schon gut in Schuss, deine Ausdauer ist auf einem guten Niveau. Setze noch das I-Tüpfelchen darauf und verbessere dich ein klein wenig. Das sorgt für einen weiteren Qualitätssprung in deiner LEBEnsqualität.

1 Herrlich, deine Ausdauer ist top in Schuss. Mache weiter und halte dein Niveau. Viel Spaß dabei!

Als ich im letzten Jahr während meines Buchprojektes für einen Monat wenig Sport machte, nahm ich knapp 3 kg zu. Damit einher ging natürlich auch ein Muskelverlust, weil diese überflüssig wurden. Lass es nur 1,5 kg gewesen sein. Somit hatte ich zwar laut Waage 3 kg zugenommen, war jedoch 4,5 kg fetter geworden. Eine ähnliche Entwicklung geschieht vor allem dann, wenn du in einen Beruf einsteigst. Du bewegst dich weniger und schon spielt die Waage verrückt. Versuchst du das durch weniger essen über ein paar Tage zu kompensieren, verlierst du zusätzlich Muskeln. Wenn du bei der nächsten Gelegenheit einmal richtig am Buffet zuschlägst, baust du noch mehr Fett auf. Du erklärst es dir mit dem Alter, dass es immer schlimmer wird. Der Stoffwechsel stellt sich aber um, weil du Muskulatur verloren hast, nicht weil du älter geworden bist.

Willst du deine alte Fitness und Figur wieder zurück, achte vor allen Dingen darauf, dass du wieder trainierst. Mit dem Training gewinnst du deine Muskeln zurück und damit auch deine Figur. Bitte verzichte darauf, den Mangel an Bewegung durch weniger Ernährung zu kompensieren. Das landet nur auf der Hüfte.

Winkeärmchen: In Amerika heißen sie dinkowings. Vor kurzem kommt eine ältere Dame zu mir und zeigt auf ihre Oberarme. Bei einem Fest war ihr aufgefallen, dass ihr Oberarm „nachwinkte". Haut und Gewebe hatten an Festigkeit verloren. Jetzt wollte sie von mir, dass ich ihr helfe. Ich erklärte ihr, dass eine Diät auf keinen Fall ihr Problem lösen würde. Das Wackeln kommt keineswegs vom Fett, sondern hat seine Ursache in der fehlenden Muskulatur. Ich machte ihr deutlich, dass sie die Ärmchen nur mit Muskeltraining wieder fest bekommt – ohne Diät.

Muskulatur verbrennt pro Kilogramm Muskel 100 kcal pro Tag – unabhängig davon, ob du sie nutzt. Diese Kalorien werden nicht verbrannt, weil du Muskeln hast, sondern weil diese Muskulatur eine gewisse Grundspannung aufrecht zu erhalten hat. Hast du eine hohe Spannung in der Muskulatur, hast du einen festen Muskel und einen so hohen Energieumsatz, dass du essen kannst, ohne gleich dick zu werden.

Nahrungsüberschuss kennt der Mensch erst seit knapp 50 Jahren, den Nahrungsmangel dagegen seit 50.000 Jahren. Der Mensch hatte 50.000 Jahre Zeit, sich an den Nahrungsmangel anzupassen, bisher jedoch erst 50 Jahre, sich an den Nahrungsüberschuss zu gewöhnen. Während damals die Menschen im Sommer aus Muskeln und wenig Fett bestanden, um gut jagen und vor wilden Tieren fliehen zu können, hatten sie im Winter viel Fett, um in dieser Jahreszeit trotz der Nahrungsknappheit zu überleben. Je weniger Fett du hast, desto mehr Energie brauchst du, um deine Körpertemperatur aufrecht zu erhalten. Im Winter brauchtest du das Fett zum Überleben. Die Muskulatur wurde zu einem Überlebensproblem, denn jedes Kilogramm Muskulatur verbraucht große Mengen Energie – nämlich 100 kcal pro Tag. Mit zu vielen Muskeln konnten die Menschen damals das nächste Frühjahr nicht erreichen. So hat das American College of Sports Medicine in Untersuchungen bei mehreren Tausend Menschen herausgefunden, dass je weniger du isst, desto weniger Fett verbrennst und umso mehr Muskelmasse verlierst du. Dadurch reduziert der Körper seine Muskulatur und schont seine Fettreserven. Die Energie gewinnt er aus der Verbrennung der Muskeln. Fett braucht er zum Schutz (Wärme), Muskeln sind überflüssig. Als der Mensch vor 10.000 Jahren im Frühjahr draußen stand und die wilden Tiere flitzten um ihn herum, wie nannte er wohl sein Essen? Richtig: Fast Food – weil das Essen so schnell auf den Beinen unterwegs war. Um sein Essen zu bekommen, musste er sich bewegen, jagen. Dabei verbrannte er sein Fett und baute seine Muskulatur wieder auf. Der Grund, warum Diäten scheitern, ist der folgende: Statt wie damals nach der Diät auf die Jagd nach Futter zu gehen, gehst du heute an den Kühlschrank und in die nächste Dönerbude. Der Weg ist leider zu kurz, um deine Muskeln zu reanimieren. Deshalb nimmst du von Diät zu Diät immer weiter zu.

Alles beginnt mit einem ersten Schritt. Auch der Sport. Zwar braucht es mehr als ein paar Schritte zusätzlich am Tag, um schnell schlank zu werden – es ist jedoch ein guter Anfang, um langfristig mehr daraus zu machen. Du kennst sicher das Motto: „Jeder Gang macht schlank." Fülle dieses Motto in Zukunft mit Leben.

Viele meinen anscheinend genauso mit ihrem Körper verfahren zu müssen wie mit ihrem Geist: „Ich bin clever. Ich belaste den Körper möglichst wenig, dann bleibt er bis ins hohe Alter frisch und knackig." Gehörst du auch zu dieser Sorte Mensch? Tja, wenn das so einfach wäre. Wenn du diese Gedanken verfolgst, bist du im Alter verfault und matschig. Dein Körper lebt das Motto: Use it or lose it. Was du nicht benutzt, verfällt und vergammelt. So einfach ist das. Du brauchst regelmäßige Belastung, damit du in Schuss bleibst. Dein Auto wird ja auch nicht besser dadurch, dass du es die ganze Zeit stehen lässt. Mit der Zeit rosten die Bremsen fest, der Wagen springt nicht mehr an. Genau dasselbe geschieht mit deinem Körper.

Sport macht dick, man! – Die richtige Trainings-intensität

Wusstest du, dass Sport dick macht? „Wie?", sitzt du jetzt mit einem großen Fragezeichen im Gesicht vor diesem Buch. „Sport macht dick? Echt? Puh! Gott sei Dank mache ich keinen Sport. Sonst hätte ich noch mehr Kilos auf den Rippen." Natürlich nimmst du durch Sport ab und wirst fitter, vorausgesetzt, du machst es richtig. Es gibt jedoch zwei Wege, die mit hoher Garantie dazu führen, dass du scheiterst. Sport kann dick machen, wenn du dich 1. unterforderst oder 2. überforderst.

1. Die Unterforderung: Pseudosportlerin Frau

Die Gruppe der Personen, die sich unterfordert, ist riesig – bevorzugt sind es Frauen, die ich regelmäßig in Fitnessstudios beobachten kann. Morgens gegen 9:00 Uhr sind die Hausfrauen im Fitnessstudio fleißig, der Mann ist bei der Arbeit, die Kinder im Kindergarten oder der Schule. Die Hausfrau hat Zeit für sich. Sie geht ins Fitnessstudio. Cardiotraining steht auf dem Trainingsplan. Die Frau sitzt auf dem Liegefahrrad, strampelt gemütlich vor sich hin und liest mit Interesse einen Artikel in der Rentnerbravo – Apothekenumschau – über Osteoporose. Je tiefer sie in den Artikel eindringt, desto geringer wird die Intensität. Plötzlich ist es um die Übung geschehen. Hat sie den Artikel zu Ende gelesen und sich mit der Sportnachbarin darüber ausgetauscht, geht das Training weiter – gemach, gemach. Viele Frauen duschen nicht im Fitnessstudio. Das sagt schon vieles über die Intensität aus, oder? Klar machen die Damen Sport. Viele sind bis zu zwei Stunden und länger im Fitnessstudio. Zu Hause werden diese leider größenwahnsinnig, weil sie meinen, die Redezeit mit der Freundin gehöre ebenfalls zum Training dazu: „Mmmh, ich war heute Morgen fleißig mit der Maike zwei Stunden im Fitnessstudio. Da darf ich mir ein großes Stück Sahnetorte gönnen." Dass am Ende des Tages die aufgenommene Kalorienzahl die verbrauchte bei weitem übersteigt, ist dir hoffentlich klar.

2. Die Überforderung: Potenzzerstörer Mann

Die Gruppe der Personen, die sich überfordert, ist zugegebenermaßen eine eher kleinere Gruppe, bevorzugt Männer. Diese leben nach dem Motto: „Nur die Harten kommen in den Garten." Und: „Wer schön sein will, muss leiden." Bei dieser Methode wird der Verstand komplett abgeschaltet. Meine

Laufrunde startet direkt vor meiner Haustür und führt mich bereits nach drei Minuten in ein Waldgebiet – herrlich. Dort begegnet mir regelmäßig ein spezieller Fall dieser Spezies „Mann". Ich erkenne ihn bereits von weitem, wenn er mir entgegenkommt, an dem roten Schal um seinen Hals – seiner Zunge. Außerdem leuchtet sein Kopf – ferrarirot. Bereits hundert Meter, bevor wir aneinander vorbei laufen, höre ich ihn stöhnen. Wenn ich ihn beim Vorbeilaufen mit „Hallo" grüße, kommt nur ein Hauch „Heu". Was schätzt du, verbrennt er gerade? Richtig, fast ausschließlich Stroh – Kohlenhydrate ohne Ende. Der haut das Stroh nur so raus, die Speichervorräte gehen in den Keller, mit ihnen der Blutzuckerspiegel. Er kommt nach Hause – Heißhunger. Seine Füße geben ihr Letztes und führen ihn auf dem kürzesten Weg in die Küche, zuerst an die Naschschublade, um eine Packung Schokoriegel zu verdrücken oder eine Packung Kekse. Als nächstes gibt es Nudeln, das Sportlergericht. Sind die Nudeln gar, werden sie förmlich inhaliert, begleitet von einem großen Glas Apfelschorle. Dein Schweinehund sorgt für den Nachschlag in Form einer Rechtfertigung: „Das haben wir uns verdient!"

Fatal sind auch Hobbysportarten wie Golf, Kegeln und Stop- and Go-Sportarten wie Tennis und Fußball. Die eigentliche Bewegung hält sich hier bei den meisten in Grenzen. Nach dem Sport gehst du mit deinen Mitstreitern ins Mannschaftsheim oder zum nächsten Imbiss und gönnst dir mit gutem Gewissen DöPoBi – Döner mit Pommes und Bier. Mit dem Glauben, viele Kalorien verbrannt zu haben, nimmst du nun viel mehr Kalorien zu dir, als du während des Sports verbrannt hast. Hinzu kommt, dass es primär Kohlenhydrate sind, die du isst und damit die Fettverbrennung ausbleibt. Das Ergebnis ist ganz schön dick!

Sport ist ... ? Na?

Mord. Und ohne bist du leider noch schneller fort! Mit Sport kannst du nämlich dein Haltbarkeitsdatum verlängern.
Kleine Kinder laufen ca. 10.000 Schritte am Tag. Diese Anzahl wird von vielen Experten empfohlen und gilt als gesundheitsfördernd für alle Altersklassen.[13] Erwachsene laufen heute jedoch durchschnittlich nur noch 700 bis

---

[13] http://www.zehntausendschritte.de

1.000 Schritte. Ich glaube, die Tendenz ist eindeutig. Zu welcher Kategorie Mensch möchtest du in Zukunft gehören?

Was, glaubst du, ist das wichtigere Training? Das Muskeltraining oder das Herzkreislauftraining? Die meisten sagen tatsächlich: Herz-Kreislauf-Training. Das ist auch nachvollziehbar. Aus dem Blickpunkt der Gesundheit steht das Herz im Zentrum des Interesses. Das Herz hat die Aufgabe, die Muskeln zu versorgen. Fordern die Muskeln jedoch nur wenig Leistung ab, dann braucht das Herz auch nur wenig zu leisten. Das bedeutet, dass das Herz an Leistungsfähigkeit verliert, wenn sich deine Muskulatur zurück entwickelt. Deine Muskeln ziehen ständig am Knochen, wenn sie in Aktion sind. Durch den Zug erhält der Knochen den Auftrag, seine Knochendichte zu erhöhen. Bewegst du dich wenig, verlierst du an Muskulatur, gleichzeitig verschlechtert sich die Knochendichte. Damit du auch im Alter stabile Knochen besitzt, musst du dich bewegen – dein Leben lang.
Wirkliche Muskelarbeit verrichten die meisten von uns jedoch nicht mehr wirklich im Alltag. Nur noch wenige Menschen arbeiten körperlich, die meisten verbrennen eher geistig ihre Kalorien am Schreibtisch. Der Verlust der Muskelarbeit im Alltag hat in zwei Schritten stattgefunden. Mit dem Einzug des Autos und anderen technischen Anschaffungen für jedermann Ende der 50er Jahre wurde unser Leben bequemer und angenehmer. Diese Entwicklung brachte gleich den Herzinfarkt mit. Während der Herzinfarkt vorher noch ein unbekanntes Phänomen war, schoss er innerhalb kürzester Zeit auf Platz 1 der Hitparade der tödlichen Erkrankungen. Das zweite Datum ist noch bedrohlicher. 1990 kam der PC in Deutschland in Mode. Das war das Jahr, ab dem das Körpergewicht der Bundesbürger förmlich explodierte, ohne dass mehr gegessen oder gar schlechter gegessen wurde. Ganz im Gegenteil. Die Menschen essen heute viel bewusster als damals. Dennoch ist das Gewicht extrem angestiegen. Wenn es nicht am Essen liegt, kann es nur woran liegen? Richtig, daran, dass wir uns immer weniger bewegen. Die Einführung des PC ist noch dramatischer zu sehen als die Einführung des Autos. Während das Auto erst im Erwachsenenalter zum Spielzeug wird und unsere Bewegung einschränkt, sorgt der PC bereits im Kleinkindalter dafür. Die Computernutzer sind heute so jung, dass sie das Wort Computer noch gar nicht aussprechen können. Während wir noch auf Bäume kletterten und auf dem Parkplatz Fußball spielten, klettern die Kinder heute nur noch virtuell auf Bäume und spielen die Weltmeisterschaft mit dem Gamepad am

PC aus. Heute brauchst du keinen Fuß mehr vor die Tür zu setzen, um Spaß und Abenteuer zu erleben. Das bietet dir alles die Spielkonsole frei Haus. Diese Entwicklung ist bedrohlich. Was nämlich vor allem angestiegen ist, ist das Übergewicht von Kindern und Jugendlichen. Der jüngste Altersdiabetiker – also Typ 2 Diabetiker – ist sage und schreibe erst drei Jahre alt. Die Wissenschaft kommt aktuell zu dem Ergebnis, dass heutige Kinder im Grundschulalter die Lebenserwartung ihrer eigenen Eltern nicht mehr erreichen werden. Der Hauptgrund liegt in der mangelnden Bewegung und der damit einhergehenden fehlenden Muskulatur. Gerade im Kindes- und Jugendalter ist es von großer Bedeutung, sich genügend zu bewegen, damit sich die Knochendichte vernünftig entwickelt. Die Entwicklung der Knochendichte ist nämlich mit der Pubertät abgeschlossen. Was bis dahin nicht entwickelt wurde, kommt auch nicht mehr nach.

Auch für dich ist es im Erwachsenenalter von großer Bedeutung, dass du deine Kraft erhältst. Untersuchungen von Bettlägerigen im Alter von 95 bis 100 Jahren haben gezeigt, dass gezieltes Muskeltraining sie wieder auf die Beine bringt. Alle Teilnehmer der Studie konnten anschließend wieder gehen, nachdem sie zu Beginn der Studie an die Trainingsgeräte getragen wurden. Prof. Elke Zimmermann von der Universität Bielefeld kommt zu dem Ergebnis, dass Muskeltraining die beste Medizin und der sicherste Schutz vor dem Pflegeheim ist.

Konrad Thurano war ein deutscher Seiltänzer. Bis zu seinem offiziellen Abschied von der Manege im Jahr 2006 war er der älteste aktive Artist der Welt. Konrad trat immer mit seinem Sohn auf. Der Sohn war um die 70 Jahre alt, als ich das erste Mal von den beiden Ende der 90iger Jahre hörte. Zu der Zeit war Konrad 90 Jahre jung. Die beste Nummer der beiden war die folgende: Beide hingen nebeneinander an der Reckstange und machten verbissen Klimmzüge. Sie schenkten sich nichts, bis der Sohn aufgab. Nachdem der Junge von der Bühne war, schaute Konrad hinterher, um sich zu vergewissern, dass er weg war. Dann krempelte er sich die Ärmel hoch, lächelte schelmisch und machte locker und leicht mit zwei Fingern Klimmzüge. Anschließend sagte er lächelnd zum Publikum: „Ich wollte ihn ja nicht blamieren. Ich bin ja froh, dass er überhaupt ein bisschen Sport macht."
Jetzt kannst du natürlich sagen: „Komm, das ist aber weit hergeholt. Der Konrad Thurano ist ein Wunderknabe und die absolute Ausnahme. Das hat nichts mit der düsteren Realität zu tun." Da hast du absolut Recht. Nur frage

dich bitte auch einmal, warum der Konrad die absolute Ausnahme ist? Liegt es daran, dass jemand mit 90 Jahren dafür zu alt ist? Oder liegt es vielmehr daran, dass keiner mehr etwas dafür tut, auch noch bis ins hohe Alter fit zu bleiben? Es brauchen keineswegs Klimmzüge mit 90 Jahren gemacht zu werden. Es zeigt dir jedoch, was selbst in diesem Alter noch möglich ist. Deine Ausrede „Ich bin zu alt, um diesen oder jenen Sport auszuüben" ist damit hinfällig.

Erlebnistennisspieler Erkan Soysal weiß aus eigener Erfahrung, wie unwichtig das Alter ist, wenn es um Sport geht: *„Tennis spielen bedeutet eine Stunde Urlaub. Du tauchst ab in eine andere Welt. Du machst Fitness und kommst anschließend fast ‚berauscht' vom Platz. Es macht einfach Spaß. Wir haben Mitglieder im Verein, die sind über 80 Jahre alt und spielen immer noch die Bälle mit voller Begeisterung hin und her."*

Die Wissenschaft kommt zu folgendem Ergebnis: Ein 75-Jähriger, der seine Muskulatur regelmäßig trainiert, ist leistungsfähiger als ein untrainierter 30-Jähriger. Das Alter ist keineswegs der entscheidende leistungslimitierende Faktor. Es macht auch überhaupt keinen Sinn, sich mit dem Alter zu beschäftigen, denn daran kannst du sowieso nichts ändern. Das musst du nehmen, wie es kommt. Das tatsächliche Problem im Alter sind nicht irgendwelche Erkrankungen, sondern vielmehr die fehlende Kraft. Und hier kannst du etwas tun, damit es besser wird. Das Schlimmste am Verlust der Kraft ist, dass du diesen kaum wahrnimmst. Und wenn, dann erklärst du es dir mit dem Alter.

Umso weniger du dich bewegst, desto mehr Muskulatur verlierst du. Du kannst dir sicher vorstellen, dass es dir mit der Zeit immer schwerer fällt, dich überhaupt zu bewegen – ein kurzes Stück zum Bus zu laufen, länger spazieren zu gehen. Im schlimmsten Fall fällt es dir sogar schwer, einfach nur vom Stuhl aufzustehen und dich wieder zu setzen. Und wenn dir das schwerer fällt, wozu neigst du dann? Richtig, einfach häufiger sitzen zu bleiben und dich noch weniger zu bewegen – der Muskelverlust ist die Folge. Es entwickelt sich ein Abwärtsstrudel, den es aufzuhalten und umzukehren gilt. Ältere Menschen sind heute mehr und mehr auf dem Weg in eine Kraft- und Bewegungslosigkeit, ohne es selbst zu merken. Das geschieht so langsam, dass es verkannt bleibt. „Ich werde halt älter."

Komme heute noch ins Handeln, um deine Kraft wieder zu entdecken und zu entwickeln. Das Bewegen allein ist hier nur der erste Schritt zurück in ein kräftiges Leben. Allein reicht es nicht aus. Wenn du z. B. als 75-Jähriger abends eine halbe Stunde spazieren gehst, tust du etwas für dein Herz-Kreislauf-System und für deine Gesundheit, keine Frage. Dieser Spaziergang bringt dir jedoch keine zusätzliche Muskulatur. Du brauchst zusätzlich Muskeltraining.

Bewegung allein schafft keinerlei Leistungsfähigkeit. Hierzu ein Beispiel: Wenn ein langer Spaziergang bereits dazu führen würde, dass du ausdauernder wirst, dann müsste dein Postbote, der täglich sieben Stunden die Post austrägt, direkt am nächsten Marathon teilnehmen können, oder? Stelle dir einmal vor, du würdest ab jetzt sechs Tage die Woche sieben Stunden Post austragen. Die ersten Tage wärst du fix und fertig, wenn du dich bisher sehr wenig bewegt hast. Doch nach ein paar Wochen gewöhnt sich dein Körper an diese Belastung. Wenn dein Körper sich an die Belastung gewöhnt hat, geschieht was? Nichts weiter. Es fehlt der höhere Reiz. Du wirst diesen Level über Jahre halten, wenn du es genauso beibehältst. Nur besser wirst du nicht. Das heißt, Bewegung allein reicht nicht aus, um deine Leistungsfähigkeit zu verbessern.

Was meinst du: Wie viele Kilometer haben die Menschen Anfang des 20. Jahrhunderts täglich zu Fuß zurückgelegt? – Ca. 20 km. Das bedeutet, die Menschen sind im Schnitt etwa vier Stunden pro Tag zu Fuß gegangen (5 km/h). Wie lang schätzt du die heutige durchschnittliche Gehstrecke ein? Schätze erst einmal, bevor du weiter liest.

Es sind tatsächlich nur 700 bis 1.000 m. Das ist noch nicht einmal der Schreibtischtäter, sondern die Durchschnittsbevölkerung. Als Schreibtischtäter bist du noch bewegungsfauler.

Natürlich hast du keine Zeit, vier Stunden am Tag durch die Gegend zu laufen, um z. B. die Post wegzubringen, Dinge zu erledigen, Gespräche mit Personen zu führen, die ein paar Kilometer entfernt sitzen. Dafür haben wir E-Mail, Telefon usw. Umso wichtiger ist, dass du die wenige Zeit, die du für Bewegung hast, optimal nutzt, um leistungsfähig zu bleiben. Willst du leistungsfähig bleiben, trainiere deine Muskulatur.

Wenn du dich nur einmal wäschst, bringt es gar nichts. Wenige Tage später stinkst du wie ein Iltis. Wäschst du dich regelmäßig, kommst du bei deinen Mitmenschen besser an. Auch das Muskeltraining bringt dir gar nichts, wenn du es nur einmalig durchführst. Regelmäßigkeit ist die Grundvoraussetzung, damit es seine Wirkung entfalten kann. Regelmäßig sagt noch wenig aus und könnte auch heißen: einmal zu Ostern und einmal zu Weihnachten. Das ist natürlich keineswegs so gemeint. Das andere Extrem wäre, jeden Tag zu trainieren. Brauchst du das, um deine Leistungsfähigkeit auf einem guten Niveau zu halten? Nein, brauchst du nicht.

Was hältst du von einem Tag Pause? Oder zwei? Oder vielleicht sogar drei Tage, bis du die nächste Trainingseinheit einlegst? Die Pausendauer zwischen den Trainingseinheiten ist individuell sehr unterschiedlich. Deine Erholungszeit hängt von verschiedenen Faktoren ab, u. a. von der Intensität, mit der du trainierst. Ein Training mit einer hohen Intensität verlangt eine längere Pause. Auch dein Alter spielt eine Rolle. Umso älter du bist, desto länger sollte die Erholungszeit sein. Außerdem spielt dein Trainingszustand eine wichtige Rolle. Je besser du trainiert bist, desto kürzer dürfen deine Pausen sein. Als Anfänger sollten z. B. deine Erholungsphasen länger sein, damit sich dein Körper erst einmal an die Belastung gewöhnen kann. Während sich deine Muskulatur relativ schnell an neue Belastungen gewöhnt, brauchen Sehnen, Bänder und Gelenke weitaus länger. Den größten Trainingserfolg hast du nicht automatisch, wenn du jeden Tag trainierst, sondern dann, wenn dein Körper sich über dein Ausgangstrainingsniveau erholt hat. Gerade als Anfänger macht es Sinn, wenn du zwischen die Trainingseinheiten einen Ruhetag legst.

Pass aber auf, dass du niemals zu viele Ruhetage einlegst. Es gibt ein paar Spezialisten, die meinen, wenn sie einmal die Woche trainieren, reicht das, um ihr Leistungsniveau zu verbessern. Diese Art des Trainings bringt dir nur wenig. Ich zeige dir das anhand eines Beispiels: Du trainierst am Montag. Dienstag bist du müde vom Vortag. Mittwoch fühlst du dich bereits wieder relativ erholt und überlegst, am Donnerstag erneut zu trainieren. Jetzt kommt dir etwas dazwischen und du lässt das Donnerstagstraining ausfallen. Von Freitag bis Sonntag lässt du das Training ebenfalls aus. Wenn du erst am Montag wieder trainierst, bist du leistungstechnisch genau wieder dort, wo du am Montag davor warst. Machst du das ein Jahr lang, dass du immer nur montags trainierst, bist du an dem Montag ein Jahr später genauso fit wie heute. Spätestens alle drei Tage solltest du eine Trainingseinheit einlegen, damit du dein Leistungsniveau steigerst. Ansonsten trittst du leistungsmäßig auf der Stelle oder wirst gar schlechter, wenn du noch unregelmäßiger trainierst. Darüber hinaus gibt es die Spezialisten, die meinen:

„Viel hilft viel. Wenn ich jeden Tag trainiere, muss ich doch besser werden."
Tag für Tag gehen die zum Training und wundern sich, dass ihre Leistung
stagniert bzw. sogar schlechter ist als vorher. Was ist passiert? Hier fehlt es
an Erholung. Solche Menschen trainieren zu viel. Machst du zu viel, trainierst du dich in den Keller. Das schadet dir.

Nicht das Training selbst verbessert deine Leistung. Dein Training ist der
Auslöser für die Verbesserung deiner Leistung. Der eigentliche Aufbau deiner Leistungsfähigkeit findet zwischen zwei Trainingseinheiten statt – in der
Erholungsphase. Deshalb ist die Erholung genauso wichtig wie das Training
selbst.

Das zweite Prinzip des Trainings ist die steigende Belastung. Wenn du am
Montag beim Hanteltraining sechs Wiederholungen mit 40 kg schaffst, sind
es nach der Erholung am Mittwoch voraussichtlich sieben Wiederholungen
mit demselben Gewicht. So steigerst du dich von Training zu Training. Zu
Beginn deines Trainings sind die Erfolge natürlich weitaus größer als im
Verlauf. Du kannst dir sicher vorstellen, dass du dich niemals jedes Mal steigern wirst. Ansonsten wärst du am Ende eines Jahres so weit, dass du den
nächsten Reifenwechsel komplett per Hand durchführen könntest. Dennoch
führt eine Belastungssteigerung in kleinen Schritten über ein Jahr gesehen zu
unglaublichen Ergebnissen. Denn selbst, wenn du dich nur alle zwei oder
drei Trainingseinheiten leicht steigerst, erzielst du auf lange Sicht große Erfolge. Du überschätzt gerne, was du innerhalb kürzester Zeit schaffen kannst
und unterschätzt, was du über eine lange Zeit schaffen kannst. Steigerst du
deine Leistung nicht, bleibst du auf der Stelle.

Eine entscheidende Frage lautet: Musst du dich an dem Donnerstag für sieben Wiederholungen mehr anstrengen als noch am Montag für die sechs
Wiederholungen? Was glaubst du? Tatsächlich nicht. Die sieben Wiederholungen schaffst du, weil du stärker geworden bist. Du steigerst deine Leistung, ohne dich mehr anzustrengen.

Die Phase mit zu langen Pausen zwischen den Trainingseinheiten heißt
„Quälerei". Du kannst deine Leistung nur innerhalb eines Trainingsprozes-
ses verbessern – einer Phase, in der die Trainings- und Erholungsphasen im
richtigen Verhältnis stehen.

Wenn du es durch Training schaffst, deine Leistungsfähigkeit zu steigern,
wie fallen dir dann die Belastungen des Alltags? Richtig, viel, viel leichter.

Für Menschen über 80 Jahre birgt der Alltag die größten Gefahren. Die häu-
figste Todesursache bei Menschen über 80 ist der Sturz. Vor dem kannst du

dich am besten schützen, indem du durch Muskeltraining dafür sorgst, dass deine Knochen stabil bleiben. Außerdem erreichst du durch mehr Kraft eine höhere Stabilität und Sicherheit beim Gehen. Muskeltraining ist die beste Vorbereitung dafür, den Alltag auch im hohen Alter erfolgreich zu bewältigen. Fängst du nach langer „Couch-Potato-Zeit" wieder mit dem Training an, achte darauf, dich richtig zu belasten. Einige meinen, sie müssten gleich eine halbe Stunde auf dem Fahrrad strampeln. „Kürzer lohnt nicht. 30 Minuten sind Minimum." Wenn sie die 30 Minuten auf dem Fahrrad sitzen, sind sie anschließend fix und fertig. Sie gehen nach Hause und sagen sich: „Wenn das so anstrengend ist, um eine gute Figur zu bekommen, verzichte ich lieber darauf." Schon hat sich das Thema Bewegung für die nächsten fünf Jahre erledigt. Ich habe es vor kurzem erst in einem Fitnessstudio erlebt. Während ich mein Trainingsprogramm abspulte, trainierte neben mir eine Frau, die wog im Vergleich zu ihrer Größe knapp doppelt so viel wie normal – etwa 130 statt 65 kg. Diese wurde leider vom Trainer so stark belastet, dass sie anschließend kaum die Treppen wieder herunter kam. Am Ende des Probetrainings fragte sie der Trainer, inwieweit sie sich denn vorstellen könnte, in diesem Studio zu trainieren. Die Antwort kannst du dir sicher vorstellen: „Nee, danke. Dafür bin ich noch nicht fit genug." Was für eine Logik. Sie will wieder kommen, wenn sie fitter ist. Nur, wie wird sie fitter? Sicher nicht durch Herumliegen auf der Couch und Chips futtern. Der Trainer hatte sie jedoch überfordert und damit keine Chance mehr, sie zu gewinnen. Hätte sie mit einer geringeren Intensität und kürzer trainiert, wäre die Chance weitaus größer gewesen, dass sie Gefallen an der Sache gefunden hätte.

MUSKELTRAINING – der Fett-Terminator

Wie wäre es für dich, wenn es eine Sportart gäbe, mit der du rund um die Uhr – 24 Stunden pro Tag, 168 Stunden pro Woche – mehr Kalorien verbrennen könntest? Cool, oder? Die gibt es. Und du kennst sie bereits.
Diese Fettverbrennung findet direkt in den Muskeln statt. Du kannst dir sicher vorstellen, dass dein Körper wenig Interesse hat, viel Muskulatur mit sich herum zu schleppen, wenn du regelmäßig lange und mit Ausdauer unterwegs bist – ob mit dem Rad, mit Skates oder laufend. Das ist unnötiges Gewicht. Du weißt selbst aus eigener Erfahrung, wie anstrengend es ist, mehr Gewicht mit dir herum zu schleppen – Rucksack, Tasche oder eben dein eigenes Gewicht. Deshalb führt alleiniges Ausdauertraining zwar dazu, dass die Kraftwerke größer und leistungsfähiger werden. Gleichzeitig wird

jedoch kaum neue Muskulatur aufgebaut und damit entstehen auch nur wenig neue Kraftwerke. Das fällt besonders beim Verfolgen von Sportwettkämpfen im Fernsehprogramm auf. Schaue dir einmal die Mittel- und Langstreckenläufer sowie Radprofis an. Die besitzen kaum sichtbare Muskeln.

Muskulatur samt Kraftwerke sind jedoch die besten Fettverbrenner deines Körpers. Je mehr Muskulatur du besitzt, desto mehr Fett wird verbrannt. Werde in Zukunft zur Fettverbrennungsmaschine! „Nur wie?", fragst du dich. Ganz einfach: Mit MUSKELTRAINING!

Ich sehe dir deine Begeisterung bereits ins Gesicht geschrieben. Wenn du an Muskeltraining

bzw. Krafttraining denkst, hast du keine Vorurteile, oder? Nein, überhaupt nicht. Was für Bilder verbindest du mit dem Begriff „Krafttraining"? In meinen Vorträgen höre ich häufig Worte wie „Muckibude", „Schwarzenegger", „Dumpfbacke", „dicke Muskeln" usw. Kommen dir ähnliche Bilder in den Sinn? Wenn dir zwei Männer auf der Straße begegnen, ein normalschlanker und ein muskelbepacktes Kraftpaket, und du willst nach dem Weg fragen, welchen der beiden sprichst du an? Ganz ehrlich. Könnte es sein, dass du eher den normalschlanken ansprichst? Warum? „Das Kraftpaket hat sowieso keine Ahnung. Wer weiß, ob der überhaupt einen Schulabschluss hat?" Du hast keine Vorurteile, nein!

Davis-Cup-Sieger Charly Steeb erkannte die Bedeutung des Muskeltrainings bereits während seiner aktiven Zeit in den 90ern: *„Kraft- und Ausdauertraining hatten eine hohe Bedeutung. Aufgrund meiner Spielart war ich darauf angewiesen, dass meine körperliche Fitness enorm hoch war. Zum einen war Ausdauer in Form von Laufen wichtig und zum anderen die Kräftigung der Muskulatur, um Verletzungen vorzubeugen."*

Keine Bewegung – keine Muskeln

Selbst ausgetestet: Als ich mein erstes Buch „Spitze sein, wenn's drauf ankommt" schrieb, habe ich einen Selbstversuch gestartet. Ich habe mich bewusst über mehrere Wochen kaum bewegt. Genau wie du es machst, um den Sport zu umgehen, habe ich mir eine schlüssige Ausrede zurechtgelegt: „Mein Verlag hat mir eine Abgabefrist gesetzt. Die habe ich einzuhalten und das Buch bis dahin fertig zu schreiben. Da bleibt einfach keine Zeit für Sport. Außerdem strengt Sport an und raubt mir Energie, anstatt mir zusätzliche Energie zu bringen." So konnte ich meine Entzugserscheinungen niedrig halten, die sich bei mir normalerweise nach wenigen Tagen einstellen, wenn ich keinen Sport treibe.

Während meiner Selbsttestphase saß ich täglich 12-16 Stunden am Schreibtisch und habe an meinem Buch gearbeitet. Sport wurde zur Mangelware. Vielmehr bestand meine sportliche Aktivität darin, meine Fingermuskulatur an der PC-Tastatur zu trainieren. Selbst meine täglichen Liegestütze, Klimmzug- und Situp-Einheiten (Bauchtraining) vernachlässigte ich sträflich. Es dauerte keine Woche und mir ging es merklich schlechter. Mein Nacken und Rücken verspannten, ich wurde unkonzentrierter und brauchte dadurch deutlich länger, um meine Buchideen zu Papier zu bringen Mit jedem Tag nahmen die Symptome zu und ich fühlte mich gestresster, energieloser und vor allem lustloser. Meinen Mitmenschen, vor allem meiner Freundin gegenüber reagierte ich schnell genervt und fuhr aus der Haut. Obwohl ich mich weniger bewegte, aß ich normal weiter, denn essen kann ich immer. Ich habe einen gesunden Appetit ... Das zeigte sich wenige Tage später bereits auf der Waage und vor allem im Spiegel. Innerhalb von vier Wochen hatte ich drei Kilogramm mehr auf der Waage und ein unangenehmes Gefühl in der Magengegend. Nein, keinen Durchfall, sondern den Ansatz einer „Prinzenrolle" – einen Bauchansatz. Und nicht nur das. Als ich nach vier Wochen den Selbstversuch beendete und wieder mein Sportprogramm startete, hatte ich merklich an Leistung eingebüßt. Die maximale Anzahl der Liegestütze, die ich nach dem Selbstversuch schaffte, lag bei nur noch knapp 2/3 (66 %) meiner Leistung vor dem Selbstversuch. Meine Standardlaufrunde lief ich bei gleicher Herzfrequenz plötzlich vier Minuten langsamer. Vielleicht denkst du jetzt: „Der Kerl jammert aber auf hohem Niveau." Das mag sein, doch die Auswirkungen mangelnder Bewegung sind bei allen Menschen ähnlich – abhängig von ihrem Fitness- und Gesundheitszustand. Ich möchte dir hiermit auch nur zeigen, dass die Tipps, die ich dir mitgebe, tatsächlich funktionieren.

Ich bin übrigens nur froh, dass unsere Muskeln ein Gedächtnis haben. Nach meinem Selbstversuch haben sie sich glücklicherweise daran erinnert, dass sie vorher größer waren und viele Freunde hatten. So erreichte ich in knapp vier Wochen wieder den Ausgangszustand. Ich war wieder fitter, schlanker, ausgeglichener, fröhlicher und hatte wieder die LEBEnsqualität, die ich mir wünschte! Und ich verstand mich wieder besser mit meiner Freundin.

Ein weiterer Beweis dafür, dass unsere Muskeln ein Gedächtnis besitzen, ist das folgende Beispiel aus dem Alltag. Sicher hattest du schon einmal einen Gips oder kennst zumindest jemanden, der einen hatte. Wie schaut beispielsweise das Bein nach wenigen Wochen aus, wenn der Gips wieder herunter kommt? Halbe Portion, oder? Es bleibt ein kleines, stinkendes knochenähnliches Gebilde. Was ist passiert? Da die Beinmuskulatur außer Gefecht gesetzt ist, wird zunächst unnötig Energie verbrannt, um die Muskeln zu erhalten. Schnell merkt dein Körper, dass die Muskeln dort überflüssig sind. Die Muskeln werden reduziert, um Energie zu sparen. Das Bein verliert an Umfang. Sobald der Gips herunter ist und du wieder anfängst, das Bein zu belasten, gewinnt dieses sofort wieder an Umfang. Die Muskeln werden aufgebaut und erreichen die ursprüngliche Größe, wenn du ein entsprechendes Muskeltraining anschließt.

Jeder Muskel hat ein Gedächtnis. Davon kannst du profitieren. Hattest du zu Jugendzeiten oder bis vor ein paar Jahren schöne, kräftige Muskeln, kannst du sie durch kurzes, intensives Muskeltraining wieder reanimieren. Doch VORSICHT! Zunächst geschieht Folgendes: Die Muskeln wachsen und gewinnen an Größe und Umfang. Sie schieben das Fett, das deinen Körper in den letzten Jahren kuschelig gemacht hat, zunächst vor sich her. Das ist der Grund, warum gerade Frauen so große Angst vor intensivem Muskeltraining haben. Sie interpretieren das jedoch falsch. Die sagen: „Nee, ich mache kein Krafttraining. Dann werde ich ja noch dicker. Ich habe das mal ausprobiert. Plötzlich hat die Hose noch stärker gespannt. Außerdem will ich keine muskulösen Arme, Oberschenkel oder ein Schwimmerkreuz." Frau, frau ... Glaubst du wirklich, dass du nach ein bisschen Muskeltraining eine Bodybuilderfigur bekommst? Du bist anscheinend beim Zappen zu häufig bei den falschen Sendungen auf den Sportsendern hängen geblieben. Kennst du die Damen vom Eurosport oder Sport 1 – die schokobraungebrannten, entfernt frauenähnlichen Geschöpfe ohne Oberweite, die vielmehr aussehen wie langhaarige Männer? Deren Stimme ist so tief wie die eines Tenors. Die Haare wachsen an den unmöglichsten Stellen, so dass eine Ganzkörperrasur notwendig ist. Du kannst dir sicher sein, dass diese Muskeln nicht allein vom Krafttraining kommen. Das Zauberwort heißt hier

Testosteron, das männliche Geschlechtshormon. Es erteilt die Baugenehmigung für deine Muskeln. Umso mehr du davon besitzt, desto mehr Muskeln kannst du aufbauen. Diese Damen haben kräftig mit Zusatzstoffen nachgeholfen, um so auszusehen. Du brauchst überhaupt keine Angst zu haben, zu einem Muskelpaket zu mutieren.

Vielmehr ist es wichtig, dass du wenigstens zwei Mal pro Woche ein kurzes und intensives Muskeltraining in deinen Alltag einbaust. Bleibst du am Ball, sorgen die neuen Muskeln dafür, dass das überschüssige Fett, das die Muskeln zunächst vor sich herschieben, wenig später abgebaut wird. Mit den Muskeln – neue Heizkörper und Lampen – gewinnst du neue Kraftwerke, die ununterbrochen Tag und Nacht überschüssiges Fett verbrennen. Ja, du verbrennst sogar nachts Fett, während du schläfst – gleichgültig, mit wem. Deine Oberschenkel und Oberarme verlieren an Umfang, werden schlanker und gleichzeitig fester. Das geht natürlich nicht von heute auf morgen. Es dauert seine Zeit, doch es lohnt sich. Um ein Kilogramm Körperfett zu verbrennen, musst du 7.000 kcal in Form von Fett verbrennen. Natürlich kannst du auch den einfacheren Weg gehen und 7.000 EUR beim Schönheitschirurgen investieren.

Du kannst die Renovierung deines Hauses zusätzlich unterstützen, wenn du neben dem Muskeltraining noch isst – Eiweiß, also Bausteine. Ab deinem 35. Lebensjahr produzierst du als Mann weniger Testosteron – die männlichen Wechseljahre beginnen. Testosteron ist das wichtigste männliche Geschlechtshormon und für viele körperliche und psychische Vorgänge von Bedeutung. Gerade für den Muskelaufbau und –erhalt spielt das Hormon eine große Rolle. Sinkt dein Testosteronspiegel, verlierst du damit gleichzeitig Muskelmasse. Da bei vielen das Alter mit Bewegungsmangel einhergeht, sorgt das zusätzlich für Muskelverlust – bevorzugt im Bereich deines Hinterteils und deiner Beine. Da Fett in den Muskeln verbrennt, passiert im Anschluss was? Richtig, du wirst schwerer, weil weniger Fett verbrannt wird. Es kommt zu einer Umverteilung des Körperfettes, der Bauch wird dicker. Kannst du dir das bildhaft vorstellen? Stelle dich mal vor den Spiegel – nicht frontal, sondern im Profil. Im Endergebnis siehst du vorne aus wie schwanger und hinten ist dein Hinterteil platt wie eine Flunder. Bei dir als Frau verteilt sich das Fett etwas anders. Besonders der Po und die Schenkel werden aufgepolstert, wenn du dich wenig bewegst und die Muskulatur fehlt.

Angeblich verbringen Männer hochgerechnet sechs Monate ihres Lebens damit, Frauen anzustarren. Den Rest verbringen wir wohl damit, uns eine Excelstrategie zu überlegen, wie wir sie ansprechen können. 2.000 Menschen nahmen 2006 an einer von englischen Wissenschaftlern durchgeführten Umfrage teil. Das Ergebnis: Männer inspizieren angeblich 16 Minuten am Tag bis zu acht verschiedene Damen. Frauen hingegen starren vier Wochen ihres Lebens auf die Herren. Heruntergerechnet bedeutet das, dass sie täglich zwei Männer in Augenschein nehmen und ihnen je 90 Sekunden hinterher sehen.

Wohin wir Männer zuerst starren, ist dir sicher klar. Natürlich auf die Augen. Groß und wohlgeformt sollten sie sein ... Nein, Busen, Po und Beine nehmen wir Männer stärker unter die Lupe. 90 Sekunden sollten ja genug Zeit sein, einen Menschen von Kopf bis Fuß zu begutachten. Wohin aber geht der allererste Blick der Frauen? Ihr Frauen tickt etwas anders als wir. Knapp die Hälfte der befragten Damen guckt dem Mann tatsächlich zuerst in die Augen, danach folgt bereits der Po.

Liebe Leserin, lieber Leser. Du siehst, wie wichtig dein Hinterteil für den Erfolg beim anderen Geschlecht ist. Es ist die Werbefläche, die es zu trainieren gilt, um deinen Marktwert zu erhöhen. Denn gerade im Sommer, wenn du deine Augen hinter einer Sonnenbrille versteckst, zählt als erster Eindruck der Po. Das beste Mittel gegen opulent-weibliche Formen bei der Frau (Birnentyp) und der Lebensmittelschwangerschaft beim Mann (Apfeltyp) ist Bewegung, Bewegung und Bewegung.

Stelle dir vor: Ein Kilogramm Muskelmasse verbraucht knapp das Dreifache an Kalorien im Vergleich zu einem Kilogramm Fett. Möchtest du einen strafferen und schlankeren Körper, mache MUSKELTRAINING! Es lohnt sich. Auf diese Weise steigerst du zum einen deinen Energieverbrauch während des Sports als auch in den Phasen, in denen du im Büro am PC, bzw. gemütlich vor dem Fernseher sitzt oder nachts schläfst. Wie hört sich das an? Cool, oder? Schlank im Schlaf. Das geht tatsächlich. Also ab ins Fitnessstudio.

Wichtig ist ein kurzes und knackiges Muskeltraining. Das macht dich härter und sorgt dafür, dass das Fett schmilzt wie das Eis in deiner Hand. Kombinierst du fettstoffwechselbetontes Ausdauertraining mit gezieltem Muskelaufbautraining, erreichst du den gewünschten Erfolg. Garnierst du diesen Bewegungsplan zusätzlich mit regelmäßigen „Bewegungshäppchen" im Alltag, gewinnst du durch deinen neuen, aktiven Lebensstil auf Dauer mehr LEBEnsqualität und Lebensfreude – garantiert.

Bitte halte die empfohlenen Ruhetage ein. Ich kenne es aus eigener Erfahrung, aus falschem Ehrgeiz und hoher Motivation auf die notwendigen Ruhetage zu verzichten und ohne Pause Tag für Tag zu trainieren. Dein Körper braucht die Ruhephasen, um zu regenerieren und die gesetzten Trainingsreize zu verarbeiten.

Ich möchte dir dazu eine schmerzliche Geschichte aus meinem Alltag erzählen. Als ich 2009 für den IRONMAN Germany trainierte, dachte ich auch: „Ach komm, dein Körper wird sich schon melden, wenn er müde ist und du eine Pause brauchst. Es sind nur noch wenige Wochen bis zum Wettkampf – genau acht – und wenn du da was reißen willst, nutze jetzt die Zeit zum ausgiebigen Training." Gesagt, getan. Ich habe 12 Tage am Stück trainiert, ohne Ruhetag. Und mir ging es gut – bis zum 13. Tag. An dem Tag habe ich mir einen Ruhetag gegönnt, der sich normal anfühlte. Am Tag danach wollte ich wieder mit dem regulären Training starten, doch es ging nicht. Meine Ruheherzfrequenz war um knapp 10 Schläge erhöht, meine Trainingsherzfrequenz ebenfalls, meine Beine waren schlapp, ich war müde, ich war unkonzentriert. Ich hatte keine Energie. Ich brach das geplante Training ab und gönnte mir einen weiteren Ruhetag, und noch einen, und noch einen. Erst knapp zwei Wochen später hatte sich mein Körper erholt und ich konnte wieder vernünftig trainieren. Inzwischen waren es nur noch knapp vier Wochen bis zum IRONMAN. Aus dieser Aktion habe ich einiges gelernt. Und ich gebe dir den Tipp, es zu vermeiden, selbst zu erfahren, was so ein „Übertraining" mit sich bringt. Bei dir könnten die Symptome darüber hinaus darin bestehen, dass deine Sehnen, Bänder und Gelenke in Mitleidenschaft gezogen werden, wenn du es mit dem Sport übertreibst. Der einzige, der sich dann freut – nämlich über deinen Besuch –, ist dein Orthopäde.

Die Bedeutung der Ruhephasen ist Spitzensportlern sehr bewusst:

„Die Ruhephasen sind sehr wichtig. Es gilt vor allem, auf den Körper zu hören. Wenn keine Körperspannung da ist, bringt das Training gar nichts." (Erlebnistennisspieler Erkan Soysal)

„Meine Spieler sind in der Regionalliga voll berufstätig, trainieren im Anschluss an ihren Job 4-5 Mal die Woche für 90 Minuten, dazu kommt noch das Spiel

am Wochenende. Die Belastung dieser Jungs, die immer Vollgas geben, ist sehr hoch. Meine Aufgabe ist es, eine gute Mischung zwischen Belastung und Regeneration zu finden. Ruhepausen sind gerade für meine Halbprofis sehr wichtig, da der physische und psychische Akku bei diesem hohen Aufwand schnell aufgebraucht ist. So streiche ich oft das Auslauftraining am Sonntag, um ihnen einen komplett freien Tag zu geben, an dem sie auch mal ausschlafen können. Dadurch wird Motivation und Spaß fürs nächste Training erhalten. Sie zahlen es mit Leistung zurück. (André Breitenreiter, DFB Pokalsieger, Fußballtrainer)

„Ohne Sport werde ich unausstehlich" – Interview mit Gerd Schönfelder

Gerd Schönfelder ist Ski-alpin-Rennfahrer. Seit 1992 gewann Gerd bei sechs Winter-Paralympics Goldmedaillen, sagenhafte 16 Siege und insgesamt 22 Medaillen. Seine letzte Goldmedaille in Vancouver war zugleich seine schönste: nahezu zeitgleich kam sein Sohn Leopold zur Welt. Gerd ist als vierzehnfacher Weltmeister der bislang erfolgreichste Athlet in der Geschichte der Paralympics. Im Frühjahr 2011 beendete Gerd seine aktive Karriere und ist heute u. a. als Trainer in der Mannschaft Ski alpin tätig. Als erster Deutscher wurde er gerade mit dem „Juan Antonio Samaranch IOC Disabled Athlete Award" geehrt.[14]

Was bedeutet für dich LEBEnsqualität?

Lebensqualität bedeutet für mich ein gesunder Körper und ein gesunder Geist. Gesund heißt unabhängig von Behinderung. Behinderung sehe ich nicht zwingend als Beeinträchtigung. Ein fitter Körper gibt dir die Möglichkeit, eine Behinderung bzw. Einschränkung zu kompensieren. Es gibt Rollstuhlfahrer, die brauchen, um ins Auto alleine einzusteigen, eine halbe Minute oder gar nur 15 Sekunden. Andere brauchen dagegen 15 Minuten, weil sie schwerfällig, übergewichtig sind. Sie sind zwar gesund, aber unfit.

---

[14] Mehr zu Gerd unter www.gerd-schoenfelder.de

Wie kann Ski laufen die eigene LEBEnsqualität steigern?

Ski alpin ist eine superschöne Sportart, bei der man mit dem Element Natur und der Geschwindigkeit in Verbindung kommt. Der Sport gibt mir ein starkes Freiheitsgefühl und damit eine hohe Lebensqualität.

Welche Bedeutung hat lebenslanges Lernen für dich?

Stillstand bedeutet Rückschritt. Man muss immer schauen, wie es weiter geht. Es geht darum, den Mut zu haben und sich zu trauen, neue Sachen anzugehen. Vor allem ist es dann wichtig, wenn du an einen Punkt gekommen bist, bei dem es nicht mehr weiter geht und der Antrieb und Spaß fehlen. Das macht das Leben aus.

Hast du eine spezielle oder mehrere Lernmethoden, um dir z.B. besser Namen, Geheimzahlen deiner EC-Karte oder eine Einkaufsliste zu merken?

Bei Geheimzahlen etc. baue ich mir Eselsbrücken. Beim Skifahren ist es besonders wichtig, sich die Strecke von oben bis unten genauestens einzuprägen – jedes Tor, jedes Detail ist wichtig. Wenn beim Slalom 60, 70 Tore auf der Strecke stehen, können sich viele gar nicht vorstellen, wie man sich das alles einprägen kann. Ich habe die Tore durchnummeriert und mir zu jedem Tor gewisse Merkmale gemerkt: ist es rot oder blau, eine Rechts- oder Linkskurve usw. In Gedanken gehe ich die Strecke bildhaft etliche Male vor dem Rennen durch und bin so bestens vorbereitet, kann agieren statt reagieren.

Worauf achtest du im Rahmen deiner Ernährung?

Ich ernähre mich, soweit es möglich ist, mit Produkten aus der Region. Wenn ich im Supermarkt Äpfel kaufe, dann nicht aus Neuseeland, sondern aus der Region. Gutes Fleisch für die Eiweißversorgung kommt vom Bauern um die Ecke. Ausgewogene Ernährung mit viel Obst und Gemüse ist wichtig. Wenig Alkohol, aber mal ein Bier oder Glas Wein genießen schadet auch nicht. Das ist für mich auch wichtig, um im Kopf locker zu bleiben, nicht zu verkrampfen. Alles, was zu extrem ist, ist nicht der richtige Weg.

Welche Rolle spielen Kraft- und Ausdauertraining in deinem Leben?

Bei Ski alpin sagen viele: „Das sind ja nur zwei Minuten Belastung. Da ist Ausdauer nicht so wichtig." Im Gegenteil: Ausdauer ist sehr wichtig. Du trainierst ja nicht nur eine Fahrt, sondern bis zu zehn Fahrten oder mehr. Wenn du da keine Ausdauer hast, kannst du die letzte Fahrt nicht unter der gleichen Voraussetzung machen wie die erste Fahrt. Da brauchst du zwingend eine gute Ausdauer. Die Ausdauer ist erwiesenermaßen die einzige konditionelle Komponente, die im direkten Zusammenhang mit dem Weltranglistenplatz der Skifahrer steht. Die besten haben gleichzeitig eine sehr gute Ausdauer, gar nicht mal zwingend die besten Kraft- oder Schnelligkeitswerte. Kraft ist natürlich auch wichtig, keine Frage. Ich persönlich habe im Kraftbereich viel mit dem eigenen Körpergewicht gearbeitet.

Trainierst du sieben Tage die Woche? Wie wichtig sind Ruhephasen?

Regenerative Läufe oder Radfahrten gehören für mich zur Erholung dazu. Auch mal einen Tag gar nichts machen ist natürlich wichtig. Mit dem Alter werden solche Tage immer wichtiger. Da gilt es, in seinen Körper reinzuhören. Nach einem oder zwei Tagen Pause ist es schon Wahnsinn, zu welchen Leistungen der Körper dann wieder in der Lage ist.

Welche Formen der Entspannung nutzt du, um dein optimales Anspannungsniveau zum Abrufen der eigenen Topleistung zu erreichen?

Für mich gehört zu Entspannung dazu, mal ein Buch zu lesen, in die Sauna zu gehen, bisschen Wellness zu machen, Musik zu hören. Vor meinen Rennen war Action wichtig. Ich hatte immer meinen iPod dabei und darauf eine Liste mit aggressiver Musik, z. B. Rammstein. 15 Minuten vor dem Start brauchte ich dann aber absolute Ruhe und bin in Gedanken das Rennen mehrfach durchgegangen. Direkt vor dem Start habe ich mich nochmals gepusht und dann ging es ab.

Wie hast du dir die Motivation erhalten, täglich zu trainieren? Mit welchen Methoden überwindest du deinen inneren Schweinehund?

Ski fahren ist für mich eine riesige Leidenschaft. Das ist die Grundvoraussetzung. Beim Leistungssport geht man natürlich immer an die Grenze des Möglichen, das ist oft schon sehr hart. Für mich war das Training aber nicht nur Quälerei, sondern immer auch Spaß. Ich mache für mein Leben gerne Sport. Ohne Sport werde ich schnell unausstehlich. Das ist heute nicht anders. Ganz wichtig war es, jede Saison neue Ziele zu haben. Ich suchte den Vergleich mit den Nichtbehinderten, wollte mich immer noch weiter verbessern, schauen, wo noch etwas möglich ist. Wenn man älter wird, ist es besonders reizvoll, gegen die Jungen zu fahren und möglichst zu gewinnen.

Praktische Anwendung

1. Tag: BEWEGUNG – Auf Ausdauer folgt die Kraft

Wie steht es um deine Kraft – deine Muckis?

Die beste Ausdauer bringt dir nichts, wenn du zwar locker Treppen steigen kannst, im Alter jedoch nicht in der Lage bist, die Einkaufstüten in den dritten Stock zu tragen. Und sorry, hochwerfen geht dann erst recht nicht mehr. Du brauchst ein gewisses Kraftniveau, um dir eine hohe LEBEnsqualität zu sichern. Bevor du deine Muskelfitness testest, wärme dich kurz auf. Bewege deine Arme und Beine zwei bis drei Minuten lang zügig, indem du z. B. auf der Stelle marschierst oder joggst. Kreise zwischendurch deine Arme windmühlenartig. Zur Steigerung deiner Motivation höre beim Aufwärmen gerne aktivierende Musik.

Einbeiniger Bandit – Teste deine Beinmuskulatur 1

Setze dich auf einen Stuhl und rutsche nach vorne, so dass du nur noch auf der Stuhlkante sitzt. Lege deine Hände seitlich an den Po. Hebe ein Bein leicht vom Boden ab und teste es, allein mit dem anderen Bein aufzustehen. Setze dich anschließend langsam und kontrolliert wieder auf den Stuhl. Nun wechsle die Seiten und stehe mit dem anderen Fuß einbeinig auf. Und? Geschafft? Je leichter es dir fällt, desto besser ist deine Beinmuskulatur in Schuss. Falls das einbeinige Aufstehen für dich einer großen Herausforderung gleichkommt, wird es Zeit, deine Beinmuskeln zu trainieren.

Wandkniebeuge – Teste deine Beinmuskulatur 2

Lehne dich aufrecht mit dem Rücken an eine freie, glatte Wand, die Füße etwas mehr als hüftbreit geöffnet. Positioniere deine Füße etwa 50 cm (2–3 Schritte) von der Wand entfernt (mit Schuhen oder barfuß). Beuge deine Knie und lasse dich langsam an der Wand entlang nach unten rutschen, bis deine Oberschenkel parallel zum Boden stehen. Ober- und Unterschenkel bilden in etwa einen rechten Winkel. Wenn du beim Heruntergleiten merkst, dass dir das Erreichen des rechten Winkels Probleme bereitet, stoppe vorher. Achte darauf, dass sich deine Knie hinter deinen Fußzehen befinden. Behalte diese Position so lange bei, wie du kannst. Lege die Hände

locker auf deinen Oberschenkeln ab – abstützen verboten! Alternativ kannst du die Hände links und rechts am Körper herunter hängen lassen.

Testergebnis Wandkniebeuge

Zeit	✓	Fitnesszustand
90 Sek. und mehr		Sehr gut
60–89 Sek.		Gut
45–59 Sek.		Befriedigend
30–44 Sek.		Ausreichend
29 Sek. und weniger		Mangelhaft

Liegestütz – Teste deine Brust- und Armmuskulatur

Ausgangsposition ist der Vierfüßlerstand. Unter deine Knie kannst du zum Schutz ein gefaltetes Handtuch legen oder eine Trainingsmatte. Schiebe deinen Oberkörper bei minimal gebeugten Armen nach vorne. Positioniere deine Hände unter den Schultergelenken. Drehe deine Hände leicht nach innen. Die Arme sind auch in der Ausgangsposition leicht gebeugt, Bauch- und Pomuskeln stehen unter Dauerspannung. Der Kopf bildet die Verlängerung deines Oberkörpers.

Hebe die Unterschenkel mit überkreuzten Füßen vom Boden an. Nun beuge deine Arme langsam und senke deinen Oberkörper kontrolliert Richtung Fußboden.

Drücke dich anschließend wieder kontrolliert nach oben. Achte darauf, dass dein Rücken während der gesamten Übungsausführung gerade und gestreckt bleibt. Beim Absenken atmest du ein, beim Hochdrücken wieder aus. Wiederhole die Bewegung so häufig wie möglich.

Du kannst die Übung etwas erschweren, indem du den Körper ab den Oberschenkeln komplett streckst, so dass dein Körper von den Knien an eine Linie bildet. Bist du bereits noch fitter, gehe in die Profi-Liegestützposition, bei der du dich auf den Zehenspitzen abstützt (siehe Seite 151).

Testergebnis Liegestütz

Anzahl	✓	Fitnesszustand
20 und mehr		Sehr gut
15–19		Gut
10–14		Befriedigend
5–9		Ausreichend
4 und weniger		Mangelhaft

Crunches – Teste deine Bauchmuskulatur

Lege dich auf den Rücken und winkle deine Beine an, so dass Ober- und Unterschenkel etwa im rechten Winkel zueinander stehen. Die Füße sind hüftbreit und flach aufgestellt. Deine Arme liegen ausgestreckt neben deinem Körper, die Handflächen zeigen nach oben. Der Kopf verbleibt in Verlängerung deiner Wirbelsäule positioniert. Spanne die Bauchmuskeln an und hebe langsam deinen Oberkörper. Dabei atmest du aus. Die Schultern lösen sich vom Boden. Der untere Rücken bleibt flach am Boden. Halte die Endposition für ca. zwei Sekunden.

Anschließend rolle langsam wieder zurück, bis du mit dem oberen Rücken den Boden leicht berührst, der Kopf bleibt in der Luft. Starte sofort erneut mit dieser Übung und wiederhole sie, so oft du kannst. Wichtig: Hebe und senke deinen Oberkörper langsam. Arbeite ohne Schwung, die Kraft kommt aus dem Bauch.

Testergebnis Crunches

Anzahl	✓	Fitnesszustand
20 und mehr		Sehr gut
15–19		Gut
10–14		Befriedigend
5–9		Ausreichend
4 und weniger		Mangelhaft

Unterarmstütz – Teste deine Bauch-, Rumpf- und Hüftmuskulatur

Lege dich flach auf den Boden. Nun stütze dich ausschließlich auf deinen Zehenspitzen und deinen Unterarmen ab. Die Ellenbogen sind etwa 90 Grad angewinkelt. Nur diese Körperteile haben Kontakt zum Boden, der Rest

schwebt in der Luft. Achte darauf, dass dein Körper nun eine Linie bildet. Halte deinen Kopf in einer Linie mit deiner Wirbelsäule, d. h. dein Körper sollte vom Kopf bis zu den Zehen eine Linie bilden. Wie lange bleibst du in dieser Position?

Testergebnis Unterarmstütz

Zeit	✓	Fitnesszustand
40 Sek. und mehr		Sehr gut
30–39 Sek.		Gut
20–29 Sek.		Befriedigend
10–19 Sek.		Ausreichend
9 Sek. und weniger		Mangelhaft

Und, wie schaut es aus? Bist du fit? Dann HERZlichen Glückwunsch! Bist du eher unfit und gerade etwas frustriert über dein Fitnesslevel? „Null problemo", wie der kleine Außerirdische vom Planeten Melmac zu sagen pflegte. In wenigen Wochen sieht das bereits ganz anders aus – wenn du willst. Nämlich dann, wenn du bereit bist, etwas für deine Fitness zu tun. Du hast gerade den ersten Schritt gemacht, indem du den Test durchgeführt hast. Das war bereits eine kleine Trainingseinheit. Baue darauf auf und steigere dich ab heute Schritt für Schritt. Wichtig ist nur, dass du dran bleibst, dann ist dir der Erfolg sicher.

Neben deiner Ausdauer und Kraft haben weitere Faktoren einen großen Einfluss auf deine LEBEnsqualität: Koordination und Beweglichkeit! Auf meiner Homepage www.matthiasherzog.com findest du im Downloadbereich Übungen, um diese zu testen.

2. Tag: ENTSPANNUNG – Lerne vom Hasen, mit Stress umzugehen!

Das Übergewicht kostet unser Gesundheitssystem jährlich Milliarden Euros. Wissenschaftler sind zu dem Ergebnis gekommen, dass das Übergewicht in den nächsten zehn Jahren aber von einer anderen Erkrankung auf Platz 1 abgelöst wird – nämlich vom BURNOUT-Syndrom. Warum haben die Menschen heute so viel Stress? Eine der Ursachen von Stress ist die Angst, dass du Stress entwickelst – was dich wiederum daran hindert, zu entspannen.

Wenn du in der Natur einen Hasen beobachtest, der sich erfolgreich vor einem über ihm kreisenden Adler versteckt, schlägt er anschließend dennoch seine Haken, um den Stress abzubauen. Sitzt der Hase in der Grube und kommt nicht heraus, stirbt er an seinem eigenen Stress. Stress ermöglicht es dir, eine hohe Leistungsfähigkeit im entscheidenden Moment abzurufen. Die Ängste unserer Vorfahren lagen vor allem darin, vom Säbelzahntiger gefressen zu werden. Darauf hat der Mensch mit Flucht oder Angriff reagiert – sprich mit Bewegung. Heute reagieren wir in der Regel auf Stress nicht mehr mit Bewegung. Bewegung löst die Situation an sich nicht. Typische Ängste sind heute, den Job zu verlieren, sich in einem Vortrag zu blamieren, vom Kunden abgelehnt zu werden, den Partner zu verlieren. Du spürst den Stress, indem dein Herz rast, die Hände zittern, der Schweiß wie ein Bach fließt, der Mund trocken wird. Würdest du jetzt direkt laufen, ist dir eine neue Bestzeit auf 100 Meter sicher. Überlege es dir jedoch gut, ob du das einmal ausprobierst. Es könnte falsch interpretiert werden.

Mit ihren Ängsten gehen viele Menschen falsch um, denn auf einem hohen Stressniveau kannst du deine beste Leistung abrufen.

Auch wenn du negative Gedanken im Kopf hast, die Stress verursachen, kannst du innerhalb von Sekunden Stress abbauen. Du brauchst nur aufzustehen und ein paar Kniebeugen, Situps oder Liegestütze zu machen und der Stress geht in den Keller. Dennoch ist es sehr sinnvoll, dass du zudem dein Denken verbesserst. So lebt es sich entspannter. Aktivitäten aber wirken sofort und bauen Stress ab. Erinnere dich einmal an den letzten Aktivurlaub – Skifahren, Radfahren. Da hast du nachts geschlafen wie ein Baby. Wie schaut es nach einer Woche Büroarbeit aus, wenn du keinen Sport gemacht hast? Der Schlaf hat einen sehr geringen Erholungswert. Der Erholungswert der Nacht ist jedoch sehr wichtig, denn 80 % ist für die Erholung der Leber. Erholt sich die Leber nicht, ist die Entgiftungsfähigkeit des Körpers stark eingeschränkt. Gerade als älterer Mensch ist es für dich wichtig, falls du Probleme mit dem Schlaf hast, dass du darauf achtest, dich genügend zu bewegen. Ohne Muskelbelastung wirst du schlechter schlafen. Willst du entspannt schlafen, achte darauf, dich über den Tag genügend bewegt zu haben.

Wenn du wieder mehr Spaß und LEBEnsqualität im Leben willst, trainiere deine Muskulatur, um wieder mehr Kraft im Verhältnis zum Körpergewicht zu haben. Damit fällt dir das Aufstehen leichter und Bewegung macht wieder mehr Spaß. Wenn du auch wieder mehr Gefallen an dir finden möchtest – alles wieder etwas fester und straffer, anstatt flauschiger haben möchtest – trainiere auch dafür deine Muskulatur. Vor hundert Jahren lag die Lebenserwartung noch bei 44 Jahren, heute liegt sie bei über 80 Jahren. Trainiere auch, um deine Gelenke selbst im hohen Alter in Schuss zu halten. Wenn du wieder essen darfst, ohne dass jede Kleinigkeit direkt ins Feinkostgewölbe wandert, ist auch das ein Grund, warum dir das Leben wieder mehr Spaß bereitet. Und last but not least, trainiere, damit du auch in Zukunft klar im Kopf bleibst. Die Wissenschaft hat herausgefunden, dass nicht Rechenaufgaben, Kreuzworträtsel oder wissensvermittelnde Fernsehsendungen dein Gehirn am besten trainieren. Vielmehr sind es koordinierende Bewegungen. Das Areal für Bewegung ist das größte im Gehirn. Auf Platz zwei folgen Eindrücke in der Natur, die das Gehirn auch sehr gut trainieren. Daraus kannst du schließen, wann der Zusammenbruch am wahrscheinlichsten ist: wenn du förmlich am Schreibtisch klebst und die Natur nur noch vom Büro aus wahrnimmst. Trainiere deine Muskeln, damit du möglichst auf den Beinen bleibst und auch möglichst lange heraus kommst an die frische Luft.

Viele Spitzensportler, wie der vierfache Paralympicssieger im Tischtennis Jochen Wollmert, nutzen die aktive Entspannung, indem sie sich leicht bewegen: *„Ruhephasen sind sehr wichtig. Dadurch, dass ich das Handicap habe – Versteifung der Fuß- und Handgelenke – kann ich den Fuß nicht so abrollen wie der Normalbürger. Ich lasse meine Muskulatur nach jedem Training wieder auflockern. So bin ich bisher von größeren Verletzungen verschont geblieben. Ich gönne mir hin und wieder einen Aufenthalt auf dem Balkon, im Schwimmbad oder am See. Für mich gehört zu Ruhephasen dazu, immer ein wenig in Bewegung zu sein. Die völlige Ruhe ist nicht so optimal für mich."*

Erlebnistennisspieler und Guiness-Weltrekordhalter Erkan Soysal liebt ebenfalls die Bewegung: *„Gut entspannen kann ich vor allem in der Natur. Ich gehe wandern. Durch das Gehen löst sich der Stress auf. Das tut richtig gut."*

3. Tag: MOTIVATION – Dreh dich um deine Körperachse!

Übung

Mache bitte folgende Übung: Stehe auf und stelle dich hüftbreit hin. Achte darauf, dass du um dich herum ca. einen Meter Platz hast.

Stelle dir vor, dass deine Füße einbetoniert sind. Sie haben einen festen Kontakt zum Boden und kleben dort fest. Diese Position halten deine Füße für die nächsten ca. drei Minuten. Verschränke deine Arme vor der Brust und hebe anschließend deine Ellenbogen, so dass sich diese auf Höhe der Schultern befinden. Drehe nun abwechselnd deinen Oberkörper um die linke und rechte Körperachse, um dich im Hüft- und Rückenbereich aufzuwärmen – jede Seite sieben Mal. Komme in die Ausgangsposition zurück.

Strecke den rechten Arm nach vorne, die Hand ist zur Faust geballt und der Daumen zeigt ausgestreckt nach oben – der Schumi-Daumen. Drehe nun deinen rechten Arm um die rechte Körperachse nach hinten, so weit du kommst. Der Oberkörper dreht sich mit, die Füße bleiben einbetoniert. Merke dir anhand des Punktes in Verlängerung deines Daumens, wie weit du gekommen bist. Kehre anschließend an deinen Ausgangspunkt zurück. Wenn du der Meinung bist, dass du bei einem weiteren Versuch ein Stück weiter kommst, wiederhole diese Übung. Kehre anschließend an den Ausgangspunkt zurück und lasse den Arm wieder locker neben deinem Körper hängen.

Jetzt machst du dieselbe Übung mental, nur in deiner Vorstellung. Schließe bitte deine Augen und stelle dir folgendes vor: Du drehst dich in Gedanken mit ausgestrecktem rechten Arm um deine rechte Körperachse, jetzt jedoch 50 cm und mehr über den Punkt von eben hinaus – nur in deiner Vorstellung. Öffne deine Augen.

Jetzt führst du die Übung wieder aktiv durch. Strecke nochmals deinen Arm. Drehe dich über deine rechte Körperachse so weit, wie du kommst, zu deinem neuen Ziel. Kehre wieder an deinen Ausgangspunkt zurück.

Welches Aha-Erlebnis hast du gerade gehabt? Geht es dir genauso wie den meisten Teilnehmern meiner Vorträge und Seminare? Du bist positiv überrascht und beim letzten Versuch weiter gekommen als davor? Warum ist das so?

Du hast deine Grenze verschoben. Du hast dein Ziel im Kopf neu programmiert. In deiner Vorstellung hast du das Ziel sogar bereits einmal erreicht. Anschließend hast du es mühelos in die Realität umgesetzt und deine Grenze verschoben.

War der letzte Versuch für dich schwerer als die Versuche davor? Komischerweise nicht. Er war leichter oder höchstens gleich schwer. Dabei lernen wir bereits als Kind: „Streng dich an, dann wird es besser." Es ist richtig, dass mehr Anstrengung meist auch zu besseren Ergebnissen führt. Es ist jedoch auch möglich, mit weniger Energie- und Zeitaufwand ein besseres Ergebnis zu erzielen, wenn wir bereit sind, mit Visualisierungen zu arbeiten – uns bildhaft in Form eines Kopfkinos vorzustellen, wie wir das, was wir erreichen wollen, bereits erreicht haben.

Weißt du, was jedoch das Bedeutsame an dieser Übung ist? Zu Beginn der Übung warst du noch nicht an deiner Grenze angelangt. Du dachtest jedoch, dass du deine Grenze bereits erreicht hättest. Genau das passiert dir in deinem Leben andauernd. Immer wieder glaubst du, du wärst irgendwo an der Grenze deiner Möglichkeiten angekommen: „Mehr als einmal Sport die Woche ist nicht drin."; „Bis zu meiner Rente halte ich den Stress hier im Unternehmen niemals durch. Der Stress frisst meine letzte Energie auf."; „Bei der aktuellen Wirtschaftslage macht es gar keinen Sinn, mich auf Kundengespräche besser vorzubereiten und Weiterbildungen zu besuchen. Die Kunden haben eh kein Geld."; „Ich könnte niemals nur Gemüse mit Fleisch oder Fisch essen. Ich brauche meine Nudeln oder Kartoffeln für ein richtiges Essen." Solche Grenzen und noch viele mehr ziehen sich durch dein ganzes

144

Leben. Verschiebe deine Grenzen und sei bereit, dir herausfordernde Ziele zu setzen und sie durch Visualisierung zu erreichen.

4. Tag: LERNEN – Bewegung sorgt für Frische in deinem Hirn

Ist Bewegung gut fürs Gehirn? Auf jeden Fall. Besonders gut trainieren kannst du deinen Geist in Kombination mit Bewegung. Wenn du dich beim Joggen mit jemandem unterhältst, ist das bereits der erste Schritt. Durch das Laufen ist dein Hirn bereits auf einem höheren Aktivitätsniveau. Weitere Hirnregionen werden eingebunden, wenn du zusätzlich Gedächtnistraining machst. Forscher haben dies inzwischen sogar nachgewiesen. In einer Studie hatten Versuchspersonen die Aufgabe, auf einem Ergometer während des Fahrens immer schwerer werdende Matheaufgaben zu lösen. Eine Vergleichsgruppe am Schreibtisch ohne Sport machte deutlich mehr Fehler. Wiederhole z. B. deine Körper- und Klobrillen-Liste während des Sports. So schlägst du zwei Fliegen mit einer Klappe. Wenn ich alleine laufe, wiederhole ich ab und zu meine Schlüsselworte für einen Vortrag und gehe diesen komplett in Gedanken durch. Vielen Menschen kommen beim Sport sogar die besten Ideen. Der Philosoph Sokrates war z. B. dafür bekannt, dass er seine Studenten im Wandelgang im Kreis laufen ließ. Bewegst du dich, wird mehr Blut ins Gehirn transportiert. Das Blut befördert zusätzlichen Sauerstoff ins Gehirn und sorgt für geistige Frische und Flexibilität.

Wichtig ist darüber hinaus, dass dir das Lernen Spaß bereitet. Mit Spaß lernst du bis zu elf Mal leichter. Fühlst du dich gut, setzt dein Gehirn sogenannte Neurotransmitter wie Dopamin frei. Das Lernen funktioniert unter dieser „Droge" besonders gut, weil elektrochemische Impulse in den Nervenzellen weitergeleitet werden. Dein Gehirn braucht Gefühlsreize, um in Schwung zu kommen. Es arbeitet viel emotionaler, als du glaubst. Auswendig Gelerntes bleibt nur dann im Kopf, wenn dein Herz dabei ist: „Learn by heart", sagen die Engländer dazu. Neben Bewegung bringen auch ausreichend Schlaf, Entspannung, Sport, Spiel und Musik dein Gehirn auf Trab.

145

5. Tag: ERNÄHRUNG – Einkaufen leicht gemacht

Ist dir auch schon einmal aufgefallen, dass die Einkaufswagen immer größer werden? Anfangs dachte ich noch, ich würde schrumpfen. Ging mir der Einkaufswagen früher noch bis zur Hüfte, geht er mir jetzt vielerorts bis zum Bauchnabel. Doch da ich weder über 60 Jahre alt noch Kampfjetpilot bin, der schon mal den Schleudersitz betätigt hat, kann es nur andere Gründe haben. Und tatsächlich: Die Einkaufswagen sind in den letzten Jahren immer größer geworden, so dass darin dein ansehnlicher Einkauf ziemlich mickrig aussieht. Das verleitet dazu, mehr zu kaufen, als du ursprünglich geplant hast. Handliche Einkaufskörbe sind dagegen selten zu finden. Bei diesen merkst du schnell anhand des Gewichts beim Tragen sowie der Fülle, wenn du viel einkaufst.

Tipp 1:
Wenn du bereits vorher weißt, dass du planmäßig nur wenig einkaufen willst, und es gibt Einkaufskörbe in deinem Supermarkt des Vertrauens, greife zu diesem anstatt zu einem großen Einkaufswagen. Das schont dein Portemonnaie und deine Hüften.

In der Lebensmittelwerbung wird mit allen Tricks gearbeitet, um dich davon zu überzeugen, kräftig zuzulangen. Schau dir nur einmal die Werbespots für Süßigkeiten an. Überall, wo du hinschaust: schlanke, gut aussehende, durchtrainierte, glückliche Menschen. Du sagst dir: „Mmmh, so will ich auch sein." Am besten spielt in dem Spot ein prominenter Sportler, Schauspieler oder Moderator die Hauptrolle, der sehr vertrauenserweckend den Riegel oder eine andere Süßigkeit anpreist und genüsslich schlemmt. Darüber hinaus ist dieser nette Promi sehr erfolgreich. „Das hängt bestimmt mit dem Riegel zusammen und wenn auch nur ein bisschen", redest du dir ein. Spätestens jetzt bist du überzeugt und schlägst zu. Und weil du total überzeugt bist, darf es ruhig ein zweiter Riegel sein, denn viel hilft bekanntlich viel.

Tipp 2:
Erhalte dir den kritischen Blick und kaufe bewusst ein. Ansonsten wunderst du dich anschließend an der Ladenkasse, woher die Süßigkeiten und Snackartikel plötzlich kommen. Selten verwechselt ein anderer Kunde deinen Wagen mit seinem oder erlaubt sich einen Scherz, indem er deinen Einkaufswagen bestückt. Vielmehr hat die Werbung dich manipuliert und dafür gesorgt, dass du dem Vorkoster vertraust und zulangst. Was die Familie oder Freunde bereits probiert haben oder dein Lieblingspromi isst, kaufst du lieber als Unbekanntes. Das ist jedoch keine Garantie dafür, dass das Produkt gut für deine Figur und Gesundheit ist.

Die Message, die zusätzlich mit Lebensmittelwerbung transportiert wird, lautet: „Iss mich! Dafür verwöhne ich dich und befreie dich von Stress und allen Sorgen." Stress und seelische Belastungen heilt dein Körper nur zu gerne mit diesem speziellen Belohnungssystem. War das Leben mal wieder gemein zu dir, fordert dein Körper kalorienreiche Freuden wie Süßigkeiten, Knabberkram und Drinks. Setzt du jedoch kalorienreiche Nahrungsmittel und Getränke als Seelentröster oder Anti-Stress-Mittel ein, hast du bald ganz anderen Stress. Dieser äußert sich in zu kleiner Kleidung, Krankheit und Verlust deiner Lebensqualität. Das macht dich wiederum unglücklich und führt dazu, dass du noch mehr isst. Daraus entwickelt sich ein riskanter Abwärtsstrudel. Nein, kein Apfelstrudel! Abwärtsstrudel.

Tipp 3:
Nutze Lebensmittel niemals als Belohnung, Seelentröster oder Anti-Stress-Mittel.

Ladenbesitzer geben ihr Bestes, um dich so lange wie möglich in ihrem Geschäft zu „fesseln": angenehme Beleuchtung mit Speziallampen, die Obst und Gemüse sowie Fleischwaren und Käse möglichst frisch und appetitlich erscheinen lassen. Außerdem ertönt sanfte Kuschelmusik, die dich in eine entspannte Stimmung bringt und der angenehme Duft frischer Backwaren zieht dich magisch an. Mitten im Weg sind noch Stolperfallen platziert – Sonderangebote. Du glaubst, dass die im Weg stehen, weil nirgends Platz dafür ist? Irrtum, denn wenn du um ein Sonderangebot herum läufst, guckst du automatisch länger darauf. Das alles hat zur Folge, dass du mit höherer Wahrscheinlichkeit ungewollt Waren einkaufst, die du gar nicht brauchst.

Tipp 4:

Gehe immer gesättigt einkaufen. Wenn du satt bist, kaufst du automatisch weniger. Mit einem leeren Magen greifst du hingegen unkontrolliert zu und kaufst vor allem ungesündere Lebensmittel. Verlege das Spazieren gehen lieber an die frische Luft als in den Supermarkt. Spazierst du gemütlich durch den Markt, kaufst du automatisch mehr, als wenn du den schnellsten Weg zur Kasse nimmst.

Tipp 5:

Nutze eine Einkaufsliste. Lege in Ruhe vor dem Einkauf fest, was du wirklich brauchst, was du essen und damit auch einkaufen möchtest. So schützt du dich vor zu vielen Kalorien. Halte dich daran und du verhinderst spontane, überflüssige Kalorien-Käufe. Speichere deine Einkaufsliste gerne dann ab und tätige den Einkauf aus deinem Gedächtnis. Am Ende vergleichst du deinen Korbinhalt mit dem Einkaufszettel, den du erst zum Schluss aus deiner Tasche nimmst.

Tipp 6:

Lebensmittel, die stark beworben werden, haben in der Regel hohe Gewinnspannen. Diese werden realisiert, indem minderwertige Inhaltsstoffe verwendet werden, die viele Kalorien in Form von Fett und Zucker enthalten. Willst du abnehmen, leistungsfähig und gesund bleiben, achte verstärkt auf schlichte Grundnahrungsmittel wie Vollkornprodukte, saisonales Obst und Gemüse, Hülsenfrüchte, Fisch, Geflügel, Milch und Eier.

Tipp 7:

Bevorzuge Ware außerhalb deines Blickfeldes – Bück- oder Streckware. Stehst du vor dem Einkaufsregal, findest du in Augenhöhe primär die Produkte mit der größten Gewinnspanne. Du erinnerst dich: hohe Gewinnspanne = niedrige Qualität. Gehe bevorzugt in die Knie oder strecke dich kräftig nach Produkten, die unten oder oben stehen. Diese sind meist gut, günstig und vor allem gesund.

Tipp 8:

Lese das Kleingedruckte und schaue dir die Zutatenliste genau an. Klar kostet das etwas Zeit. Deine Figur ist dir diese Zeit sicher wert. Beim kritischen Blick auf die Rückseite der Verpackung erkennst du schnell leere Kalorien, vor allem, wenn du dir die Zutatenliste und Fett-, Zucker- und Kalorienangaben näher anschaust. An erster Stelle stehen hier die Bestandteile, die am meisten enthalten sind. Am Ende findest du die Zutaten mit dem kleinsten Gewichtsanteil im Produkt. Stehen zucker- und fettreiche Bestandteile ganz am Anfang, lasse lieber die Finger davon oder iss es in Maßen. Wenn du abnehmen willst, habe in Zukunft vielmehr die Qualität im Auge als den Preis. Etwa nach dem Motto: „Kauf halb so viel ein und iss doppelt so gut!"

6. Tag: BEWEGUNG – Entdecke den Sport für dich!

Letztendlich spielt es keine Rolle, ob du walkst, läufst, Fahrrad fährst, schwimmst, regelmäßig Treppen steigst oder viele Wege zu Fuß statt mit Auto oder Bahn zurücklegst. Viel wichtiger als das, was du tust, ist, DASS du dich bewegst. Teste verschiedene Bewegungs- und Sportarten aus, bevor du dich auf eine Sache festlegst. Du bleibst nur dabei, wenn du an der Bewegungsform auch etwas Spaß hast. Ausdauer allein reicht jedoch nicht – vor allem dann, wenn es ums Abnehmen und ums Vorbeugen vor Osteoporose, Rückenbeschwerden etc. geht. Deshalb trainiere in Zukunft deine Muskeln mit den nachfolgenden Übungen. Muskeln stärken nicht nur die Fettverbrennung, sondern lassen dich auch straffer aussehen und unterstützen dein Selbstbewusstsein. Dieses kleine Ganzkörpertrainingsprogramm trainiert innerhalb kürzester Zeit den Großteil deiner Muskeln und kommt mit 22 Minuten aus. Die fünf Übungen reichen zum Einstieg ins Muskeltraining allemal. Du kannst direkt zu Hause loslegen.

Spitzensportler suchen sich neben ihrer Hauptsportart weitere Sportarten, um Abwechslung in ihr Training zu bringen, wie auch Charly Steeb. Stellen sie fest, dass der Sport für sie unpassend ist, testen sie neue Sportarten aus: *„Ich habe zwei Jahre parallel zum Tennis Kung-Fu betrieben. Da es zeitlich und mental immer anspruchsvoller wurde und dann auch vom Tennis ablenkte, habe ich es gelassen. Seit fünf Jahren mache ich viel Yoga. Hätte ich diese Sportart bereits zu meiner aktiven Zeit entdeckt, hätte das super parallel zum Tennis gepasst. Stretching, Krafttraining und Entspannung hätte ich alles mit Yoga abdecken können."*

Wichtig ist:
Mache dich vor dem Start ins Training kurz warm, wie auf Seite 136 beschrieben.

149

Übung: Die Kniebeuge – für schöne Beine

Diese Übung beansprucht über 50 % deiner gesamten Muskulatur. Die einfachste Variante sieht so aus, dass du ein Kissen auf einen Stuhl legst und anschließend – vor dem Stuhl stehend – deinen Po Richtung Kissen senkst und es leicht berührst. Tippe das Kissen nur kurz an und drücke dich ca. zwei Sekunden später durch deine Beinkraft wieder nach oben. Deine Beine stehen etwas mehr als hüftbreit auseinander, die Zehen zeigen leicht nach außen. Richte deinen Blick nach vorne und halte deinen Oberkörper gerade. Nimm deine Arme hinter den Kopf und drücke die Ellenbogen dabei nach außen. Die Knie bleiben während der Übungsausführung immer leicht gebeugt – auch in der Ausgangsstellung. Achte darauf, dass deine Kniescheibe selbst in der tiefsten Position hinter den Zehenspitzen bleibt. Deine Bauchmuskulatur ist während der gesamten Übung angespannt.

Fällt dir die Übung zu leicht, erhöhe den Schwierigkeitsgrad, indem du zunächst das Kissen wegnimmst. Steigere die Übung weiter, indem du den Stuhl wegnimmst und die Übung frei stehend ausführst. Du gehst so weit in die Knie, bis Ober- und Unterschenkel etwa einen 90-Grad-Winkel bilden. Fällt dir die Übung immer noch zu leicht, erhöhe erneut den Schwierigkeitsgrad, indem du die Kniebeugen einbeinig machst – zunächst gerne mit Festhalten an einem Gegenstand oder einer Person, um das Gleichgewicht halten zu können.

Die ersten Wiederholungen fallen dir leicht. Bereits nach ein paar Wiederholungen fängt es richtig an zu brennen. Wie viele Wiederholungen sind nun richtig? Es gibt eine einfache Regel. Mache so viele Wiederholungen, bis der Muskel richtig brennt. Und anschließend noch drei weitere. Diese drei bringen dich entscheidend nach vorne. Sie sorgen dafür, dass neue Kraftwerke errichtet werden – sprich: dein Traumhaus neue Heizkörper und Lampen bekommt. Nimm darüber hinaus die Zahl 22 als Richtwert. Sobald du 22 Wiederholungen schaffst, erhöhe den Schwierigkeitsgrad. Nach dem ersten Durchgang machst du eine kurze Pause (ca. 55 Sekunden). Trage deine erzielten Leistungen gerne in ein Trainingstagebuch ein. Es folgt der zweite Durchgang. Nach zwei Durchgängen folgt dann die nächste Übung. Mache auch zwischen den verschiedenen Übungen eine kurze Pause.

Die Steigerung der Kniebeuge ist der Ausfallschritt. Sie ist sowohl anstrengender als auch koordinativ anspruchsvoller. Die Anleitung zu dieser Übung findest du unter www.matthiasherzog.com im Bereich Downloads.

Übung: Liegestütz – für eine schöne Brust

Liegestütz ist eine vielversprechende Übung. Du trainierst mit ihr deine Brust-, Schulter-, Arm-, Rücken- und Bauchmuskulatur. Ich baue sie täglich in meinen Alltag ein und mache die Übung einfach zwischendurch. Vor allem mache ich Liegestütze in meinen Pausen, wenn ich z. B. zu Hause am PC arbeite. Kurz aufgestanden, auf den Boden und nun Liegestütze bis zum Abwinken. Anschließend eine kurze Pause von ca. 55 Sekunden und dann einen zweiten Durchgang. Alternativ zum Zweisatztraining mache ich auch gezieltes Mehrsatztraining, um besser zu werden.

Unter www.matthiasherzog.com im Bereich „Downloads" findest du einen Trainingsplan, wie du schnell besser wirst und in Zukunft mehr Liegestütze schaffst. Ein Marathonläufer läuft im Training auch nicht die volle Strecke am Stück, sondern teilt sich die Strecke ein. Dieses Prinzip kommt hier zur Anwendung.

Die einfachere Variante der Liegestütz kannst du auf Seite 138 nochmals nachlesen. Bei der Profiliegestütz berühren nur die Zehenspitzen und die Hände den Boden. Ansonsten führst du die Übung so durch wie die Einsteigerliegestütz.

Übung: Unterarm- und Seitstütz – All inclusive

Der Unterarmstütz ist eine geniale Übung, da du mit dieser nahezu den gesamten Körper trainierst. Die Anleitung dazu findest du auf Seite 140. Eine Steigerung des Schwierigkeitsgrads erreichst du, indem du einen Arm oder ein Bein anhebst und jeweils für drei Sekunden hältst. Arme und Beine wechseln sich ab. Eine weitere Steigerung ist möglich, wenn du zunächst deinen rechten Arm und gleichzeitig dein linkes Bein leicht anhebst und anschließend umgekehrt.

Für den Seitstütz legst du dich zunächst auf die Seite. Dein Unterarm liegt auf dem Boden, so dass sich dein Ellenbogen unterhalb der Schulter befindet.

Den anderen Arm positionierst du mit der Hand an der Taille. Drücke dich aus dem Ellenbogen hoch. Bei der Einsteiger-Variante „Seitstütz auf den Knien" beugst du beide Knie in einem 45-Grad-Winkel hinter den Körper und drückst dich ab Höhe der Kniescheibe nach oben.

Bei der Fortgeschrittenen-Variante bildest du vom Knöchel bis zur Schulter eine Linie, indem du deine Hüften nach oben schiebst. Nur die untere Kante deines Fußes und der Ellenbogen haben Bodenkontakt. Halte diese Position für ca. 22 Sekunden. Falls das zu schwierig ist, mache zehn Wiederholungen à zwei Sekunden, indem du die Hüfte kurz absetzt, erneut hochdrückst und kurz hältst. Steigere die Übung, indem du das obere Bein aus der Position heraus anhebst, wie du es vom Hampelmann kennst. Bist du mit einer Körperseite fertig, folgt die andere Seite.

Übung: Beckenheben – für deinen Knackpo

Lege dich auf den Rücken und winkle deine Beine so an, dass Ober- und Unterschenkel etwa im rechten Winkel zueinander stehen. Die Füße sind hüftbreit und flach aufgestellt. Deine Arme liegen an deiner Seite mit den Handflächen nach unten.

Spanne deine Bauchmuskeln an und drücke deinen Po so weit wie möglich nach oben. Halte am höchsten Punkt die Spannung für zwei Sekunden maximal an, als wenn du Nüsse knacken wolltest.

Lasse den Po bis kurz über dem Boden absinken, halte auch hier kurz die Position und starte die nächste Wiederholung. Mache bis zu 22 Wiederholungen. Wird die Übung zu leicht, steigere den Schwierigkeitsgrad. Je dichter die Ferse am Po dran

ist, desto einfacher ist die Übung. Je weiter weg, desto schwieriger wird die Übung.

Steigerung: Verlagere dein Gewicht aus der Brückenposition heraus auf den linken Fuß und strecke das rechte Bein nach vorn in die Luft. Der linke und rechte Oberschenkel liegen nun parallel zueinander. Halte die Hüften oben und das rechte Bein so gerade wie möglich. Kopf und Schultern bleiben am Boden. Halte die gehobene Position bis zu 22 Sekunden.

Senke die Hüfte langsam Richtung Boden, lass das Gesäß kurz den Boden berühren und starte im Anschluss direkt die nächste Brücke, jedoch mit dem linken Bein, das du nach vorne ausstreckst. Auch hier hältst du wieder bis zu 22 Sekunden.

Mache auch bei dieser Übung zwei Durchgänge (Sätze), in denen jeweils zunächst das rechte und dann das linke Bein ausgestreckt angehoben wird.

Übung: Crunches – Sixpack statt Monopack

Die Anleitung samt Bild findest du auf Seite 139.

Sobald du mindestens 22 Wiederholungen schaffst, steigerst du den Schwierigkeitsgrad der Übung. Statt die Arme ausgestreckt neben dem Körper zu führen, verschränkst du sie über Kreuz vor deiner Brust. Fällt dir auch diese Übung zu leicht, nimm deine Arme hinter den Kopf und drücke die Ellenbogen dabei nach außen – wie du es von der Kniebeuge bereits kennst – und führe die Übung in dieser Position durch. Wird dir auch das zu leicht, lege die Hände bei ausgestrecktem Arm hinter deinem Kopf ineinander. Bilder zu den letzten Übungen findest du unter www.matthiasherzog.com im Bereich Downloads. Wichtig: Hebe und senke deinen Oberkörper langsam. Arbeite ohne Schwung, die Kraft kommt aus dem Bauch.

7. Tag: CHECKLISTE – Meine Erfolge in der dritten Woche

Das habe ich in den letzten sechs Tagen erreicht:

Hast du den Fitnesscheck durchgeführt? Sehr gut. Schaue dir die Ergebnisse nochmals an. Was für Schlüsse ziehst du daraus für dein weiteres Bewegungsverhalten?

Was hast du diese Woche bereits an Ausdauer- oder Muskeltraining ausprobiert?

Wie ist es dir bei der Ausübung der vorgestellten fünf Übungen ergangen? Was klappte bereits gut? Wo hast du noch Verbesserungspotenzial?

Bist du bei der Mentalübung, bei der du dich um die rechte Körperachse gedreht hast, nach der Visualisierung weiter gekommen als bisher? War es ggf. sogar einfacher als beim ersten Mal?

Welche Tipps zum Einkaufen hast du bereits umgesetzt?

Welche Form von Bewegung hast du als Entspannungspause für dich entdeckt?

4. Woche: Entspannung

Selbstcheck

Schaue zu Beginn der vierten Woche, wie es aktuell um dein Energielevel steht. Prüfe mit dem folgenden Stresstest, inwieweit du im Gleichgewicht bist. Besitzt du bereits ein hohes Energielevel, bei dem es nur noch um ein Fine-Tuning geht, oder steht es eher schlecht um deine Lebensenergie? Horche einmal in dich hinein und bewerte die folgenden Aussagen. Trage spontan ein, wie stark die einzelnen Aussagen auf dich zutreffen.

	Sehr Selten	Manch-mal	Sehr häufig
Es fällt mir leicht, eigene Fehler einzugestehen.	0	3	6
Mein Tagesrhythmus ist ständigen Änderungen unterworfen.	6	3	0
Mit stressigen Situationen gehe ich souverän um.	0	3	6
Ich bin leicht aus der Fassung zu bringen und rege mich dann auf.	6	3	0
Ich arbeite unter starkem Termindruck.	6	3	0
Morgens fühle ich mich ausgeschlafen und erholt.	0	3	6
Ungenau formulierte Arbeitsanweisungen stressen mich.	6	3	0
Kritik, Meinungsverschiedenheiten und Ängste belasten mich am Arbeitsplatz.	6	3	0
Ich habe Spaß an meiner Arbeit.	0	3	6
Die Lärmbelastungen bei der Arbeit oder zu Hause sind groß.	6	3	0
Ich mache tagsüber kurze Erholungspausen (z. B. alle 88 Minuten eine 8-minütige Pause).	0	3	6
Mir fällt es schwer, NEIN zu sagen.	6	3	0
Ich übe ein Hobby aus, bei dem ich Sorgen und Probleme ganz vergessen kann.	0	3	6
Meine finanzielle Lage ist angespannt bzw. ich fürchte um meinen Arbeitsplatz.	6	3	0
Ich kann gut abschalten.	0	3	6
Ich werde bei der Arbeit ständig unterbrochen und habe mehrere Aufgaben gleichzeitig zu erledigen.	0	3	6
Ich achte insgesamt auf meine Gesundheit.	0	3	6
Konflikte oder Probleme mit meinem Partner, der Familie oder Freunden belasten mich.	6	3	0
Einzelsummen			
Gesamtpunktzahl			

Auswertung:

Zähle die Punkte zusammen. Je höher deine Gesamtpunktzahl ist (maximal 108), desto ausgeglichener bist du bereits. Du stehst in einem guten Gleichgewicht und weißt mit stressigen Situationen souverän umzugehen. Halte deine Augen dennoch für den einen oder anderen Tipp aus diesem Buch offen, um zusätzliche Lebensenergie zu gewinnen.

Je niedriger deine Gesamtpunktzahl ist, desto wichtiger ist es, dass du gezielt Entspannungsphasen und aktive Erholung in deinen Alltag einbaust und ggf. die eine oder andere Entspannungsmethode testest, um dein Energielevel in Zukunft zu steigern. Vermeide den Ausgleich durch Frustessen, Rauchen oder übermäßigen Alkoholkonsum. Sie verschlimmern deine Situation nur. Gehe die einzelnen Aussagen nochmals bewusst durch. Befinden sich deine Stressauslöser eher im beruflichen, familiären oder Einstellungsbereich? Markiere die Stressoren, die dich am stärksten belasten. Überlege, wie du die aktuelle Situation kurz-, mittel- und langfristig verbessern kannst. Die Tipps aus diesem Buch unterstützen dich.

Schlaf gut! – Das A und O der Entspannung

Wie du dich bettest, so schläfst du!

Knapp ein Drittel unserer Zeit verbringen wir mit Schlafen. Dennoch unterschätzen viele die Bedeutung eines gesunden Schlafs und machen sich kaum Gedanken darüber, ob und wie dieser verbessert werden könnte. Nur wenige legen besonderen Wert auf ein schön eingerichtetes Schlafzimmer mit gesundheitsfördern-

der Möblierung. Eher werden das Wohn- und das Esszimmer geschmackvoll und bequem eingerichtet. Klingt im ersten Moment auch schlüssig, denn hier verbringst du deine freie Zeit und empfängst Gäste, während du im Schlafzimmer normalerweise was tust? Richtig, schlafen.

Wachst du morgens des Öfteren trotz siebeneinhalb Stunden Schlaf total gerädert auf und hast das Gefühl, du hättest kaum geschlafen? Ja? Hast du auch schon einmal über die Ursache nachgedacht? Die Nacht nutzt dein Körper normalerweise zur Regeneration. Für die Regeneration spielt es nicht nur eine Rolle, was du abends isst, sondern auch, wie du dich bettest. Die Qualität deines Bettes samt Zubehör – Matratze, Lattenrost, Bettdecke, Kopfkissen – entscheidet über die Qualität deines Schlafs. Ja, du liest richtig. Auch das Kopfkissen ist wichtig.

Ich schlafe häufig in Hotelbetten und was mich da teilweise erwartet, ist ein Graus: Mal ist die Matratze zu weich, selten zu hart – über die Länge sprechen wir besser gar nicht erst. Häufig sind die Kopfkissen so weich wie Taschentücher und die Bettlaken viel zu dick bzw. zu dünn. Auf Reisen habe ich immer mein Gesundheits-Kopfkissen, ein Nackenkissen, dabei. Es nimmt nahezu die Hälfte des Koffers ein. Doch wenn schon das Bett besch...eiden ist, dann rettet wenigstens mein Kissen die Nacht. Hotelkissen fliegen bei mir als allererstes aus dem Hotelbett.

Ich freue mich jedes Mal, wieder nach Hause zu kommen. Am meisten freue ich mich natürlich auf meine Frau. Auf Platz zwei folgt unser gelb-orange gestrichenes Schlafzimmer – diese Farbe entspannt – mit meinem gemütlichen Bett. Wohltuend sind hier insbesondere die individuell eingestellten Matratzen und Lattenroste.

Tipp:

Informiere dich in einem gut sortierten Bettengeschäft über qualitativ hochwertiges Bettzubehör und investiere ein paar Euros mehr in einen gesunden Schlaf. Nur wenn du ausgeschlafen bist, kannst du den Tag über Leistung bringen. Richte dein Schlafzimmer so ein, dass es Ruhe und Wärme ausstrahlt und das Gefühl von Geborgenheit und Ungestörtheit vermittelt. Als Rumpelkammer oder Abstellraum nutze bitte ein anderes Zimmer. Vermeide elektronische Geräte soweit wie möglich im Schlafzimmer.

Schlank im Schlaf durch Fettverbrennung? Das wichtigste Hormon in der Nacht ist das Wachstumshormon HGH. Es lässt Kinder wachsen und regt bei Erwachsenen die Erneuerung der Körperzellen an – Haut- und Muskelzellen regenerieren und dein Immunsystem produziert neue Abwehrzellen. Nachts laufen also viele Reparaturprozesse ab, damit tagsüber alles rund läuft. Vor allem kann HGH dich schlank und schön im Schlaf machen.

Nach ca. 88 Minuten Schlaf geht es los: Das Wachstumshormon wird aktiv und holt sich seine Energie aus den Fettdepots – vorausgesetzt, du hast am Abend hochwertiges Eiweiß in Kombination mit einer geringen Menge hochwertiger Kohlenhydrate gegessen. So kann der nächtliche Fettabbau beginnen und deine Regeneration erfolgen, damit du morgens fit und ein weniger schlanker bist. Dieser Abnehmtraum ist jedoch zeitlich begrenzt, weil das Wachstumshormon zum frühen Morgen hin seinen Dienst einstellt. Dein Körper schaltet wieder auf Tagesbetrieb um. Je länger die nächtliche Reparaturphase durch das Wachstumshormon dauert, desto mehr Fett kann abgebaut werden. Deshalb ist es wichtig, relativ früh ins Bett zu gehen – vor 0:00 Uhr ist ideal. Nach Studien schlummern wir in den ersten fünf Stunden nach dem Zubettgehen und vor drei Uhr nachts am besten. Wie viel Schlaf du genau pro Nacht brauchst, ist individuell unterschiedlich. Um die 7,5 Stunden ist ein grober Richtwert. Finde deine ideale Schlafdauer heraus, nach der du dich erholt und frisch fühlst. Die Stundenzahl, nach der du ohne Weckerklingeln aufwachst, ist ein guter Anhaltspunkt.

Schlafmangel hingegen macht auf Dauer krank und Übergewicht sowie schlaffe Muskeln drohen. Schläfst du weniger als vier bis fünf Stunden, hast du ein um mehr als 70 % höheres Übergewichtsrisiko. Im Schlaf wird vom Körper das Sättigungshormon Leptin produziert. Ist der Leptinspiegel hoch, so ist dein Körper satt, ist er hingegen niedrig, wie bei chronischem Schlafmangel, erwacht dein Hungergefühl, obwohl dein Körper noch genügend Energie hat. Eine sechzehn Jahre laufende Untersuchung von Dr. Sanjay R. Patel von der Case Western Reserve University Cleveland zeigt, dass Kurzschläfer selbst dann dicker wurden, wenn sie weniger Kalorien zu sich nahmen als die Langschläfer der Vergleichsgruppe.

Hier ein paar Tipps, wie du schneller, besser und erholsamer schläfst. Schlafmittel sind ab heute passé!

- Iss die letzte Hauptmahlzeit drei bis vier Stunden vor dem Schlafengehen.

- Meide vor dem Zubettgehen koffeinhaltige Getränke wie Kaffee, Cola, Energydrinks, schwarzen Tee und vor allem größere Mengen Alkohol. Der Schlaf ist ansonsten weniger erholsam, da die Tiefschlafphasen gestört werden. Morgens fällt dann das Hochfahren schwer.

- Körperliche Aktivität macht müde. Ein ruhiger Spaziergang vor dem Zubettgehen tut gut. Ich selbst mache jeden Abend noch ein paar Situps und Liegestütze – unabhängig von der Uhrzeit. Mir tun sie gut und sie unterstützen meine Einschlafphase. Sportliche Betätigung kann jedoch auch munter machen. Das ist individuell unterschiedlich und vor allem Gewohnheitssache. Teste es selbst aus.

- Trainiere deinen Schlafrhythmus, indem du möglichst regelmäßig zu einer festen Zeit ins Bett gehst – möglichst auch am Wochenende. Dauernde Wechsel sind ungesund.

- Entspannungstechniken wie Yoga und Meditation oder Progressive Muskelentspannung nach Jacobsen können helfen. Teste sie aus.

- Das Raumklima hat eine hohe Bedeutung. Die optimale Schlaftemperatur liegt zwischen 17° und 20° Celsius. Im Sommer lasse über Nacht das Fenster auf. Auch wenn es keinen Kühleffekt hat, erhältst du frische Luft. Nimm eine dünne Bettdecke, decke dich ggf. nur mit dem Überzug zu. Hilft das immer noch nicht, strecke die Füße unter der Decke hervor. Wenn du Ellenbogen und die Unterarme kurz vor dem Schlafengehen mit kaltem Wasser einreibst, kann der einsetzende Kühleffekt bis zum Einschlafen reichen. Wenn du immer noch wach bist, greife zum Ventilator. Allerdings drohen hier hohe Stromrechnungen, Lärm und bei zu starker Kühlung ggf. eine Erkältung.

- Mache das Schlafzimmer für berufliche Unterlagen zur Sperrzone. Diese wühlen dich eher auf. Dein Bett sollte dem Schlaf und Sex vorbehalten sein. Wenn du darin auch noch frühstückst und fernsiehst, störst du die Konditionierung deines Körpers auf „Bett = Schlafen". Buch lesen dagegen kann müde machen und ist somit in Ordnung.

- Entwickle eine entspannte Einstellung zum Schlaf. Druck nach dem Motto „Ich muss jetzt unbedingt schlafen!" macht es nur schlimmer. Vermeide eine halbe Stunde vor dem Zubettgehen Störquellen wie laute Musik oder Streitgespräche mit deinem Partner.

- Viele gute Ideen kommen uns direkt beim Eindösen oder morgens nach dem Aufwachen und halten uns wach. Um dies zu vermeiden, lege dir einen Zettel und Stift oder ein Diktiergerät (bekommst du bereits für weniger als 20,- EUR im Kaufhaus) auf den Nachttisch. Sobald dir etwas einfällt, schreibe es auf oder sprich es auf das Diktiergerät. Anschließend kannst du entspannt einschlafen, da dein Gehirn zur Ruhe kommt.

- Komm zügig heraus aus den Federn. Meine Frau liebt die Snooze-Taste. Im Schnitt drückt sie vier Mal morgens darauf, bevor sie aufsteht. Besonders von Frauen kenne ich das Phänomen, dass sie den Wecker bereits 20-30 Minuten vor dem eigentlichen Aufstehzeitpunkt stellen. Wenn ich selbst noch liegen bleiben kann, stört mich das Klingeln glücklicherweise nicht. Neben mir könnte eine Bombe explodieren, ich würde weiterschlafen. Wenn ich mir hingegen den Wecker stelle, springe ich nach dem Klingeln direkt aus dem Bett. So kommt mein Kreislauf am besten in Schwung. Bleibe ich noch liegen, werde ich wieder müde und mir fällt das Aufstehen und in Schwung kommen schwer. Tipp für dich: Einmal die Snooze-Taste ist o. k. – fünf Minuten Dösen sollten reichen. Unterstütze dein Wachwerden mit Helligkeit, denn Licht unterdrückt die Bildung des Müdigkeitshormons Melatonin und macht müde Männer munter – und Frauen auch.

Box-Olympiasieger Torsten May nutzt das Bett zusätzlich auf eine andere Weise, um zu entspannen: *„Wenn ich richtig platt war und regenerieren musste, habe ich zwei Stunden im Bett gelegen und gelesen. Da konnte ich am besten regenerieren. Ich habe Ruhe gebraucht, um mich zu erholen. Manche fahren dann lieber locker Fahrrad oder gehen Laufen. Ich habe lieber die Beine hochgelegt und zwei Stunden nichts gehört und niemanden gesehen und mich so am besten regeneriert."*

Tresor oder Wolke? Deine Gedanken sind hier sicher
Gerade in problematischen Lebensphasen wird es ab und zu dennoch so sein, dass du hellwach im Bett liegst und deine Gedanken in deinem Kopf umherschwirren. Um diese Herausforderung in Zukunft schneller meistern zu können und zur Ruhe zu kommen, schließe deine Gedanken ein oder schicke sie auf Reisen.

Nutze z. B. einen visuellen Tresor, um deine Gedanken, Probleme, Herausforderungen wegzuschließen. Merke dir nur gut den Zahlencode ... Das Ganze nennt sich Visualisierung. So, wie du dir Bilder und Geschichten beim Lernen vorstellst, arbeitest du auch hier mit Bildern und einer kleinen Geschichte. Stelle dir vor, du schließt deine Gedanken, die dich gerade beschäftigen, in einen dicken panzerdichten Tresor ein. Sind die Gedanken darin, schließt du schnell die Tür und drehst am Zahlenschloss. Das stellst du dir so bildhaft wie möglich vor. Jetzt hast du bis zum nächsten Morgen Ruhe und kannst gut schlafen. Am nächsten Morgen gibst du die entsprechende Zahlenkombination ein und holst dir dein Problem wieder aus dem Tresor.

Ähnlich läuft das Prinzip mit der Wolke. Während der Tresor eher für die rational veranlagten Menschen passt – vor allem Männer –, gefällt der Frau meistens die Wolke als Aufbewahrungsort für die Probleme besser. Stelle dir nun vor, es käme eine Wolke, auf der du deine ganzen Probleme ablegen kannst, die dich aktuell beschäftigen. Wenn du meinst, dass es zu viele Probleme für eine Wolke sind, nimmst du zwei Wolken. Da ist genug Platz. Schicke die Wolken nun auf Reisen, indem du ihnen gedanklich mit deiner Hand einen Schubs gibst. Schon hast du Ruhe für die Nacht und kannst gut schlafen. Morgens kommt die Wolke wieder herbei geflogen und gibt dir deine Probleme unbeschadet zurück.

Habe deinen Schlaf- und Pausenrhythmus im Blut – 88 beats/88 minutes

Der 88-Minuten-Schlafrhythmus

Studien kommen zu dem Ergebnis, dass der Schlaf bei den meisten Menschen im 1,5-Stunden-Rhythmus verläuft. Wenn du morgens aufwachst und du fühlst dich frisch, bist du vermutlich am Ende oder kurz nach einer Traumphase aufgewacht. Fühlst du dich wie gerädert, hat dich der Wecker mitten in der Tiefschlafphase erwischt.

Stelle deinen Wecker am besten in 1,5 Stunden-Schritten – also nach sechs, siebeneinhalb oder neun Stunden. Denke daran, die Zeit, die du zum Einschlafen brauchst, mit einzurechnen. Wenn du weißt, dass du etwa 20 Minuten zum Einschlafen brauchst und du siebeneinhalb Stunden schlafen möchtest, stelle den Wecker auf 7 Stunden 50 Minuten. Du denkst gerade: „Du bist lustig. Woher soll ich wissen, wie lange ich zum Einschlafen brauche? Wenn ich eingeschlafen bin, schlafe ich." Wenn du über mehrere Tage dein Einschlafverhalten beobachtest, wirst du ein Gefühl dafür entwickeln.

Falls du zu den wenigen Menschen gehörst, die tagsüber etwa alle 60 Minuten einen Tiefpunkt haben, berücksichtige das für deinen Schlafrhythmus. Stelle dir den Wecker nach deinem individuellen Rhythmus.

Pause? Ist was für Weicheier, oder?

Weit gefehlt. Ich gehörte viele Jahre zu den Menschen, die das Motto leben: „Alle 880 Minuten eine achtminütige Pause reicht allemal. Pausen kosten viel zu viel Zeit. Außerdem bringt mich eine Pause total aus dem Tritt, wenn ich gerade gut davor bin und konzentriert arbeite." Hast du schon einmal diese oder ähnliche Argumente gegen Pausen gehört? Fehlt nur noch, dass du sagst: „Wenn ich tot bin, kann ich noch genug Pausen machen."

Pausen sind lebenswichtig. Jeder Anspannungsphase hat eine Entspannungsphase zu folgen – das ist im Sport so und ich empfehle dir, dies auch im Job umzusetzen. Mache alle 88 Minuten eine mindestens achtminütige Pause. Warum? Weil du ca. alle 1,5 Stunden einen Tiefpunkt hast. Du fragst: „Wie denkst du an die Pausen? Soll ich mir jedes Mal einen Wecker stellen, um mich an die Pause zu erinnern oder wie soll das funktionieren?" Ich selbst nutze SMILEY, den fröhlichen Trinkerinnerer, auch für Pausen. Nach 88 Minuten knurrt er mich an, um mich daran zu erinnern, dass spätestens jetzt Zeit für eine Erholungs- und Trinkpause ist.

Gehe während dieser Pause ein wenig umher, schnappe frische Luft am offenen Fenster, unterhalte dich angeregt mit deinen Kollegen oder mache es wie ich, der diese Phasen gerne für ein bisschen Bewegung und Kräftigungsübungen nutzt – je nachdem, in welcher Umgebung ich mich befinde (Kniebeugen, Liegestütze, Situps, Klimmzüge ...). Alle Tipps führen dazu, dass dein Körper gut durchblutet und dadurch mehr Sauerstoff zu den Zellen transportiert wird. Deine Leistungs- und Konzentrationsfähigkeit steigen. Trinke dazu ein Glas frisches Wasser – ohne Kohlensäure. Du fühlst dich anschließend frischer, erholter, einfach besser. Anschließend gehst du gestärkt in die nächste Runde.

Musik, zwo, drei, vier

Wahrscheinlich hörst du regelmäßig und nahezu überall Musik: beim Autofahren, in der Bahn, beim Putzen, beim Kochen, vielleicht sogar beim Arbeiten. Musik hat eine große Wirkung und beeinflusst deinen aktuellen Zustand. Selten nehmen wir die Wirkung jedoch bewusst wahr und wissen sie
kaum zu schätzen. Du steigst gestresst ins Auto, schaltest das Radio an und
bist wenig später entspannter und besser drauf als vorher. Du bist traurig
nach einem Streit, willst keinen Menschen sehen. Das Einzige, was du an
dich heran lässt, ist Musik. Die baut dich wieder auf. Mache dir die große
Bedeutung von Musik bewusst und setze Musik in Zukunft gezielt ein, um
innerhalb von Sekunden zu entspannen. Musik vermittelt starke Emotionen
und kann diese sowohl dämpfen als auch verstärken. Ruhiger Jazz, Lounge-
Musik oder alte Lieder, mit denen du glückliche Momente verbindest, können deine miese Laune, Stress oder Trauer leicht vertreiben.

Statt dich beim Arbeiten von Chartmusik berieseln zu lassen, die eher ab-
lenkt und zusätzlich stresst, teste es, im Hintergrund leises Meeresrauschen
oder klassische Musik zu hören – z. B. Bach, Mozart, Beethoven. Wissenschaftler haben herausgefunden, dass dann die geistige Leistungsfähigkeit
am höchsten ist. Mich hat Musik früher beim Arbeiten riesig gestört. Heute
lasse ich im Büro regelmäßig im Hintergrund als „Musik" leises Meeresrauschen laufen. Dies entspannt und lässt mich gleichzeitig produktiver arbeiten. Auch die Geräuschkulisse eines Waldes am Morgen wirkt beruhigend.
Die Natur bringt zahlreiche Laute, Rhythmen und Töne hervor, die Sorgen
vertreiben, beruhigen und uns träumen lassen.

Nimm dir heute Abend vor, das Fernsehgerät ausgeschaltet zu lassen und
dich stattdessen auf dem Sessel, Sofa oder gar im Bett zu entspannen und
einmal nichts zu tun – außer bei geschlossenen Augen entspannender Musik
zu lauschen, z. B. klassischer Musik von Mozart, Beethoven, Bach. Vivaldis
„Vier Jahreszeiten" sind auch zu empfehlen. Genieße das Nichtstun.

Während du entspannst, gelangst du vom Beta-Zustand – in dem du dich
befindest, wenn du arbeitest oder wie jetzt gerade ein Buch liest – in den
Alpha-Zustand. Im Alpha-Zustand löst sich der Stress, du wirst ruhiger und
lockerer, dein Herzschlag sinkt. Der Heißhunger auf Zucker und Fett, der
gerade in Stresssituationen aufgrund der Stresshormonausschüttung
herrscht und dich dick macht, bleibt aus. Du bringst deinen Körper zurück
ins Gleichgewicht und tust nebenbei etwas für deine Linie. Und zur Krönung kannst du auch noch besser einschlafen.

Im Spitzensport ist der Einsatz von Musik weit verbreitet, sowohl zur Entspannung als auch zur Steigerung der Motivation:

„Ich bin mit einem Ghettoblaster und einer Monster-CD-Sammlung um die Welt gereist. Ich bin Hardrocker, der gerne Metallica und Nickelback hört. Ich habe aber auch klassische Musik eingesetzt. Musik war ein großer Bestandteil in meiner Karriere. Was dir gefällt, gibt dir ein positives Gefühl. Und letztlich geht es genau darum. Wir trainieren sehr viel mit Musik auf dem Platz.“ (Marc-Kevin Goellner, Ex-ATP-Tennisprofi, Davis-Cup-Sieger, Tennistrainer)

„Musik habe ich auch zur Entspannung eingesetzt. Außerdem habe ich eine Art Lichttherapie genutzt mit einer Brille – verschiedene Lichteffekte untermalt mit Musik.“ (Torsten May, Ex-Boxprofi, Olympiasieger, Motivationstrainer)

„Musik, je nach Geschmack, ist ein hervorragendes Mittel, sich vor einem Wettkampf zu pushen. Auch bei uns in der Kabine wird dann laute, aggressive Musik gehört, um die Anspannung zusätzlich zu erhöhen.“ (André Breitenreiter, Ex-Fußballprofi, DFB-Pokalsieger, Trainer)

So richtig abtauchen und gestärkt wieder auftauchen!

Kopf unter Wasser, abtauchen, anschließend entspannt wieder auftauchen. Wäre das nicht herrlich? „Oh ja, das wäre super!“, denkst du dir. Das funktioniert tatsächlich: Die Badewanne sorgt nämlich für das perfekte Wohlfühlerlebnis – Badewonne pur!

Ein Bad wirkt ausgezeichnet auf deinen Körper und deine Seele. Nach einem stressigen Arbeitstag unterstützt dich ein Bad, einfach einmal abzuschalten und die Welt um dich herum für eine Weile zu vergessen. Die Hektik des Alltags mit Job, Kindern, Haustier, Partner bleibt vor der Tür und endlich hast du die Ruhe, dich ganz ausgiebig dir selbst zu widmen. Der Stress geht förmlich baden und „ertrinkt“. Die Wärme lockert deine Muskulatur, löst Verspannungen und regt deine Durchblutung an. Gleichzeitig sinkt deine Herzfrequenz und deine Atmung wird ruhiger und tiefer.

Damit dein Entspannungsbad auch wirklich zu einem Wohlfühlerlebnis wird, beachte die folgenden Baderegeln:

*   Wassertemperatur: Die ideale Badetemperatur liegt zwischen 35° und 38° Celsius. Zu heißes Wasser belastet einerseits dein Herz-Kreislauf-System und entzieht darüber hinaus deiner Haut wertvolle Feuchtigkeit. Sie altert dann schneller.

- Badezeitpunkt: Zwischen 20:00 und 21:00 Uhr ist ein guter Zeitraum, um ein Bad zu nehmen. Es macht müde und sorgt für einen erholsamen Schlaf. Der Geruchssinn ist am Abend ausgeprägter. Das begünstigt die Aufnahme der Duftaromen ätherischer Öle.

- Badezusatz: Ein guter Badezusatz gehört zum Wohlfühl-Abend dazu. Ein Lavendelbad wirkt wahre Wunder bei Migräne. Bist du häufig nervös, kannst du mit diesem Duft in der Nase besonders gut entspannen. Auch Rosenduft, Jasmin und Melisse unterstützen die Entspannung deines Körpers. Ein weiterer Tipp ist Ingwer. Einen Ingwer-Badezusatz kannst du selbst ganz einfach herstellen. Koche 5 Liter Wasser mit 500 Gramm Ingwer auf und gieße es zum Bad hinzu. Dieser Badezusatz sorgt für wohlige Entspannung. Willst du hingegen morgens schwungvoll und fit in den Tag starten, nimm Wacholder und Rosmarin. Sie wirken aufmunternd und anregend. Das Eukalyptusbad ist der Klassiker unter den Badezusätzen und wirkt ebenfalls anregend. Er hilft bei Erkältungen und befreit deine Atemwege. Auch ein Meersalz-Bad hilft bei Atembeschwerden wie auch bei Neurodermitis. Wünschst du dir den Beauty-Effekt, greife zu Milch als Badezusatz. Buttermilch im Badewasser macht die Haut weich und geschmeidig. Auch Molke in Kombination mit Olivenöl und deinem individuellen Lieblingsduft sorgt für angenehm schöne und wohlriechende Haut. Ausprobieren und Wohlfühlen lautet die Devise. Erlaubt ist, was dir gefällt.

- Badedauer: Nimm dir ausreichend Zeit für dich. Achte darauf, ungestört baden zu können. Das Badezimmer gehört jetzt nur dir allein: telefon-, kinder- und partnerfreie Zone. Lehne dich zurück und mache es dir richtig bequem. 11 bis 22 Minuten sind eine gute Badedauer. Dein Körper braucht seine Zeit, damit die Wärme des Wassers und die Badezusätze ihre volle Wirkung entfalten können. Zu langes Baden wirkt sich hingegen negativ auf Herz, Kreislauf und Haut aus.

- Raumdekoration: „Das Auge badet mit." Verwandle dein Badezimmer in eine Wohlfühloase. Als Mann schüttelst du jetzt eventuell den Kopf und denkst: „Boah, nicht schon wieder den ganzen Tinnef. Wer braucht denn so etwas?" Es sind die kleinen Details, die für das Wohlfühlerlebnis sorgen. Das kennst du vom romantischen Candle-Light-Dinner. Kleine Details wie Kerzen, Teelichter, Muscheln, entspannende Musik sorgen für den „Magic-Moment-Wow-Effekt" und damit für zusätzliche Entspannung. Duftkerzen mit Vanille-, Lavendel- oder Zitrusduft zaubern auf leichte Weise eine wohlige und warme Atmosphäre. Wenn du gerne liest, nimm ein Buch mit in die Wanne und schmökere darin.

- Körperpflege im Anschluss: Runde dein Badeerlebnis mit Warm-Kalt-Duschen nach Kneipp „auf". Wechselduschen strafft deine Haut, regt den Kreislauf an und stärkt dein Immunsystem. Starte mit warmem Wasser und ende mit kaltem (1-3 Durchgänge à 2 Minuten warm und 1 Minute kalt). Ist kaltes Duschen ungewohnt für dich, fange zunächst mit 20 Sekunden an. Dusche z. B. zunächst die Füße einzeln kalt ab, dann deine Arme, anschließend Beine, Rücken und den empfindlichen Bauch. Achte darauf, dich immer zum Herzen hin kalt abzuduschen. Verwöhne deine Haut zum Abschluss mit einer Extra-Streicheleinheit. Massiere z. B. ein pflegendes Hautöl oder eine Bodylotion sanft in die noch leicht feuchte Haut ein. Sie unterstützen dich, den Schrumpeleffekt zu verringern und das Badevergnügen mit glatter Haut zu verlängern. Hier kannst du dich selbstverständlich auch gerne von deinem Partner eincremen lassen.

- Nachentspannung: Nutze die Entspannung aus der Badewanne für eine „Nachentspannung". Mache es dir für eine halbe Stunde auf der Couch bequem. Tue das, was dir Spaß macht und dich entspannt (Buch lesen, Musik hören, Gesellschaftsspiel spielen).

Überlege, dir ein spezielles Badewannenkissen zuzulegen, auf das du dich gemütlich zurücklehnen kannst. Handy aus, ruhige Musik und Kerzen an. Schon ist der Weg frei für deinen Kurzurlaub zu Hause. Selbstverständlich ist auch ein Kurzurlaub zu zweit erlaubt, wenn dir danach ist. In unsere Badewanne zu Hause passen wir doch glatt zu zweit hinein.

Dusch-Entspannungs-Workout
Auch ohne Badewanne kannst du Wasserentspannung zu Hause genießen:

- Wähle hier ebenfalls die Wassertemperatur zwischen 35° und 38° Celsius. Lasse den sanften Duschstrahl für drei bis fünf Minuten über deinen Kopf und die Schultern laufen. Atme dabei fünf bis sechs Atemzüge pro Minute mit Ruhe bewusst tief ein und aus.

- Während das Wasser läuft und du bewusst atmest, drehe deinen Kopf langsam nach links und wieder zur Mitte, anschließend nach rechts und wieder zur Mitte und zum Abschluss beuge den Kopf nach unten zur Brust und wieder zurück in die Ausgangsposition. Führe diese Folge „links – Mitte – rechts – Mitte – runter – Mitte" ca. fünf Mal aus.

- Nun kreise die Schultern im Wechsel je elf Mal vorwärts und anschließend rückwärts. Dann ziehe deine Schultern Richtung Ohr nach oben und lasse sie sanft wieder zurückfallen – ebenfalls elf Mal.

- Verwöhne deine Haut danach mit pflegendem Hautöl oder einer Bodylotion, die du sanft in die noch leicht feuchte Haut einmassierst.

Auch das Singen unter der Dusche wirkt Wunder. Die Qualität deines Gesangs ist zweitrangig. Lautes Singen begünstigt eine tiefe Atmung. Das führt einen Entspannungseffekt herbei. Halte zwischendurch in regelmäßigen Abständen einen Ton möglichst lange.

Finde deine Lieblingsentspannung

Hast du bereits einen Entspannungsfavoriten? Welche der hier vorgestellten Entspannungsmethoden sagt dir am meisten zu? Schlaf, Musik, 88 beats/88 min oder die Badewanne?
Es gibt viele Möglichkeiten, sich zu entspannen. Mit welcher du am meisten Erfolg hast, hängt von deiner Persönlichkeit ab.

Falls du noch auf der Suche nach deinem Favoriten bist, teste die folgenden Methoden aus:

- Wenn das bewusste Entspannen eine große Herausforderung für dich bedeutet und dir schwer fällt, empfehle ich dir Entspannungsmethoden wie Autogenes Training (basiert auf Autosuggestion = positive Selbstgespräche), Progressive Muskelentspannung nach Jacobsen und andere. Bei der Muskelentspannung werden Muskeln zunächst angespannt, um sie anschließend wieder bewusst zu entspannen. Die Volkshochschule in deiner Stadt bietet solche Kurse auf jeden Fall an. Erkundige dich auch bei deiner Krankenkasse nach Entspannungskursen. So hast du die Sicherheit, dass der Trainer die nötigen Qualifikationen mitbringt, und ggf. wird der Kurs bei entsprechender Indikation durch deinen Arzt auch finanziell bezuschusst. Einige Fitnessstudios haben solche Kurse ebenfalls im Angebot. Die Methoden unterstützen dich, in kürzester Zeit in den erholsamen Alpha-Zustand zu gelangen. Nach ein wenig Übung fühlst du dich anschließend munter.

- Traumreisen/Phantasiereisen sorgen für Urlaubsfeeling, sogar am Schreibtisch. Schließe für zwei bis drei Minuten deine Augen und mache einen Ausflug zu deinem Traumurlaubsort. Das kann eine Karibikinsel sein, eine Schneepiste, ein Segeltörn oder auch Balkonien. Dort, wo du dich am wohlsten fühlst, geht es hin. Setze alle Sinne ein und nimm kleine Details in deiner Vorstellung wahr: spüre die Sonne auf der Haut, höre die Vögel zwitschern und das Meer rauschen, spüre den feinen Sand unter deinen Füßen, schmecke eine saftige Frucht, sieh die Sonne sich im Meer spiegeln. Nimm den Duft der Blüten wahr, der dich umgibt. Oder höre alternativ den knirschenden Schnee unter deinen Skiern, fühle den weichen Pulverschnee in der Hand, schmecke den leckeren Germknödel, sieh die Schneehasen bzw. Skilehrer vor dir ihre Schwünge ziehen usw.

- Steigere deine Aufmerksamkeit durch die folgende Aufgabe während einer Ruhepause: lege einen kleinen Gegenstand (Stift, Büroklammer, Geldstück) vor dir auf den Tisch und konzentriere dich allein auf diesen Gegenstand. Sobald du merkst, dass deine Aufmerksamkeit abdriftet, konzentriere dich erneut gezielt auf den Gegenstand.

- Fußpumpe für deinen Kreislauf: Sitze aufrecht (Becken nach vorne gekippt) auf dem vorderen Drittel deines Stuhls. Stelle beide Füße fest auf den Boden. Hebe und senke im Wechsel die Fersen – auf, ab, auf, ab ... Die Fußspitzen bleiben am Boden.

- Nichts geht über einen Kurzbesuch in der echten Natur. Nutze – wenn es sich anbietet – den morgendlichen Weg zur Arbeit, indem du eine Bus- bzw. Bahnstation früher aussteigst oder das Auto weiter weg vom Arbeitsplatz parkst, um bereits am Morgen aufzutanken. Darüber hinaus ist die Mittagspause super dafür geeignet, dass du dir ein schönes Plätzchen auf einer Parkbank suchst oder auf einer Schaukel die Seele baumeln lässt. Bewe-

gung tut einfach gut. Vor allem dann, wenn du ansonsten den ganzen Tag im Bürostuhl sitzend arbeitest.

- Gönne dir eine Kurzmassage, die du dir selbst gibst. Schließe deine Augen und massiere deine Stirn und deinen Nacken mit deinen Fingerspitzen. Feste, kreisende Bewegungen sind der Schlüssel für deine Entspannung.

Spitzensportler wie Marc-Kevin Goellner testen alle möglichen Entspannungsmethoden aus und prüfen sie auf Alltagstauglichkeit: *„Unter anderem habe ich Autogenes Training gemacht, Traumreisen, Progressive Muskelentspannung, Relativierungssätze. Ich habe viele Methoden ausprobiert und die, die mir gut bekommen sind, habe ich beibehalten. Ich gebe meinen Schützlingen heute meine Erfahrungen weiter, was bei mir funktioniert hat. Das funktioniert natürlich nicht bei jedem, doch sie probieren die Methoden aus und übernehmen das für sich Passende. Wenn du siehst, dass du Erfolg hast und es hilft zu entspannen, dann machst du das. Der Körper dankt es dir."*

„Ruhepausen dienen der Neusortierung" – Interview mit Sven Olsen

Der erfolgreiche Erfinder und Unternehmer Sven Olsen aus Flensburg gehört zu den kreativsten Köpfen in Deutschland. Seine Erfindung, die Smokythek, kennen heute 75 % der Bundesbürger. Gemeinsam mit Global Playern wie Otto brachte er die TrinkUhr auf den Markt und hat gemeinsam mit der Barmer GEK eine deutschlandweite Trinkbewegung in Gang gesetzt.[15]

Wie steigern deine Erfindungen die LEBEnsqualität der Menschen?
   „Meine Erfindungen und auch andere Projekte (neue Wohnformen, Servicehäuser etc.) sind stets entstanden, um Probleme zu lösen und die Lebens-

---

[15] Mehr unter www.sven-olsen.de oder www.trinkuhr.de

qualität von Menschen zu verbessern. Die Smokythek sorgt dafür, dass in Supermärkten keine Zigaretten mehr geklaut werden können. Das war ein Millionenproblem und der Ausgangspunkt. Heute kennen 75 % der Bundesbürger die Smokythek, weil sie an den Kassen der fortschrittlichen Supermärkte in ganz Deutschland stehen. Die Einzelhändler haben das gute Gefühl, nicht mehr beklaut zu werden. Zudem kommen Kinder und Jugendliche nicht mehr unkontrolliert an die Zigaretten und dadurch wird auch eine wichtige Schutzforderung erfüllt. Ich finde, das sollte zum Gesetz werden.

Die TRINKUHR ist ein Projekt, das wir mit der BARMER GEK bundesweit betreiben, um Menschen zu einer gesünderen Lebensführung anzuhalten. Unsere Bewegung ,Der kleine Schluck' hat schon vielen Menschen geholfen und hat zudem eine wichtige Diskussion ausgelöst. Viele Medien, von bekannten großen Zeitschriften bis zum Fernsehen, berichten laufend und sind begeistert. Im Internet werden wir gehypt und sind dafür sehr dankbar. Wer spürt, wie positiv sich regelmäßiges Trinken auf Gesundheit und Fitness und sogar auf das Aussehen auswirkt, wird zum Fan und erhöht sein positives Befinden und seine Lebensqualität."

Worauf achtest du im Rahmen deiner Ernährung? Was ist dir hier besonders wichtig?

„Das Wichtigste ist für mich die Ausgewogenheit und auch ein gewisser Genuss. In welchem Verhältnis Kohlenhydrate, Eiweiß und Fette in meiner Ernährung vorkommen, ist auch eine Frage, in welchem Modus ich gerade bin. Mache ich also gerade viel Sport, verbrenne ich auch mehr und nehme entsprechend mehr Energie zu mir. In Phasen, in denen ich nicht so viel mache, reduziere ich entsprechend. Generell achte ich darauf, nicht so viel Zucker und besonders wenig versteckten Zucker zu mir zu nehmen."

Welche Rolle spielen Kraft- und Ausdauertraining in deinem Leben?

„Sport ist die beste Möglichkeit, etwas für sich und sein Wohl- oder Glücksempfinden zu tun. Außerdem macht es den Kopf frei. Mir persönlich hat regelmäßiges Fitnesstraining geholfen, eine Krankheit in den Griff zu bekommen und mich nicht krank, sondern fit und stark zu fühlen. Dieses Gefühl gibt mir viel Energie in allen Bereichen meines Lebens. Ich fühle mich durch den Sport, als könnte ich 100 werden."

171

Wie wichtig sind dir Ruhephasen? Wofür sind sie gut?

„So wie beispielsweise Muskelwachstum eine Anpassungsreaktion eines trainierten Muskels ist und nur in Ruhephasen stattfindet, muss unser gesamter Körper – mit Geist und Seele – immer wieder auch Ruhezeiten haben. Nur in diesen Phasen kann Neues verarbeitet, Wichtiges von Unwichtigem getrennt und unser Wissens- und Erfahrungsspeicher neu sortiert und aufgeräumt werden. Das ist für uns Menschen existenziell. Bei einem Computer nennen wir das Defragmentierung."

Welche Formen der Entspannung nutzt du?

„Am besten entspanne ich beim Sport bzw. danach. Die positive Faulheit nach dem Sport, ob beim Lesen, beim Musik hören oder beim Zappen, ist einfach herrlich. Ansonsten spiele ich gerne auf der Gitarre und kann dabei total abschalten. Ich bin dann irgendwie in einer anderen Welt und auch positiv demütig, wenn ich an richtige Musiker und deren Können denke."

Praktische Anwendung:

1. Tag: ENTSPANNUNG – Mach mal Pause!

In der Werbung scheint Entspannung so easy, oder? Die Hauptdarstellerin sitzt in ihrem Büro und greift in ihre Schreibtischschublade. Sie holt den leckeren Schokoriegel heraus – den einzigartigen, leckeren, für Entspannung sorgenden Superriegel. Genüsslich beißt sie hinein und vergisst dabei alles um sich herum. Sofort ist sie entspannt und lächelt mit ihrem schönsten Perlweißlächeln. Schnitt.

Du weißt nun: Schokolade entspannt, macht glücklich und darüber hinaus auch noch schön und schlank. Wie geil ist das denn? Tja, in der Werbung geht alles. So fährt der Mann nach der Arbeit geschafft nach Hause. Er fährt die Hofeinfahrt seines Hauses mit seinem Mittelklassekombi hinauf, öffnet die Haustür, wirft seine Aktentasche in die Ecke und geht schnurstracks Richtung Kühlschrank. Du hörst die Stimme des Sprechers: „Dein Tag war hart. Du hast dein Bestes gegeben. Jetzt ist es Zeit für deine Belohnung. Du hast es dir verdient." Der Mann öffnet die Kühlschranktür und holt sich ein selbstbewusstseinserweiterndes Kaltgetränk mit Alkoholgehalt heraus. Er öffnet mit einem Plopp die Flasche, lässt sich genüsslich aufs Sofa fallen und nimmt einen tiefen Schluck. Du hörst noch das erfrischende „Aah". Und Schnitt.

Das scheint Entspannung in Perfektion zu sein. Tatsächlich wird Entspannung in vielen Haushalten so gelebt. Schokolade bereits zum Frühstück und das Bier bereits ab der Mittagspause. Funktionieren diese „Entspannungsmethoden" wirklich? Vor allem langfristig? Sei ehrlich, vor allem zu dir selbst!

Vielmehr ist Entspannung im wahren Leben für viele Menschen harte Arbeit. Tagsüber jagt ein Termin den nächsten und der Stressspiegel ist so hoch, dass die anschließende Pause zur gefährlichen Übung wird. Die Wissenschaft spricht heute vom Phänomen der Entlastungsdepression – in den Staaten „Holiday Blues" genannt.

Sicher kennst du die superstressigen Phasen, in denen einfach keine Pause möglich erscheint. Du sagst dir: „Das Projekt ziehe ich jetzt noch durch und anschließend mache ich erst einmal eine richtige Pause – ein paar Tage gar nichts." Bis zum Abschluss des Projekts bist du am Anschlag und danach entspannst du komplett – fährst schlagartig von 100 auf 0 runter. Was passiert? Häufig schlägt der Körper jetzt zurück: mit Fieber, Kopf- und Gliederschmerzen, Erkältung, Übelkeit und Erschöpfungszuständen. Dein Körper holt sich jetzt die Erholung, die er vorher schon gebraucht hätte. Das sind übrigens nur ein paar der Symptome, die eine Studie der holländischen Tilburg Universität herausgefunden hat.

Das schnelle Herunterfahren der Belastung nach einer langen Anspannungsphase lässt dein Immunsystem abstürzen. Während dein Körper unter hohem Druck und Stress steht, schüttet er zahlreiche Hormone aus, die dich beharrlich durchhalten lassen. Das geht meist so lange gut, bis dein Projekt beendet ist – die Prüfung erfolgreich absolviert, die Präsentation gehalten, das Angebot fertig gestellt und, und, und. Gleichzeitig schwächt dieser Hormoncocktail dein Immunsystem so sehr und saugt die Körperenergie förmlich aus, so dass mit dem ersten freien Wochenendtag oder spätestens ein, zwei Tage später plötzlich gar nichts mehr geht.

Tipp:
Um diesen Absturz erfolgreich zu umgehen, hast du zwei Möglichkeiten:

1. Schau, dass du rechtzeitig die Belastung vor Feiertagen und Wochenenden reduzierst bzw. einen bestimmten Belastungszustand niemals überschreitest.

2. Passe deinen Rhythmus nach Hochphasen langsam an. Ewig lang schlafen und überhaupt nichts tun, bestraft dein Körper mit Kopfschmerzen und Müdigkeit. Fahre die Belastung schrittweise zurück. Lege eine lockere Sporteinheit ein – schnelles Spazierengehen, Joggen, Radfahren. Eine geringe Belastung reicht. Damit vermeidest du einen harten Aufprall.

Spitzensportler wie Charly Steeb kennen es aus eigener Erfahrung, Tag für Tag zu trainieren und Pausen gerne einmal auszulassen – aus Angst davor, zu wenig zu trainieren: *„Ich habe meist sechs Tage trainiert und versucht, einen Tag auszusetzen, um mich zu erholen. Manchmal ist mir das jedoch schwer gefallen, weil ich eher der Typ war, der ein schlechtes Gewissen hatte, wenn ich nicht trainiert habe. Im Nachhinein hätte ich meine Pausen viel bewusster einsetzen sollen. Ich hätte sicher eine längere Karriere und weniger Verletzungen gehabt, wenn ich mir mal längere Pausen gegönnt und die Pausen, die ich hatte, auch wirklich richtig als Pausen genutzt hätte."*

2. Tag: MOTIVATION – Was ist dir wirklich wichtig?

Diese Frage stellen sich die wenigsten Menschen in ihrem Leben. Und selbst, wenn sie sich diese Frage stellen und sogar Antworten darauf finden, leben sie kaum danach. Für dein aktuelles Lebensglück und eine hohe LEBEnsqualität ist die Frage nach deinen persönlichen Werten aber von größter Bedeutung.
Deine inneren Werte wirken wie ein Kompass. Sie weisen dir die Richtung, und zwar deine persönliche Richtung – ähnlich einer Kompassnadel. Werte sind nämlich individuell verschieden. Was dir wichtig ist, ist nicht zwingend anderen in deinem Umfeld genauso wichtig. Werte haben darüber hinaus eine hohe Stabilität. Sie zeigen auch im Alter an, was dir wichtig ist. Folgst du deinen Werten und lebst mit ihnen in Einklang, fühlst du dich in der

Regel ausgezeichnet und energiegeladen. Die Chancen stehen gut, dass du dort ankommst, wo du auch hin willst. Lebst du aber entgegen deinen Werten oder verdrängst sie gar völlig, steht es schlecht um deine LEBEnsqualität. Du verbiegst dich, gibst vor, eine andere Person zu sein und fühlst dich unwohl in deiner Haut. Du bist dann niemals wirklich authentisch.

Was steht ganz oben auf deiner Werteliste und ist dir besonders wichtig? Gesundheit? Familie? Freunde? Dein Job? Deine Persönlichkeitsentwicklung? Freizeit? Geld? Abenteuer? Ruhm? Geld? Spaß? Hat z. B. die Gesundheit eine hohe Bedeutung für dich, kann es dann Sinn machen, etwas für diese zu tun? Wenn dein Job eine hohe Wertigkeit für dich hat, könnte es hier ebenfalls Sinn machen, sich mit Sport, ausgewogener Ernährung und Entspannung zu beschäftigen, da diese deine Leistungsfähigkeit fördern?

Ich lasse im Rahmen meiner Coachings regelmäßig Wertechecks machen. Was ich da an Ergebnissen bekomme, ist sehr spannend. Es gibt erfolgreiche Manager, denen ihr Beruf unglaublich wichtig ist. Die arbeiten locker 80 Stunden und mehr. Das wird dich wenig überraschen. Interessant wird das Ganze jedoch, wenn bei dieser Person gleichzeitig der Wert „Familie" sehr hoch ausgeprägt ist. Bei einer 80-Stunden-Woche kannst du dir sicher vorstellen, dass für die Familie wenig Zeit bleibt. Glaubst du, dass dieser Manager sein Leben mit fünf Kugeln spielen und mit voller Energie und Leidenschaft sein Leben führen kann? Sicher nicht. Die Werte zeigen in unterschiedliche Richtungen. Der Kompass kann nicht funktionieren, da ständig Störungen auftreten. Die Familie wird vernachlässigt und kommt zu kurz. Konflikte sind vorprogrammiert. Das gefällt weder dem Manager noch der Familie. Wenn er es jedoch unterlässt, etwas zu unternehmen, um dieses Dilemma zu beheben, sind folgende Worst-Case-Szenarien sehr realistisch und nur eine Frage der Zeit: Seine Frau trennt sich und/oder er erleidet einen Herzinfarkt, da ihm der Ausgleich zum Job fehlt oder, oder, oder.

Wie lassen sich derartige Wertekonflikte lösen? Indem du dir deine inneren Werte bewusst machst. Nimm dir bitte die Zeit, deine wichtigsten, persönlichen Werte zu ermitteln.

Werteliste:
Abenteuer, Abwechslung, Altruismus, Anerkennung, Ästhetik, Begeisterung, Beruf, Bewegung, Beziehungen, Bildung, Dankbarkeit, Distanz, Effektivität, Eigentum, Ehe, Ehre, Ehrlichkeit, Erfolg, Ernährung, Erotik, Ethik, Familie, Fleiß, Freiheit, Freizeit, Freundschaft, Harmonie, Hoffnung, Humor, Idealismus, Individualität, Kinder, Gelassenheit, Geld, Genuss, Gerechtigkeit, Geselligkeit, Gesundheit, Glaube, Glück, Karriere, Kraft, Kreativität, Kunst, Loyalität, Liebe, Macht, Musik, Mut, Nähe, Natur, Neugier, Ordnung, Pünktlichkeit, Ruhm, Sauberkeit, Schönheit, Selbstbewusstsein, Sicherheit, Sinn, Soziales Engagement, Sparsamkeit, Spaß, Spiritualität, Sport, Status, Taktgefühl, Teamwork, Toleranz, Tradition, Treue, Unabhängigkeit, Verantwortung, Vertrauen, Vorsicht, Weiterentwicklung, Wettkampf, Zärtlichkeit, Zielorientierung, Zuverlässigkeit.

Übung: Werteliste

1. Wähle aus der obigen Liste zunächst 11 Werte aus. Sollte der ein oder andere dir wichtige Wert fehlen, darfst du ihn selbstverständlich ergänzen. Diese Liste hat keinen Anspruch auf Vollständigkeit. Werte können im Endeffekt alles das sein, was für dich eine hohe Bedeutung hat.

2. Reduziere deine Top 11 auf deine Top 5.

3. Bringe diese Top 5 in eine Reihenfolge, setze also Prioritäten. Welcher Wert ist deine Nr. 1? Welcher deine Nr. 2? Usw.

1.
2.
3.
4.
5.

4. Finde heraus, inwieweit deine Werte zu deinen Zielen passen? Ist das nicht der Fall, verschenkst du sehr viel Energie. Das kann selbst zu Identitätskrisen, Depression etc. führen.

Du darfst bei dieser Übung einige Aha-Erlebnisse erwarten: „Ah, jetzt weiß ich auch, warum ich mich immer wieder schlapp, teilweise sogar niedergeschlagen fühle. Kein Wunder, wenn ich xxx bisher vernachlässigt habe und in anderen Bereichen übertreibe." Vergleiche auch deine eigenen Werte mit denen anderer Menschen in deinem Umfeld – Partner, Familie, enge Freunde. Gerne auch mit Personen, mit denen du dich weniger gut verstehst. Was fällt dir dabei auf? Nur wenn du es schaffst, deine Werte und Ziele in Einklang zu bringen, kannst du wirklich glücklich werden. Setze dir das Ziel, deine Werte zu leben und die deines Partners, deiner Familie zu respektieren und darauf einzugehen. Dann hast du die Chance auf großartige Beziehungen mit den Menschen, die dir am wichtigsten sind.

Jeder Mensch ist individuell verschieden und hat andere Werte:

„Ich wollte immer höher in der Rangliste stehen und Turniere gewinnen. Das hat mich jeden Tag auf den Platz getrieben. Erfolg macht hungrig." (Marc-Kevin Goellner, Ex-Tennisprofi)

„Ich konnte mein Hobby zu meinem Beruf machen. Was gibt es Schöneres? Das wusste ich einzuschätzen, um mit Spaß und Freude, auch in sportlich schwierigen Phasen, zur täglichen Arbeit zu gehen." (André Breitenreiter, Ex-Fußballprofi)

„Ich habe einen schönen Job. Die Menschen verbringen ihre Freizeit auf dem Tennisplatz, wollen etwas Angenehmes erleben. Ich freue mich auf jeden einzelnen Schüler. Mir macht das richtig Spaß. Die kommen für mich dahin. Das ist schon Motivation genug." (Erkan Soysal, Guiness-Weltrekordhalter)

3. Tag: LERNEN – Einige Gewohnheiten sind Gift für dein Gehirn

Gehörst du auch zu den Menschen, die gerne Kreuzworträtsel lösen, um geistig fit zu bleiben? Keine Frage, sie unterstützen deine geistige Fitness, sind jedoch unzureichend. Sie trainieren dein Gedächtnis nur zu einem kleinen Teil. Das Kreuzworträtsel fragt primär vorhandenes Wissen ab. Und nur, weil du ein Kreuzworträtsel schnell lösen kannst, heißt das noch nicht, dass du dir den Einkaufszettel besser merken kannst. Willst du dein Gehirn ganzheitlich trainieren, fordere es durch Abwechslung und regelmäßig neue Aufgaben.

Pures Gehirnjogging beginnt bereits damit, dass du Abwechslung in deinen Alltag bringst. Wenn du tagtäglich dasselbe machst, verkümmert dein Gehirn. Es braucht jeden Tag neue geistige Herausforderungen – vor allem Neugier. Alles, was anders ist als das, was du bisher gemacht hast und dem

Hirn neue Reize setzt, ist Gehirnjogging. Elf Minuten tägliches Training mit neuen gedanklichen Herausforderungen bringt deine drei Pfund glibbrige Masse zwischen den Ohren in Schuss.

Tägliches Jogging für dein Gehirn – hier ein paar Tipps:

Tipps: Gehirnjogging

- Stehst du an der Ampel, gehe deinen Weg in Gedanken zurück. Wie viele Ampelkreuzungen hast du bereits passiert? Oder stelle dir vor, wie viele Kreuzungen noch kommen.
- Putze dir die Zähne mit der ungewohnten Hand, statt z. B. mit rechts jetzt mit links.
- Addiere unterwegs alle Zahlen, die du siehst (Nummernschilder, Verkehrszeichen, Hausnummern ...).
- Schließe die Augen und beschreibe möglichst genau, was du gerade vorher gesehen hast.
- Sage dir Worte oder Sätze, die du dir ausdenkst, rückwärts.
- Schlüpfe zur Abwechslung einmal in das andere Hosenbein, als dass du es gewohnt bist und ziehe zuerst den anderen Schuh an.
- Laufe deine Laufstrecke oder fahre deine Fahrradstrecke ab und zu anders herum. Du gewinnst ganz neue Eindrücke. Ich habe es bereits häufiger erlebt, dass ich plötzlich dachte: „Hey, hier bin ich ja noch nie gewesen." Du entdeckst Häuser, Wege usw., die es vorher – für dich – nicht gab.
- Mannschaftssportarten verlangen ein blitzschnelles Wahrnehmen und Reagieren. Das ist ein super Training fürs Gehirn.
- Fahre einen anderen Weg zur Arbeit. Fahre auch regelmäßig mal ohne Navi von A nach B.
- Lies Artikel aus der Zeitung auf dem Kopf. Lese und schreibe die SMS auf deinem Handy verkehrt herum.
- Achte auf Abwechslung im Beruf. Die immer gleichen Arbeitsabläufe und Tätigkeiten – mögen sie noch so qualifiziert sein – regen dein Gehirn wenig an. Automatismen lassen deinen Denkapparat einrosten.
- Kreuzworträtsel, Sudokus oder Logikaufgaben trainieren deine grauen Zellen. Wichtig ist hier die Abwechslung. Nur Sudoku oder nur Kreuzworträtsel lösen ist zu einseitig. Das wäre so, als wenn du beim Muskeltraining nur die Beinmuskulatur trainieren würdest.
- Vergnügliche Spielabende im Kreise der Familie und mit Freunden halten deinen Denkapparat bei Laune. Feste Termine beugen der Gefahr vor, wieder vor der Glotze zu landen.

- Das Erlernen von Musikinstrumenten und Fremdsprachen fördert dein logisches Denken. Ist dir das zu aufwendig, höre deine Lieblingsmusik und dirigiere. Der Psychologe Ernst Pöppel sagt, dass Musik sowohl die rechte als auch die linke Gehirnhälfte aktiviert.

- Verbesserst du die Koordination deiner Bewegungen, bleibt auch dein Kopf fit. Kreise z. B. den linken Arm in der Waagerechten, während du den rechten Arm nach oben und unten bewegst.

- Regelmäßige Bewegung an der frischen Luft und vor allem Sport kann deine geistige Leistungsfähigkeit um bis zu 20 % steigern.

- Nach Entspannungs- und Atemübungen kann dein Gehirn im Anschluss Höchstleistungen bringen. Konzentriere dich 22 Minuten am Tag nur auf dich und entspanne. Denke dabei an schöne Sachen, die du am Tag erlebt hast und die dir gut gelungen sind. Das befreit dich von Ballast und erhöht deine Kreativität.

- Gedächtnistraining darf niemals lästige Pflicht werden. SPASS ist das Zauberwort!! Sei kreativ, denke dir selbst neue Methoden aus und lache HERZlich zwischendurch so viel wie möglich.

Auf diese Weise wird dein Gehirn gefordert und ist gezwungen, sich mit neuen Herausforderungen auseinanderzusetzen. Wie beim Erlernen eines neuen Musikinstruments werden dadurch komplett neue Hirnareale angeregt, neue Hirnzellen aktiviert und es entstehen neue Synapsen – Verbindungen zwischen den Nervenzellen. Klar fallen dir die Übungen am Anfang schwerer. Darum geht es auch. Lernen bedeutet, etwas, was dir zu Beginn schwerer fällt, von Mal zu Mal leichter zu bewältigen. Außerdem ist weniger entscheidend, wie du dir etwas merkst. Das „Wie" interessiert keinen Menschen. Viel wichtiger ist, DASS du dir das Gewünschte merken kannst. Ich kann dir die Technik nur an die Hand geben. Was du daraus machst, entscheidest du ganz alleine.

4. Tag: ERNÄHRUNG – Mit Genuss gesund und lecker naschen

Dass Süßigkeiten hungrig machen, weil der enthaltene Zucker sofort die Feuerwehr – das Insulin – in Alarmbereitschaft versetzt und ausschüttet, ist dir sicher bekannt. Der Blutzuckerspiegel schießt durch den Zucker nach oben und wird direkt wieder vom Insulin in den Keller geschickt, so dass du schnell wieder Hunger auf weitere Süßigkeiten oder etwas Deftiges hast. Frage dich vor jedem Naschen, inwieweit du das gerade jetzt wirklich brauchst. Wenn deine Antwort „Ja" lautet, achte in Zukunft auf ein paar Kleinigkeiten.

Verbote sind verboten. Deshalb würde ich auch niemals Süßigkeiten verbieten. Keiner will sein ganzes Leben auf Süßigkeiten verzichten. Du etwa? Du weißt nur zu gut, dass ein kompletter Naschverzicht vielmehr dazu führt, dass die Entzugserscheinungen irgendwann zu unkontrollierten Naschorgien führen und du am Ende viel mehr isst.

Besonders bei Kindern ist es wichtig, das Naschen niemals ganz zu verbieten. Sie holen das dann heimlich nach – entweder aus dem heimischen Naschschrank, aus dem Supermarkt oder bei den Freunden. Stattdessen erlaube deinen Kindern das Naschen in Maßen, habe nur einen kleinen Vorrat zu Hause, biete Alternativen an (siehe Kasten) und sei selbst ein gutes Vorbild. Ernährst du dich größtenteils ausgewogen und gesund mit viel Obst und Gemüse, führen ab und an ein paar Süßigkeiten keineswegs zu einem Naschfriedhof im Hüftbereich. Gönne dir Süßigkeiten mit gutem Gewissen und wirtschafte vernünftig – in Maßen. Achte darauf, dass Süßigkeiten etwas Besonderes bleiben und iss sie niemals wie Grundnahrungsmittel. Lernst du bewusst zu genießen, verspürst du keinen Mangel, selbst wenn du z. B. weniger nascht als bisher. Essen hat Spaß zu machen und zu schmecken. Erlaube dir deshalb, worauf du Lust hast – jedoch in sinnvollem Maß. Ich liebe Süßigkeiten. Auch heute gehört für mich ein Nutellabrot oder -brötchen ab und zu zum Frühstück dazu. Wichtig ist, das, was du isst, auch bewusst zu genießen, anstatt es herunter zu schlingen. Während die Lebensdauer einer Tafel Schokolade bei vielen höchstens fünf Minuten beträgt, liegt diese bei mir bei fünf Tagen. Da Nasch-Alzheimer weit verbreitet ist, fällt vielen gar nicht auf, dass sie an einem Nachmittag mal eben eine Packung Kekse verdrücken. Das Einzige, was darauf hinweist, sind die Schokolade an den Fingern und die Krümel auf der Computertastatur.

Bist du eine Naschkatze, starte morgens süß in den Tag, z. B. wie ich mit Marmeladen- und Nutellavollkornbrot. Über den Tag kann dein Körper das Stroh aus Süßigkeiten noch gut verwerten – in Maßen versteht sich. Bewahre dir deine Ration Süßigkeiten für Momente, in denen du die Zeit und Muße hast, bewusst zu ge-

nießen. Am besten machst du das direkt nach dem Mittagessen. Du holst dir eine Hand voll Leckerlis aus der Nasch- oder Knabbertüte, legst sie dekorativ auf einen Teller und genießt jeden Bissen. Belasse es bei einem Teller, auch wenn du aus der Naschtüte Stimmen hörst wie: „Hey, wir sind auch noch da, haaallo." Lege die angebrochene Tüte zurück in die Schublade. Sie steht für deinen Erfolg, Maß halten zu können. Bleibe für den Rest des Tages naschfrei.

Mach das Naschen am Abend zur Ausnahme. Klar nasche ich ab und zu am Abend. Dass wir uns verstehen: ab und zu heißt nicht täglich! Beispiele sind, wenn ich mit meiner Frau gemütlich vor dem Fernsehgerät sitze oder wir gemeinsam ins Kino gehen. Im Kino gibt es eine Schale Nachos oder eine Tüte Popcorn. Auch hier kannst du erfolgreich Kalorien sparen – ohne Verzicht. Statt der Jumbotüte XXL nehmen wir die kleine. Selbst die enthält eine Menge Popcorn, glaube es mir. Doch gerade im Kino greifen viele Kinogänger – gefesselt vom Film – unbewusst immer und immer wieder in die Tüte und schaufeln sich die Popcornmassen unkontrolliert in den Mund. Das siehst du allein schon daran, dass du beim Verlassen des Kinos nach dem Film die Popcornmassen auf dem Fußboden wiederfindest. Anscheinend schaltet sich bei einigen das Gehirn komplett ab und sie vergessen das Öffnen des Mundes, während die Hand mit Nachschub kommt. Isst du das Popcorn in Zukunft bewusster, kommst du locker mit einer kleinen Tüte aus. Und vor allem werden die Streuverluste auf dem Fußboden geringer und die Kinomitarbeiter haben im Anschluss weniger zu tun.

Willst du ab einer bestimmten Uhrzeit naschfrei durch den restlichen Tag kommen, spürst jedoch, wie dich die Stimmen aus der Naschschublade flehend rufen, lege dir folgendes Notfallprogramm zurecht: Spüle dir den Mund mit Mundwasser aus oder putze dir nach dem Abendessen schon einmal die Zähne. Der Geschmack von Mundwasser und Zahnpasta mildert deinen Heißhunger. Außerdem hast du sicher wenig Lust, dir noch ein weiteres Mal die Zähne zu putzen. Oder schließe deine Küche tatsächlich ab, um dir ein Hindernis auf dem Weg zum Kühlschrank und der Naschschublade zu schaffen.

Kaufe Süßigkeiten in kleinen Portionen statt der Mega-XXL-Tüten, auch wenn die großen Tüten häufig günstiger sind. Wenn du die Mega-Tüte öffnest, ist das Risiko einfach zu groß, dass du sie vollständig verdrückst. Am Ende könnten sie nachträglich doch teurer sein, da du größere Klamotten brauchst. Verzichte darüber hinaus auf einen Naschvorrat. Lege dir eine

„Nasch-Schatzkiste" zu. Befülle diese mit der Menge an Süßigkeiten, die du dir während der Woche gönnen möchtest. Du entscheidest selbst darüber, inwieweit du die Kiste an einem Tag leerst oder den Vorrat gleichmäßig über die Woche verteilst.

Tipp: Schlaue Nasch-Alternativen

- Hast du Hunger auf einen Snack, greife zu einem Schokoriegel mit dunkler Schokolade (Kakaoanteil 70 % und mehr).
- Nimm eine Hand voll Nüsse oder getrocknete Früchte.
- Iss statt der Tafel Schokolade eine Rippe. So hält die Tafel fast eine Woche. Greife alternativ zu einem Zartbitter-Schokopudding.
- Statt Keksteller, Chips oder Schokoladenorgien vor dem Fernsehgerät, teste Gemüsesticks aus Gurke, Paprika, Möhren mit Dip. Kreiere mit etwas Phantasie deine eigenen Dips nach deinem Geschmack. Rühre z. B. Joghurt oder Quark mit klein gehackter Zwiebel und etwas Schnittlauch zusammen. Knoblauch, Pfeffer und Salz geben dem Ganzen einen herzhaften Geschmack.

Um dich gesund zu ernähren, brauchst du auf nichts zu verzichten. Es geht vielmehr darum, die richtigen Entscheidungen zur richtigen Tageszeit zu treffen und ein Auge auf die Menge und Häufigkeit zu haben, sowie zu Alternativen zu greifen. Muss es immer die fettigste und zuckerreichste Süßigkeit sein, wenn es um das Naschen geht? Greife ab heute immer öfter zu leckeren Alternativen. Viele kleine Sünden lassen sich sehr gut durch gesündere Alternativen ersetzen. Selbst wenn du nur ab und zu die gesündere Variante wählst, tust du bereits etwas für dich und deine Gesundheit.

NEU	ALT
Wackelpudding	Fetter Schokopudding, Tiramisu
Getrocknetes Obst (ggf. mit Zartbitterschokolade)	Vollmilchschokolade
Fruchteis	Milchspeiseeis
Fruchtkuchen	Buttercreme, Sahnetorte
Selbst gemachter Fruchtjoghurt aus Naturjoghurt und püriertem Obst (ggf. mit Honig leicht süßen)	Gekaufter, überzuckerter Fruchtjoghurt
Selbst gemachtes Popcorn	Gekauftes, süßes Popcorn

NEU	ALT
Chinesisches Reisgebäck	Tortillachips
Salzstangen	Chips
Ungesalzene Nussmischung	Gesalzene Nüsse

Ex-Tennisprofi und Davis-Cup-Sieger Marc-Kevin Goellner hat für sich die passende Nasch-Alternative gefunden: *„Ernährung war und ist ein großes Thema für mich. Ich achte vor allem darauf, viele Ballaststoffe zu mir zu nehmen. Ich bin ein Süßigkeiten-Freak, doch habe ich sie besonders vor und während Matches gemieden. Ich habe zusätzlich Eiweißpräparate zu mir genommen, u. a. Eiweiß-Shakes. Eiweiß steigert bekanntlich die Konzentration. Und über den Schoko-Eiweiß-Shake kann ich gesund naschen, wenn mir danach ist.“*

5. Tag: BEWEGUNG – Teste ein Fitnessstudio in deiner Nähe!

Der Besuch eines Fitnessstudios ist die beste Möglichkeit, um etwas für deine Gesundheit und LEBEnsqualität zu tun. Ich trainiere seit über 15 Jahren regelmäßig in Fitnessstudios. Hier hast du die perfekte Kombination aus Ausdauer- und Muskeltraining. Darüber hinaus erhältst du in guten Studios eine ausgezeichnete Betreuung – Trainer, die dir Trainingspläne ausarbeiten, dir zeigen, wie du die Übungen richtig ausführst, dich ggf. korrigieren, dich unterstützen, wenn es dir an Motivation fehlt und mit dir gemeinsam deine Erfolge festhalten. Nirgendwo erhältst du für so einen geringen Preis einen so großen Nutzen. Das Preis-Leistungsverhältnis ist einmalig. Du zahlst im Monat für deinen Besuch im Fitnessstudio weniger als für eine Stunde Personal-Training.

Besuchst du bisher kein Fitnessstudio, öffne dich unbedingt dafür. Unabhängig davon, was du bisher von anderen gehört, in Artikeln gelesen oder selbst erlebt hast, mache heute einen Termin und teste in den nächsten Tagen ein Studio in deiner Nähe. Gehe diesen Schritt. Er ist sehr wichtig für deinen zukünftigen Erfolg. Falls du kein Fitnessstudio bei dir vor Ort kennst, informiere dich online. Gib bei Google das Stichwort „Fitnessstudio" und als zweites Stichwort deinen Heimatort ein. Schon werden dir die Internetseiten der Studios vor Ort angezeigt. Hier kannst du dich vorinformieren und anschließend per Telefon einen Termin für ein Probetraining vor Ort vereinbaren. Du wirst staunen. In Fitnessstudios gibt es viele nette Menschen, die so ticken wie du und ich. Sie haben ähnliche Ziele und häufig auch ähnliche Probleme. Nimm am besten auch gleich deinen Partner, einen Freund oder eine Freundin mit zum Probetraining. Wenn ihr anschließend gemeinsam ins Training einsteigt, erhöht sich so die Wahrscheinlichkeit, langfristig am Ball zu bleiben. Die Motivation ist zu zweit einfach höher.

6. Tag: ENTSPANNUNG – Fixe Entspannung mit dem 55-Sekunden-Power-Break

Ständig klingelt das Telefon, die E-Mails kommen im Minutentakt, deine Exceltabelle nimmt ungeahnte Ausmaße an und der Chef meckert ständig? Darüber hinaus siehst du bei der Masse unerledigter Aufgaben den Wald vor lauter Bäumen nicht mehr. Kennst du solche oder ähnliche Situationen? Wenn du nervös und gereizt bist und es dir an der nötigen Konzentration mangelt, lege ein 55-Sekunden-Power-Break ein. Hier erhältst du sechs Tipps, wie du innerhalb von 55 Sekunden wirksam entspannst.

Tipps: 55-Sekunden-Power-Break

- Atme tief und bewusst ein und aus – fünf Atemzüge verteilt auf die 55 Sekunden. Das senkt deine Herzfrequenz und beruhigt deine Gedanken wie von selbst. Hast du die Möglichkeit, in die Ferne zu blicken, stelle dich bei dieser Übung ans geöffnete Fenster und schicke deine Augen am Horizont auf Wanderschaft. Der Blick in die Ferne entspannt deine Augen und bringt deine Konzentration zurück.

- Nimm ein Blatt Papier zur Hand und schreibe dir die fünf schönsten Situationen auf, die du in den letzten 72 Stunden erlebt hast. Jetzt baue dir aus dem Papier einen Papierflieger, den du anschließend starten lässt. Das lenkt dich ab und baut den Stress wirksam ab. Dabei ist es gleichgültig, wie toll der Flieger wird. Wünschst du dir den perfekten Papierflieger, gib auf Google einfach „Papierflieger" ein. Da gibt es zig Anleitungen für deinen Wunschflieger.

- Buchstabiere „Hauptgewinn LEBEnsqualität" einmal rückwärts. Mach es einfach und beobachte die Wirkung.

- „Klebt" dein Hinterteil förmlich am Stuhl, kannst du durch das Malen des Unendlich-Zeichens unendlich entspannen. Du liest richtig. Male langsam und bedächtig Unendlich-Zeichen auf Papier (∞ – sieht aus wie eine liegende 8). Das befreit ungemein. Doch Vorsicht: Schau, dass du Schmierpapier statt des gerade vom Kunden unterschriebenen Vertrags erwischt.

- Steh auf und gehe ruhig umher. Bleibe zwischendurch kurz stehen und recke und strecke dich – auf den Zehenspitzen stehend –, als wenn du mit deinen Händen Äpfel von einem Baum pflücken wolltest. Das lockert die Muskulatur und löst Verspannungen. Studien haben gezeigt: Fünf Minuten ausgiebiges Strecken ersetzt bis zu eine Stunde Schlaf. Vorsicht: 40 Minuten Strecken ersetzt keineswegs 8 Stunden Schlaf! Gähne dabei kräftig, das wirkt auch entspannend. Bewegung tut gut. Für die Sportlicheren: Nimm ein Springseil und hüpfe die 55 Sekunden locker auf und ab. Bewegung ist die beste und natürlichste Medizin bei Stress. Sie baut sofort Stresshormone ab und setzt Glückshormone frei. Pass nur auf, dass der Chef gerade weit genug weg ist. Außer, du bist dein eigener Chef.

- Reagiere dich ab. Es bringt nichts, allen Ärger in dich hinein zu fressen. Aus dem aufgestauten Ärger resultieren viele Erkrankungen. Deshalb raus damit. Kurze, gezielte emotionale Ausbrüche wirken ähnlich wie Sport. Schreie deinen Bildschirm an – ohne ihn anzuspucken; haue mit der Faust auf den Tisch oder gegen die Wand (liebe Frauen: Daumen außen auf die Faust legen); stampfe mit den Füßen auf den Boden. Bitte lass nur das Büro ganz. Kurze gezielte Wutausbrüche sind gut für dein Selbstbewusstsein. Trau dich was! Wenn dein Büro das nicht zulässt, da die Kollegen ansonsten die Männer mit den weißen Jacken bestellen, gehe auf die Toilette und lege dort los.

Diese Auszeiten sind superwichtig, denn du bist ein Geschöpf aus Fleisch und Blut und keine Maschine aus Stahl, Öl und hochmoderner Elektronik. Und falls der Chef doch einmal grummelt, gib ihm die Kopfhörer deines MP3-Players und stelle Mika's „Relax, take it easy!" ein.

7. Tag: CHECKLISTE – Meine Erfolge in der vierten Woche

Das habe ich in den letzten sechs Tagen erreicht:

Du hast den Stresstest durchgeführt? Sehr gut. Schaue dir die Ergebnisse nochmals an. Was für Schlüsse ziehst du daraus, um in Zukunft Stress vorzubeugen und noch wirksamer abzubauen?

Wie steht es um die Qualität deines Bettes? Hast du dich bereits informiert über Möglichkeiten zur Verbesserung?

Du hast die Visualisierung zum „Wegsperren" deiner Gedanken im Tresor oder auf einer Wolke durchgeführt. Wie ist es dir ergangen?

Du bist auf der Suche nach deiner Lieblingsentspannung. Welche der vorgestellten Möglichkeiten hast du ausprobiert? Welche steht als nächste an?

Du hast den Wertecheck durchgeführt. Welche sind deine Top-5-Werte? Passen diese Werte zueinander und passen sie auch zu deinen Zielen? Wenn ja, super. Wenn nein, was tust du, um den Zustand zu verbessern?

Du hast ca. 11-minütiges „Jogging" fürs Gehirn betrieben. Wie erging es dir? Welchen Tipp testest du als nächstes aus?

Du hast ein 55-Sekunden-Power-Break zur blitzschnellen Entspannung genutzt. Welches testest du die nächsten Tage aus?

5. Woche: Die Basis für LEBE: Motivation

Selbstcheck

Die Grenzen werden in deinen Kopf gehämmert!

Laut einer Harvard-Studie bekommst du innerhalb deiner ersten 18 Lebensjahre bis zu 150.000 negative Aussagen mit auf den Weg nach dem Motto: „Das kannst du nicht. Das schaffst du nicht. Dafür bist du noch zu klein. Du bist zu jung. Du bist zu dick. Mädchen können das nicht. Jungs haben dafür kein Talent …" Nach dem 18. Lebensjahr sind es täglich weiterhin bis zu 22 Aussagen. Diese Aussagen erhältst du aus deinem Umfeld (von Eltern, Verwandten, Freunden, Lehrern, Mitschülern, Kollegen, Chefs, Trainern usw.). Dass du infolgedessen anfängst, an dir, deinen Talenten und Fähigkeiten zu zweifeln, oder mangelndes Selbstbewusstsein entwickelst und dadurch dein vorhandenes Potenzial nur zu einem Bruchteil nutzt, ist verständlich. Sobald du vor einer neuen Herausforderung stehst, zweifelst du an deinen Fähigkeiten und verwirfst Lösungsmöglichkeiten, noch bevor du diese überhaupt ins Auge gefasst hast. „Ich kann es ja doch nicht", sagst du dir. Dies sagst nicht nur du. Schon vorher haben es dir viele andere Menschen auch gesagt. Und die müssen es wissen – denkst du dir –, denn sie haben häufig mehr Lebenserfahrung als du oder sind Experten auf einem Gebiet. Und außerdem meinen sie es nur gut mit dir und wollen vermeiden, dass du vom Leben enttäuscht wirst.

Aufgabe

Wo liegen aktuell deine Grenzen? In welchen Bereichen, deine LEBEnsqualität betreffend, begrenzt du dich gerade selbst?

Geht nicht, gibt's nicht. Geht schwer, gibt's schon! – Verschiebe deine Grenzen im Kopf

14. Juli 1996. Roth bei Nürnberg. 2.800 Arme peitschen morgens um 7 Uhr 3,8 km durchs Wasser (152 Bahnen auf der Kurzbahn) – Piranhas unter sich. Schläge auf den Hinterkopf steigern ja bekanntlich das Denkvermögen. Anschließend fahren diese 1.400 Verrückten 180 km mit dem Rad (Bonn-Frankfurt), der Tag ist lang, man hat ja sonst nichts vor. Es soll sich auch lohnen, das Rad war teuer genug. Am Ende laufen diese Verrückten noch 42,2 km. Immerhin 105,5 Runden auf der 400-m-Tartanbahn. Um kurz vor 15 Uhr ist Lothar Leder der erste Mensch, der diese Strecke unter 8 Stunden bewältigt hat.

Ein junger Mann aus Schleswig-Holstein ist auch dabei – als Zuschauer. Er hat gerade sein Abitur gemacht und macht zu der Zeit seine Grundausbildung bei der Luftwaffe in Roth. Er sagt sich: „Mensch, das wäre auch mal was für mich. Das mache ich. Schwimmen kann ich, 3,8 km bin ich auch schon mal geschwommen (bis dahin in meinem ganzen Leben), 180 km bin ich auch schon mal gefahren (von Flensburg nach HH mit dem Auto). Und

190

die 42 km Laufen werden auch schon irgendwie gehen, die 3 Kilometer in der Schule gingen auch immer locker flockig."

Er beginnt mit dem Training. Bis 2002 läuft er mehrere Marathons, macht mit Freunden mehrere Staffeln, bei denen er das Schwimmen und beim nächsten Mal das Radfahren über eine lange Distanz testet.

Es ist der 20. April 2002. Er läuft Marathon in Hamburg. Alles läuft wie gewünscht. Nach dem Wettkampf sagt er sich: „Nächstes Jahr mache ich meinen ersten IRONMAN." Er steigt wieder ins Training ein. Plötzlich – sein rechter Fuß schmerzt, schwillt an. Er kann nicht mehr Laufen. Er geht zum Arzt: die Diagnose lautet Entzündung im Fuß. Er pausiert fünf lange Wochen. Der Fuß scheint in Ordnung. Er startet den nächsten Versuch, sein Training wieder aufzunehmen. Doch sein rechter Fuß schmerzt. Er geht zum Arzt. Und zum nächsten Arzt. Keiner findet etwas. Immer wieder erhält er Aussagen wie: „Da brauchen Sie sich nicht zu wundern. Bei dem Umfang, den Sie trainieren. Ihr Körper ist dafür nicht beschaffen. Machen Sie Pause, danach geht es wieder."

Es wird so schlimm, dass er sich beim Schwimmen selbst nicht mehr vom Beckenrand abstoßen kann. Er ist mit der Zeit sogar soweit, dass ihm am Schreibtisch der Fuß anschwillt, obwohl er gar nichts macht.

Die Jahre ziehen ins Land, 2003, 2004, 2005, ein Arzt nach dem nächsten, inzwischen bereits 17 Mediziner, 2006, 2007. Nichts bessert sich. Multiple Sklerose, Rheuma, Arthrose, chronische Entzündung und andere Diagnosen sind die Vermutungen der Ärzte. Bis auf ein paar Radrennen (24-Stunden-Rennen am Nürburgring) ist der Sport gestrichen. Er beginnt langsam den Glauben zu verlieren, dass er noch irgendwann einmal einen IRONMAN machen wird. Inzwischen ist es bereits August 2007. Er gibt jedoch nicht auf. Er hat einen Arzttermin bei seinem inzwischen dritten Neurologen. Dieser sagt: „Wissen Sie was? Da ist nichts. Das bilden Sie sich alles nur ein." Der inzwischen 30-jährige Mann denkt sich: „Alles klar, Hypochonder ... Ich beschäftige mich ja auch nicht bereits seit vielen Jahren mit mentalen Phänomenen." Er geht beleidigt nach Hause. Nach ein paar Tagen sagt er sich: „Einen weiteren Versuch ist es wert." Er verbessert seine Einstellung. Er sagt sich: „Mein Fuß ist gesund. Es ist alles in Ordnung." Zur mentalen Unterstützung kauft er sich Stützstrümpfe, die du von Oma und Opa kennst.

Und: Es wirkt. Er läuft wieder 10 km. Der Fuß hält. Er läuft Halbmarathon. Der Fuß hält. Er meldet sich 2008 für den Frankfurt Marathon an. Der Fuß hält. Jetzt wird er größenwahnsinnig. Er meldet sich für 2009 beim IRONMAN Germany in Frankfurt an.

Und tatsächlich: Es ist der 5. Juli 2009, 13 Jahre nach Roth. ICH schwimme 3,8 km, ICH fahre 180 km Rad und ICH laufe 42,2 km. Nach 10:42 Stunden finishe ICH den IRONMAN Frankfurt. ICH bin in dem Moment der glücklichste Mensch der Welt.

Ich habe gelernt: Mir soll noch einmal jemand sagen, dass etwas unmöglich ist, an das ich fest glaube und von dem ich überzeugt bin. Glaube mir: Es lohnt sich, am Ball zu bleiben, auch über Jahre. Es gibt zwar keine Garantie für den Erfolg. Doch Hartnäckigkeit wird in den meisten Fällen belohnt. Als Belohnung erhältst du was? Richtig: neue LEBEnsqualität. Ich bin mir sicher, dass dieses Erlebnis mich stark gemacht hat für andere Bereiche – für meinen Beruf, für meine Beziehungen.

Manchmal trifft dich das Leben mit einem Ziegelstein am Kopf. Du empfindest es vielleicht als unfair. Du kannst es in der Situation jedoch gerade nicht beeinflussen. Erhalte dir deinen Glauben, diese Herausforderung packen zu können!

Mein IRONMAN-Erlebnis ist nur ein Beispiel für viele Grenzen, die du dir in deinem Leben selber setzt und die andere Menschen dir auferlegen. Immer wieder sagt jemand zu dir: „Das klappt doch eh nicht mit xxx. Dann kannst du es gleich lassen." Du übernimmst es, sagst: „Stimmt, du hast Recht. Das ging damals schon ständig schief. Ich lasse es lieber. Das ist auch aussichtslos. Dafür habe ich eh zu wenig Zeit." Schon ist es um dich und deine Chance auf mehr LEBEnsqualität geschehen. An meinem eigenen IRONMAN-Erlebnis kannst du jedoch sehen, dass es sich lohnt, sich die Grenzen selbst zu setzen und die anderen reden zu lassen. Vor allem lohnt es sich, ein Ziel, das dir wirklich wichtig ist, so lange zu verfolgen, bis du es erreichst oder wenigstens zum großen Teil erreicht hast. Wenn ich das kann, bin ich mir sicher, dass du das auch kannst.

Ob Spitzensportler, Erfinder, du oder ich – wir alle haben ständig mit Grenzen zu kämpfen. Erfolgreiche Menschen verschieben diese Grenzen „einfach":

„Tischtennis wird überwiegend im Kopf entschieden. Ich hatte in Bezug auf Peking zunächst gemischte Gefühle. Ich gehöre eher zu den älteren meiner Klasse. In Peking waren viele junge Spieler, die mir bei anderen Turnieren mehrfach meine Grenzen aufgezeigt hatten. Trotzdem habe ich mir gesagt: ,Bei großen

Turnieren habe ich bisher immer meine Leistung abrufen können.' Diese besondere Atmosphäre bei den Paralympics habe ich aufgesaugt, vor über 8.000 Menschen spielen zu dürfen. Diese konnte ich in positive Energie umwandeln. So konnte ich die Spieler, die mir vorher das Leben schwer gemacht hatten, in Peking besiegen." (Jochen Wollmert, Paralympicssieger Tischtennis)

„Walt Disney hat einmal gesagt: ,If you can dream it, you can do it ...' Sein Imperium begann mit einer Idee und einer Maus. Alles, was wir heute als selbstverständlich empfinden, war mal eine Idee. Das Telefon hielt man noch vor etwas über einhundert Jahren für Teufelszeug aus Amerika und unwichtig. Heute hat jeder Deutsche durchschnittlich bis zu drei Mobiltelefone. 1992 wurde die erste SMS verschickt. Das war ein Abfallprodukt. Heute werden jährlich über 30 Milliarden SMS alleine in Deutschland verschickt ... Alles Denkbare ist auch machbar. Natürlich sollte man auf sachliche Argumente hören und nicht verbohrt, sondern offen sein. Bedenkenträger aber sollte man als Motivation und Herausforderung sehen. Letztlich sind es die Visionäre und nicht die Erbsenzähler, die Spuren hinterlassen und etwas verändern können." (Erfinder und Unternehmer Sven Olsen)

Du und dein Betriebssystem! Bereit für ein Update?

Hinter diesem Verhalten verbergen sich Systeme, Konzepte, Strategien. Ich spreche hier gerne von „Programmen". Du kannst das mit dem Betriebssystem deines Computers vergleichen. Die meisten arbeiten mit Windows. Einige haben bereits Windows 7. Viele arbeiten mit Vista, XP oder 2000. Einige wenige haben noch Windows 98 auf ihrem Rechner. Ihre Begründung: „Da weiß ich, was ich habe. Das ist sicher, stürzt selten ab. Damit fühle ich mich wohl und darin kenne ich mich aus." Ein paar wenige haben ein ganz anderes Betriebssystem am Start. Das hat so interessante Namen wie „Tiger" oder „Leopard" – dies sind die Apple Nutzer.

Wie das Betriebssystem beim Computer läuft dein eigenes personenbezogenes, menschliches Betriebssystem. Sobald du dein eigenes Betriebssystem – es setzt sich aus Programmen für jeden Lebensbereich zusammen – in deinem Kopf installiert hast, lässt du es oft bis zum Ende deiner Tage laufen. Leider, ohne es regelmäßig upzudaten. Bei deinem Computer achtest du eher darauf, ab und an ein Update durchzuführen oder ganz neue Programme zu installieren, um eine hohe Leistungsfähigkeit deines Computers zu gewährleisten und dich vor Viren zu schützen. Bei deinem eigenen Be-

193

triebssystem in deinem Kopf zeigst du hingegen ständig dasselbe Verhalten, machst Dinge so, wie du sie schon immer gemacht hast und bleibst Neuem gegenüber verschlossen.

Die Inhalte dieses Buches haben zum Ziel, dich dazu zu bewegen, dir Gedanken über dein Betriebssystem zu machen. Sind die Programme, die du aktuell nutzt, absolut förderlich für dich und deine weitere Entwicklung? Oder gibt es die ein oder andere persönliche Verhaltensweise, die für die weitere Entwicklung deiner LEBEnsqualität von Nachteil ist – Verhaltensweisen, die deiner schulischen, beruflichen und sportlichen Entwicklung schaden? Verhaltensweisen, die dir gesundheitlich schaden? Verhaltensweisen, die der Entwicklung deiner Beziehungen mit anderen Menschen schaden? Verhaltensweisen, die deiner finanziellen Entwicklung schaden? Nutze jetzt die Chance und denke über deine Verhaltensweisen nach. Wenn du feststellst, dass dir bestimmte Verhaltensweisen schaden, dann ersetze sie durch förderliche Verhaltensweisen. Konsequent und vor allem schnellstmöglich – beginne am besten sofort damit.

Sei bereit, dein Betriebssystem regelmäßig upzudaten, einige Programme ggf. zu löschen und durch neue zu ersetzen. Nutze Programme, die es dir ermöglichen, deine Talente zu Stärken zu entwickeln und dein vorhandenes Potenzial zu nutzen. Ersetze schlechter funktionierende Programme durch besser funktionierende. Dein Selbstbewusstsein und dein Erfolg wachsen anschließend von ganz allein.

Setze dir SMARTe Ziele!

Die Wahrscheinlichkeit, dein Wunschziel zu erreichen, steigt und fällt mit der Qualität, wie es beschaffen ist. Dass du mit klaren Zielen und dem daraus folgenden Sinn 30 bis 50 Prozent mehr leisten kannst, kennst du sicher aus verschiedenen Erlebnissen. Denke einmal an den Tag vor deinem Urlaub. Wofür du sonst zwei Tage brauchst, schaffst du plötzlich alles an einem.

Um deinen Zielprozess zu optimieren, habe ich ein sehr wirkungsvolles Instrument für dich. Wie sieht ein Ziel im besten Fall aus, damit du es erreichst? SMART! Damit ist keineswegs das Auto gemeint. **SMART** ist eine Abkürzung und steht für – Spezifisch, Messbar, Attraktiv, Realistisch und Terminiert.

So ist der gute Vorsatz: „Ich will mehr lesen."
nach der SMART-Regel bereits zum Scheitern
verurteilt. SMARTer ist das Ziel: „Ab morgen
lese ich täglich 33 Minuten im Buch ‚Hauptgewinn LEBEnsqualität' – je 16 Minuten morgens auf der Bahnfahrt zur Arbeit und abends
vor dem Einschlafen." Sei **SMART** und schaue
dir die fünf Voraussetzungen für optimal for-
mulierte Ziele genauer an.

Ziele sind **spezifisch**: „Mehr Sport treiben" ist
zu lapidar. Solche Universalaussagen sind be-
liebt und lassen dir diverse Hintertüren offen.
Was heißt mehr Sport? Dazu entsteht kein
klares Bild in deinem Kopf. Definiere genau,
welchen Sport du treiben willst: Walken, Lau-
fen, Radfahren, Schwimmen, Handball spielen. Achte bei der Auswahl darauf, dass du dir treu bleibst. Wenn du Nordic Walking hasst und peinlich
findest, suche dir eine andere Sportart. Du kannst aus Hunderten von Sportarten und Angeboten wählen. Setze bei deiner Zielformulierung alle Sinne
ein: „Ich laufe 2x pro Woche jeweils 33 Minuten im angrenzenden Wald. Ich
fühle bereits den weichen Waldboden unter meinen Füßen und die Sonne,
wie sie mich angenehm wärmt, höre die Vögel zwitschern, rieche den Duft
der Bäume und schmecke das Wasser, das mich beim Laufen erfrischt."

Meide Ziele, bei denen dein Aktivwerden von externen Einflussfaktoren
abhängt: „Ich werde mehr Sport treiben, wenn mein Lebenspartner mitmacht." Wichtig ist, dass die Erreichbarkeit deines Zieles in deinem Hand-
lungsbereich liegt, so dass du nicht von anderen abhängig bist. Die Chancen
stehen gut für dich, dass dein Lebenspartner dir mit etwas Verzögerung folgen wird und auch mit dem Sport startet, wenn er bzw. sie die positiven
Entwicklungen bei dir feststellt – mehr Leistungsfähigkeit und Energie, bessere Laune, Gewichtsverlust, verbesserte Blutwerte usw.

Formuliere deine Ziele stets **schriftlich**: Was du schreibst, das bleibt in deinem Gedächtnis und ist jederzeit nachlesbar. Die Verbindlichkeit deiner
Ziele steigt. Du kannst jederzeit nachprüfen, wie weit du mit der Umsetzung
bist und inwieweit alles wie gewünscht eingetreten ist. Fasst du deine Ziele
nur in Gedanken, überlistest du dich gerne selbst mit Hilfe deines Schwei-

nehundes und gibst schnell wieder auf, etwa nach dem Motto: „Habe ich ja nie gesagt, dass ich mich gesünder ernähren will. Also hoch die Tassen und rein das Schnitzel!" Paradebeispiel dafür ist: „Ich gehe 2x pro Woche 33 Minuten Joggen." Spätestens wenn es draußen regnet, hast du die passende Ausrede zur Hand: „Da könnte ich mich ja erkälten! Nee, nee. Da bleibe ich doch lieber unter meiner kuscheligen Decke liegen und drehe mich nochmals um."

Ziele sind **messbar**: „Weniger Schokolade" sagt nichts über die Menge aus. Wie oft isst du in Zukunft noch Schokolade – zwei bis drei Mal die Woche? In welcher Menge – eine Tafel oder einen Riegel? Das sind wesentliche Unterschiede, die sich auf der Waage und bei deiner Figur schnell bemerkbar machen. Wenn du mehr Geld verdienen willst: Wie viel genau? Wenn du eine harmonischere Beziehung führen willst: Woran machst du das fest? Unterscheide Ergebnis- und Handlungsziele. Ergebnisziele sagen etwas über die Quantität aus – WAS willst du erreichen? Das heißt: Welchen Tabellenplatz willst du? Welchen Titel gewinnst du? Wie viele Punkte holst du? Welche Zeiten läufst du? Wie viele Tore schießt du? Welches Gewicht erreichst du? Welche Noten erhältst du? Was verdienst du? Wie viele Verkäufe tätigst du? Das Handlungsziel sagt dagegen etwas über die Qualität deines Ziels aus: WIE erreichst du dein Ziel? Wie spielt ihr als Mannschaft? Wie erreichst du deine Verkaufszahlen? Wie wird dein Leben mit dem Partner harmonisch? Es gibt viele Möglichkeiten. Zum Beispiel beim Sport: wir spielen offensiv, dominant, arrogant, zuschauerfreundlich, ergebnisorientiert, im Team. Bei manchen Zielen macht es Sinn, dass du sie in Bandbreiten definierst, z. B.: „Wir erreichen Platz 3–5."; „Ich wiege am 31. Juli 60–62 kg."; „Ich mache meinen Abschluss mit der Note 2,2–2,4." Beim IRONMAN in Frankfurt 2009 unterteilte ich jede Teildisziplin in ein Optimalziel und Mindestziel. Das Ziel beim Schwimmen war 1:05–1:10 Stunden. Erreicht habe ich 1:07 h. Ziel des Radfahrens: 5:15 h–5:20 h – erreicht 5:19 h. Beim Laufen sollten es 3:50–3:59 h werden. Erreicht wurden 4:05 h. Es ist ein weit verbreiteter Fehler, nur ein hervorragendes Optimalziel anzugeben. Treten bei dir unvorhergesehene Hindernisse wie Krankheit, Markteinflüsse oder andere Faktoren auf, ist ein Anpassungsspielraum wichtig.

Ziele sind **attraktiv** und **aktionsauslösend**: Ist dein Ziel wirklich so motivierend, herausfordernd und anziehend, dass du es unbedingt erreichen willst – komme, was wolle? Ist dir der Sinn bewusst, *WARUM* du es realisieren willst? Wenn nicht, scheiterst du bei der nächstbesten Gelegenheit. Wozu sich anstrengen, wenn es anscheinend wenig zu gewinnen gibt? Was aber, wenn du bereits beim Denken, Aussprechen oder Lesen deines Zieles so sehr brennst und in Begeisterungsstürme ausbrichst, dass du kaum noch zu halten bist. Mache dir die Vorteile der Zielerreichung klar und den Preis bewusst, den du dafür zu zahlen hast. Dann erreichst du dein Ziel fast wie von selbst. Du wirst förmlich hingezogen.

Ziele sind **realistisch**: Nimm dir ein Ziel vor, das deinen Fähigkeiten entspricht. Wichtig ist, dass sich dein Unterbewusstsein mit deinem Ziel identifizieren kann – dass du daran glauben kannst, es zu erreichen. Zu hohe Ziele führen schnell zu Misserfolgen. „Ich laufe am 25. April den 10-km-Wettkampf in 59 Minuten oder schneller." Das Ziel mag zwar spezifisch, messbar und attraktiv sein. Realistisch ist es nicht, wenn du bisher einmal die Woche walkst und nur noch einen Monat Vorbereitungszeit hast. Den 10-km-Wettkampf ein halbes Jahr später in der Zeit zu laufen, ist weitaus realistischer. Starte mit einem realistischen Ziel (z. B. ein 5-km-Lauf), am besten mit Spazieren gehen, zwei Mal pro Woche bei jedem Wetter 33 Minuten. Dafür eignet sich z. B. die Mittagspause.
Ein oft gemachter Fehler ist, sich zu Beginn viel zu viel auf einmal vorzunehmen. Wenn du gleichzeitig „auf Süßigkeiten verzichten", „drei Mal pro Woche Laufen", „täglich nur noch eine Stunde Fernsehen", „täglich eine Stunde länger arbeiten", „zwei Mal pro Woche zur Entspannung saunieren" ... willst, setzt du dir unrealistische Ziele. Die Folge: Du verlierst schnell den Überblick und die Motivation und fällst in den Alltagstrott zurück. Deshalb: Beschränke dich auf höchstens drei Ziele gleichzeitig, die du konsequent angehst.

Ziele sind **terminiert**: Bis wann hast du dein Ziel erreicht? Feste Termine bringen dich schneller ins Handeln. Sie erzeugen einen gewissen Druck, der förderlich ist. Trage dir z. B. deine Termine für die Familie, Freunde, Hobbys und den Sport wie deine Geschäftstermine fest in deinen Kalender ein. Wann ist der beste Zeitpunkt für Sport? Fällt es dir leichter, morgens eine halbe Stunde früher aufzustehen oder abends weniger fernzusehen? So wird sportliche Bewegung verbindlicher und allmählich zu einem festen Bestandteil deines Alltags – eine neue Gewohnheit. Lasse dich durch nichts davon abbringen. Fällt ein Sporttag aus, holst du ihn am nächsten Tag nach. Ist abzusehen, dass du dein Ziel zu dem festgelegten Termin nicht erreichen kannst, setze einen neuen Termin fest. Lass das Ausfallen jedoch niemals zur Gewohnheit werden, es bleibt eine Ausnahme!

Ziele sind positiv und in der Gegenwartsform formuliert

Zusätzlich zu SMART achte auf die folgenden entscheidenden Punkte, um deine Ziele zu erreichen:

Formuliere deine Ziele immer **positiv**. Dein Unterbewusstsein denkt immer in Bildern. Wenn du sagst: „Ich möchte nach Feierabend nicht mehr fix und fertig sein", stellt dein Unterbewusstsein Bilder vom Verlieren parat und erhöht damit die Wahrscheinlichkeit, auch weiter nach der Arbeit total ausgelaugt zu sein. Der Satz „Ich will nicht mehr dick sein" erzeugt das Bild „dick". Entsprechend formt sich dein Hüftgold, dein mittlerer Ring, deine Lebensversicherung. Sage und schreibe dir stattdessen auf: „Ich fühle mich auch nach der Arbeit noch fit, um Sport oder einen Ausflug mit meinem Schatz zu machen!"

Du hast sicher bereits erkannt, dass die Ziele in der **Gegenwartsform** formuliert sind – als wenn du sie bereits erreicht hättest. Damit erhält dein Unterbewusstsein das Bild von dem erreichten Ziel und unterstützt dich dabei, dieses zu erreichen. Vermeide: „Ich möchte, ich will, ich werde, ich kann ..." – also Sätze wie: „Ich will schlank werden!" oder „Ich werde zwei Mal pro Woche ins Fitnessstudio gehen." Sage stattdessen: „Ich bin, ich habe, ich tue ...", also Sätze wie: „Ich bin schlank." oder „Ich gehe zwei Mal die Woche ins Fitnessstudio und mache dort je 22 Minuten Muskeltraining zzgl. je fünf bis zehn Minuten Warm-up und Cool-down auf einem Cardiogerät (Fahrradergometer, Laufband, Stepper)."

Checkliste für SMARTe Ziele

Mit folgender Checkliste checkst du die SMARTheit deiner Ziele:
Bewerte nach dem Schulnotenprinzip die Qualität deiner Zielvereinbarung.
Inwieweit besitzen deine Ziele eine gute (2) oder sogar sehr gute (1) Basis?

Abk.	Kriterien	Fragen	1	2	3	4	5	6
S	Spezifisch-Konkret	Was genau will ich?						
	Selbst realisierbar (selbstbestimmt)	Liegt die Zielrichtung allein in meiner Hand?						
	Simpel	Ist das Ziel einfach und verständlich formuliert?						
M	Messbar	Woran erkenne ich, dass ich das Ziel erreicht habe?						
	Mit Etappenschritten	Habe ich überschaubare Teilziele formuliert?						
A	Attraktiv	Lasse ich bzw. lassen sich auch meine Kollegen/Mitspieler von diesem Spiel wirklich begeistern? (Motivation)						
	Aktionsauslösend	Stößt das Ziel eine Handlung/Verbesserung an?						
	Alle Lebensbereiche einbeziehend	Ist die Balance aller Lebensbereiche geplant und beachtet?						
R	Realistisch	Ist das Ziel anspruchsvoll und auch erreichbar?						
	Richtig formuliert	Ist das Ziel in der Gegenwart, Ich-Form und positiv formuliert?						
T	Terminiert	Sind klare Termine festgelegt?						
	Timing	Wann genau ist das Ziel erreicht?						
Ziel ist o. k.								

Hattest du in der Vergangenheit schon einmal Ziele, bei denen du genau wusstest, was du wolltest und die dir darüber hinaus auch noch sehr, sehr wichtig waren? Hast du diese Ziele erreicht? Die meisten sicher, mit wenigen Ausnahmen. Und selbst, wenn du beim ersten Versuch gescheitert bist, hast du es bei einem der nächsten Male gepackt.

Übung: Ziele erreichen

Setze dir nun drei konkrete und dir wichtige Ziele, die du in den nächsten fünf Wochen erreichen willst! Beschränke dich auf einige wenige Ziele, auf die du deine gesamte Energie verwendest. Zu viele Ziele auf einmal verwirren nur und können dazu führen, dass sie verfehlt werden – weil das Wissen fehlt, welches das wichtigste Ziel ist. Sie brauchen innerhalb der fünf Wochen nicht abgeschlossen sein. Entscheidend ist vielmehr, dass du die nächsten fünf Wochen an ihnen arbeitest.

Beachte dabei auch die Bedeutung deiner Ziele. Wie wichtig sind dir deine Ziele? Beantworte die Fragen: Warum willst du deine LEBEnsqualität verbessern? Wofür ist es gut, wenn du deine Ziele erreichst (z. B. abnimmst, mit dem Rauchen aufhörst, lernst, besser mit Stress umzugehen, mehr Sport treibst)? Was hast du davon, wenn du deine Ziele erreichst? Welche Vorteile sind damit verbunden?

Die Antworten auf diese Fragen sind enorm wichtig. Präge sie dir gut ein und halte an ihnen fest. Die Antworten auf diese Fragen machen deine Motivation für die Zukunft aus. Das ist es, wofür du dich anstrengst. Du bist nur bereit, neue Verhaltensweisen anzutrainieren, wenn sie dir wirklich wichtig sind und du den Sinn hinter ihnen erkennen kannst.

Woher kommt deine Motivation?

In der Psychologie unterscheiden wir zwischen intrinsischer und extrinsischer Motivation. Die intrinsische Motivation kommt von innen heraus. Intrinsisch motivierte Handlungen machst du um ihrer selbst willen: aus Spaß/Begeisterung, Eigeninteresse und ggf. weil du die Herausforderung, den Nervenkitzel suchst. Bist du beim  Sport intrinsisch motiviert, gehst du z. B. Laufen oder fährst Rad, weil du die frische Luft genießen möchtest und einfach Spaß daran hast. Oder du möchtest für dich deine Grenzen austesten. Optimierst du deine Ernährungsgewohnheiten intrinsisch, dann, weil dir gesunde Lebensmittel schmecken und es für dich Genuss bedeutet, einen leckeren Obstsalat mit gemischten Nüssen und Naturjoghurt zu essen. Die extrinsische Motivation kommt von außen. Hier erhältst du für dein Handeln eine Belohnung (Motivation über Freude, Lust) oder willst eine Bestrafung vermeiden (Motivation über Schmerz, Angst). Bist du extrinsisch motiviert beim Sport, hoffst du auf Lob und Anerkennung von anderen für deine Figur oder gute Wettkampfergebnisse. Oder du willst blöde Sprüche à la „Na, du bist wohl auch nicht mehr der Jüngste?" vermeiden, die immer dann kommen, wenn du den Fahrstuhl in den ersten Stock nimmst oder beim Treppensteigen aus der Puste kommst. Extrinsisch motiviert isst du den Obstsalat dann, wenn du dir einen gesundheitlichen Vorteil davon versprichst.

Was glaubst du, ist der stärkere extrinsische Antrieb, um ins Handeln zu kommen? Das Erleben positiver Gefühle wie Freude, Spaß, Lust oder das Vermeiden negativer Gefühle wie Schmerzen oder Angst?

Ja, du hast Recht, es ist tatsächlich das Vermeiden negativer Erlebnisse. Es hat für dein Überleben einfach die höhere Bedeutung. Sobald etwas schmerzt, kann es gefährlich werden. Dein Körper will sein Überleben sichern. Also gehen die Alarmglocken an und du kommst eher in Aktion. Um Schmerz zu vermeiden, nimmst du sogar kurzfristig Unangenehmes in Kauf und verbesserst dein Verhalten.

Beispiel:

> Stelle dir vor, du bist im Zirkus und schaust dem Dompteur zu, wie er eine Zirkusnummer mit dem Bären Bruno aufführt. Du genießt die Vorführung und bist froh, endlich entspannt sitzen zu können, da du den ganzen Tag unter Stress standest und dir deine Beine vom ganztägigen Herumrennen schmerzen. Du hast dich vom Schmerz der Beine weg bewegt, hin zur Freude, entspannt zu sitzen und die Vorführung zu genießen. Plötzlich macht sich Bruno selbständig und rennt in deine Richtung. Das Gitter, das dich und die anderen Zuschauer schützt, wird vom Bären durch einen kräftigen Sprung einfach umgeworfen. Die Zuschauer um dich herum springen auf und rennen Richtung Ausgang. Was machst du jetzt, nachdem deine Hose voll ist? Selbstverständlich springst auch du auf und läufst wie die anderen um dein Leben. Du wirst sicher in keiner Weise daran denken, dass deine Beine vom harten Tag schmerzen und dir sagen: „Mein Gott, nach dieser ungeplanten Laufeinheit habe ich morgen bestimmt einen kräftigen Muskelkater." Oder: „Für so was habe ich die falschen Schuhe an." Dafür hast du in der Situation keinen Kopf. Du nimmst deine Beine in die Hand und läufst einfach so schnell du kannst.

So wie im Bruno-Fall handeln leider viele Menschen im Alltag. Die laufen erst los, wenn es kurz vor zwölf ist, wenn der Zug schon fast abgefahren ist. Sie warten so lange, bis es anfängt weh zu tun. Erst dann kommen sie in Aktion: sie tun etwas für ihre Gesundheit, wenn der Arzt die Diagnose Krebs oder Herzinfarkt gestellt hat; sie hören auf zu quarzen, wenn der Schatten auf dem Röntgenbild der Lunge bereits da ist; sie beenden die längst kaputte Beziehung, wenn die letzten Überreste des teuren Porzellans zu Bruch gegangen sind oder sie den Partner mit einem anderen erwischt haben usw.

Was meinst du? Macht es Sinn, immer erst zu warten, bis es wehtut? Was hat das mit LEBEnsqualität zu tun? Der Schaden ist dann meist bereits so groß, dass Restschäden bleiben, gleichgültig wie viel Energie du in eine Verhaltensverbesserung investierst. Wie wäre es, wenn du in Zukunft freiwillig in Schwung kommst und frühzeitig vorbeugst? Der Grund, warum die meisten so lange warten, ist, dass freiwillige Verbesserungen Energie in Form von Arbeit, Disziplin und Ausdauer verlangen – in gewisser Weise also Schmerzen. Und da sagen sich die meisten: „Ich warte doch lieber mal ab, ob die Schmerzen in Begleitung von Herzinfarkt, Schlaganfall, Diabetes oder Krebs überhaupt kommen. Sicher trifft es eher die anderen. Warum jetzt schon so viel Energie investieren, wenn es mich am Ende gar nicht trifft? Da mache ich doch lieber erst einmal so weiter wie bisher. Bloß nicht unnötig Energie verschwenden, indem ich meine Lebensgewohnheiten verbessere." Das Unglaubliche ist, dass selbst Menschen, die es richtig erwischt hat, schnell wieder zu ihren alten Gewohnheiten zurückkehren, wenn der akute Schmerz nachlässt. Mal eben dem Tod von der Schippe gesprungen und den Krebs besiegt, wird weiter gequarzt, ungesund gegessen, Entspannung vernachlässigt und wenig bewegt, genauso wie vor der Erkrankung. Getreu dem Motto: „Warum sollte mich der Krebs zwei Mal treffen? Ich habe zwar keine Ahnung von Wahrscheinlichkeitsrechnung, aber diese Wahrscheinlichkeit dürfte ziemlich gering sein." Also hoch die Tassen und rein damit!

Tipp:
Es ist zwar schön und gut, dass Schmerz der stärkere Motivator ist als Spaß und Freude. Doch warte bitte nicht mit der Verbesserung deiner Lebensgewohnheiten, bis es zum Super-GAU kommt und es richtig wehtut. Es könnte sein, dass du nur ein Leben hast. Du bist nun einmal keine Katze. Mache das Beste aus deinem Potenzial und tue etwas für dich! Am besten direkt JETZT!

Der bessere Motivator in Reinform aber ist die intrinsische Motivation. Das zeigt sich besonders im Spitzensport. Wenn du dir unsere Fußballer anschaust, müssten die bei dem Gehalt, das sie erhalten, eigentlich bis zum Umfallen laufen. Das ist jedoch nicht der Fall. Bei einigen Sportlern wie Lionel Messi (Fußball) oder Sebastian Vettel (Formel 1) habe ich das Gefühl, sie würden auch in ihrer Sportart ganz oben mitspielen, wenn sie gar kein Geld dafür erhielten. Die pure Freude ist bei beiden einfach spürbar. Genau dann bringen Sportler ihre beste Leistung. Und dasselbe gilt für uns Otto Normalverbraucher. Am besten geht es uns, wenn wir intrinsisch motiviert sind. Und genau dann bringen auch wir die besten Leistungen.

Die beiden Formen der Motivation – die intrinsische und die extrinsische – schließen sich keineswegs aus, sondern treten häufig in Mischformen auf. Als Mischform wirken sie auch am stärksten. Je mehr Motivatoren du besitzt, desto stärker bist du motiviert und desto höher ist auch die Wahrscheinlichkeit, dass du ein Verhalten langfristig beibehältst.

Spitzensportler haben eine extrem hohe intrinsische Motivation, wie Charly Steeb weiß: „*Meine langfristigen Ziele und Visionen haben mich motiviert und dazu geführt, die Motivation über lange Zeit aufrecht zu erhalten. Zum einen langfristige Ziele zu haben, und die aber auch herunter zu brechen auf kurzfristige Ziele, die mich motiviert haben. Grundvoraussetzung ist eine hohe intrinsi-*

203

sche Motivation: für das, was du tust, eine hohe Leidenschaft mitzubringen und viel Spaß daran zu haben. Ansonsten ist es unmöglich, erfolgreich zu sein, vor allem über einen langen Zeitraum."

Tipp:
Du hast nur einen Körper, er gehört dir ganz allein. Du entscheidest darüber, was mit ihm geschieht. Stelle deine Lebensgewohnheiten in erster Linie für dich selbst um. Sei es dir wert.

Zähme ‚Ach-nö' in 7 Schritten!

Hat dich die Motivation gepackt und willst du jetzt endlich etwas Neues ausprobieren, kommt sofort der innere Schweinehund herbei gelaufen. Schwanzwedelnd sitzt er vor dir, schleckt sich das Maul und futtert mit großer Vorliebe deine guten Vorsätze. Der Schweinehund – meiner heißt übrigens auch ‚Ach-nö' – sieht zwar etwas deppert aus, ist jedoch hoch raffiniert. Du denkst: „Ach-nö? Habe ich noch nie gehört." Ich werde es dir erklären. Sicher kennst du folgende Situation: Du planst nach der Arbeit den Tag mit einer Sporteinheit ausklingen zu lassen. Kaum bist du zu Hause und willst die Sportklamotten anziehen, hörst du deine innere Stimme, die dir zuflüstert: „Ach nöö, komm. Lege dich lieber aufs Sofa, da ist es so schön gemütlich. Außerdem machen deine Kollegen auch keinen Sport. Sollen die erst einmal anfangen. Da sind einige Kaliber dabei, die haben es viel nötiger als du." Schon ist es um deine Sporteinheit geschehen. Eigentlich war es dein Ziel, ‚Ach-nö' bildlich an die Leine zu nehmen und mit ihm draußen zu walken, zu joggen, Rad zu fahren oder anderweitig zu sporteln. Stattdessen hat ‚Ach-nö' vielmehr dich an der Leine zum Sofa geführt. Hier liegt ihr nun gemeinsam, alle Viere von euch gestreckt, und schnarcht im Takt zum abendlichen Fernsehprogramm. So und ähnlich geht es vielen. Du bist in guter Gesellschaft. Und je schlauer der Schweinehundbesitzer, desto besser sind seine Ausreden.

Winterpause: Kein Sport im Dunkeln

In meinen Vorträgen und Seminaren spielen sich regelmäßig folgende Szenen ab: Ich frage meine Teilnehmer zu Beginn, wer von ihnen denn meint, dass es von Vorteil sei, je zwei Mal pro Woche 33 Minuten Ausdauer- und 22 Minuten Krafttraining zu machen, um seine eigene Leistungsfähigkeit und LEBENsqualität zu steigern. Alle Hände gehen hoch. Ich bin begeistert und denke: „Hey, meine Teilnehmer wissen Bescheid. Ich bin hier nahezu überflüssig und kann heute früher Feierabend machen." Anschließend frage ich anonym ab (d. h. wer mir zustimmt, summt „mmmh"), wer das denn auch macht? Meist Totenstille. Und ich denke mir: „Feierabend ist heute doch später." Es wird hier Folgendes klar: Du besitzt viel Wissen darüber, was dir alles gut täte. Du setzt das Wissen nur selten um. Das heißt, du hast kein Wissensproblem, sondern ein Umsetzungsproblem.

Ich fragte eine Teilnehmerin im Januar: „Was hindert dich daran, wenigstens zwei Mal die Woche z. B. Laufen zu gehen oder Rad zu fahren?" Ihre Antwort: „Der Winter!" Ich schaute sie verwirrt an. „Ja", sagte sie. „Im Winter ist es abends bereits ab halb fünf dunkel. Und ich bin frühestens um halb sechs aus dem Büro zurück." Du kannst dir sicher vorstellen, wie gut es sich ihr Schweinehund in seiner Kuschelecke hat gehen lassen, breit und frech grinsend. Die Gefahr, Sport treiben zu müssen, ist für ihren Schweinehund in der Zeit zwischen November und Februar gebannt. Ich bin stets überrascht, wie kreativ viele Menschen bei der Suche nach Schuldigen sind, wenn es darum geht, sich selbst zu entlasten und das „unschuldige Opfer" zu spielen. Da werden selbst dunkle Jahreszeiten auf die Anklagebank gesetzt.

Radfahren im Winter – klar gibt es etwas Schöneres
Ich für meine Person schwinge mich in den Wintermonaten bevorzugt aufs Mountainbike. Die Dunkelheit und das schlechte Wetter sind die Hauptgründe, warum viele Menschen immer wieder zu mir sagen: „Du bist doch bescheuert, bei dem Wetter draußen Fahrrad zu fahren." Klar, der Winter hat so seine Tücken. Es wird früher dunkel. Entweder regnet oder schneit es, so dass die Straßen und Wege rutschig und matschig sind. Nach dem Radfahren ist das Rad oft gar nicht mehr als solches wiederzuerkennen, so dreckig ist es – und ich erst. Und wenn ausnahmsweise einmal bei uns im Norden die Sonne scheint – meist ist es eher grau und dunkel –, sind es dennoch –5° C und weniger. Es gibt also genug Gründe, das Fahrrad im Winter im Keller stehen zu lassen.

Ehrlich gesagt sind das für mich aber alles nur Ausreden, die uns der Schweinehund auf dem Silbertablett präsentiert. Gerne greifst du zu – wie beim Naschteller zu Weihnachten. Selbstverständlich gibt es genug andere schöne Dinge, die du statt des Radfahrens machen kannst. Du sitzt kuschelig im Sitzsack oder auf dem Sofa, eingewickelt in deine Lieblingsdecke. Dazu flackert das Feuer im Kamin. In deiner linken Hand hältst du einen leckeren, heißen „Chai Latte" mit Zimtkrone, in der rechten Hand wandern süße Gummibärchen oder Schokotaler in deinen Mund – einer nach dem anderen. Das Fernsehgerät läuft und du schaust deinen Lieblings-Trash-Talk am Nachmittag. Herrlich, nicht wahr? Ab und an ist das absolut in Ordnung, der Schweinehund Marke Yorkshire-Terrier soll auch seine Freude haben. Wenn jedoch der Schweinehund Marke Bull-Terrier am Werk ist, wird es kritisch.

Hallo, wach auf!! Ich bin es, dein Gewissen. Willst du als Couch-Potato enden – kugelrund und bewegungsunfähig? Sicher nicht. Es gibt weitaus mehr Gründe dafür, dich auch im Winter draußen zu bewegen, als Gründe dagegen. Die Frage ist, worauf du deinen Fokus richtest. Ich sage mir: „Es gibt kein schlechtes Wetter, du triffst nur weniger Sportkollegen auf der Straße." Wenn du die passende Kleidung hast, spürst du den Regen und die Kälte minimal. Wie war es damals zu Kindertagen, als du auf dem Fahrrad gesessen hast? Da bist du doch mit Vorliebe durch Pfützen und Matsch gefahren, oder? Das macht auch heute noch Spaß. Wofür gibt es Waschmaschinen und Wasser, um anschließend die Kleidung, das Fahrrad und dich zu reinigen? Das Radfahren im Gelände schult darüber hinaus dein Gleichgewicht. Es gibt ab und an Situationen, wo ein Reifen wegrutscht und die Balance zu halten ist. Das übt. Für den nächsten Sommer bist du gut gerüstet, wenn du plötzlich einmal einem Hindernis ausweichen willst oder der Weg uneben ist. Du siehst, es gibt genug Gründe, sich auch im Winter draußen zu bewegen.

Natürlich brauchst du nicht wie ich im Winter mit dem Mountainbike über Stock und Stein durchs Gelände zu jagen, darum geht es mir nicht. Es gibt auch befahrbare Radwege ... Entscheidend ist, dass du dir immer beide Seiten der Medaille anschaust:

- Was sind die kurzfristigen Vorteile, wenn du ein bestimmtes Verhalten lässt und stattdessen die bequeme Chill-Alternative wählst?
- Was sind die langfristigen Nachteile, wenn du die bequeme Chill-Alternative wählst?

Das Problem ist, dass die Nachteile meist am Anfang nicht groß erscheinen und viel zu spät einsetzen. Wenn du von vornherein für ein wenig förderliches Verhalten wie z. B. Rauchen bestraft werden würdest, würden weitaus weniger Menschen rauchen.

Die Herausforderung dabei sind die alten Gewohnheiten. Über Jahre hast du dich ungesund ernährt und kaum bewegt. Überlege nur einmal, wie viele Jahre du dich bereits so ernährst wie heute. Selbst wenn du dein aktuelles Essverhalten erst zehn Jahre lang tagtäglich wiederholst, sind das bei drei Mahlzeiten am Tag bereits zusammengerechnet über 3.650 Mahlzeiten. Tag für Tag isst du so, wie du aktuell isst – zu viel, zu fett, zu süß, zu salzig. Und plötzlich soll es anders gehen? Plötzlich willst du von einem auf den anderen Tag deine Essgewohnheiten komplett runderneuern? Niemals! Das geht nicht von heute auf morgen. Dafür brauchst du Wochen, es kann sogar mehrere Monate dauern. Doch das ist absolut in Ordnung.

Ich möchte dir die unglaubliche Macht deiner Gewohnheiten anhand folgender Grafik verdeutlichen – Gewohnheiten, bei denen du dir vornimmst: „Ab morgen ernähre ich mich gesünder; ab morgen lese ich täglich Fachthemen zu meiner persönlichen Weiterbildung; ab morgen treibe ich mehr Sport". Wie oft hast du derartige Sätze bisher gesagt? Und alles ist geblieben wie bisher.

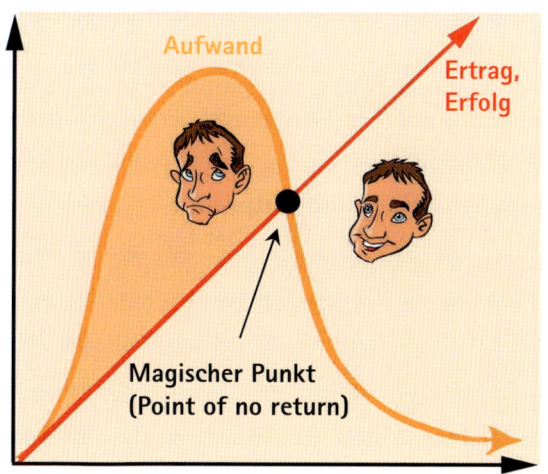

Wie dir in der Grafik deutlich wird, brauchst du anfangs ein hohes Maß an Überwindung, um eine neue Gewohnheit zu entwickeln. Dem steht zunächst ein geringer Ertrag gegenüber. Dein Schweinehund wohnt in der

Gegenwart. Der sieht den magischen Punkt, den „Point of no return", nicht. Ab diesem Zeitpunkt ist der Aufwand, sich der neuen Gewohnheit zu widmen, geringer als der fühlbare Erfolg. In der Wirtschaft sprichst du von „break even". Du erreichst mit weniger Überwindung und Aufwand einen höheren Ertrag. Erfolg wie Misserfolg kommen nicht über Nacht. Beide sind die logische Konsequenz deiner Gewohnheiten im Denken, Fühlen, Sprechen und Handeln. Bist du zu dick, ist das keine Sache, die dir über Nacht passiert ist: „Upps, wo kommen die 10 kg Übergewicht plötzlich her? Gestern hatte ich sie doch noch nicht." Dabei ist dies die logische Konsequenz deiner Gewohnheiten, falsch zu essen und dich zu wenig zu bewegen. Exakt dasselbe gilt für alle deine Gewohnheiten – ob schulische, berufliche, sportliche oder private. Die Verbesserung deiner Gewohnheiten ist mit Schmerzen und Training verbunden. Ich kann dir leider nichts anderes erzählen. Und wenn dir ein sogenannter Experte etwas anderes erzählt, dann lügt er. Beim Abnehmen ist nur der Chirurg die einzige schnellere und bequemere Alternative zum Sport. So ist das Leben, hart und ungerecht. Willst du die schönen Seiten des Lebens genießen, gehört vorher harte Arbeit dazu. Also leg los.

Im Folgenden erhältst du sieben wirksame Tipps, die dich unterstützen, über die fünf Wochen dieses Erfolgsprogramms hinaus dabei zu bleiben und nachhaltig die Verhaltensverbesserungen zu erzielen, um langfristig mehr LEBEnsqualität zu gewinnen.

1. Bestimme deine „Schweinehund-Hitparade"!
Kennst du die ZDF-Hitparade? 15 Jahre hat Dieter Thomas Heck sie moderiert. Die Sendung habe ich als Kind sehr gerne geschaut. Heute hat dein Schweinehund die Aufgabe des Schnellsprechers der Nation übernommen. Dauernd haut er dir Ausreden um die Ohren, warum du dieses oder jenes zu unterlassen hast. Die nimmst du dankend an. Da kommen Sätze wie: „Für Sport habe ich einfach keine Zeit. Ich habe so viel zu tun und bin unentbehrlich im Büro."; „Das Wetter ist einfach zu nass und kalt."; „Das kann ich morgen auch noch machen, wenn die Sonne scheint."

Übung: Schweinehund-Hitparade

Schreibe alle Ausreden auf, die ,Ach-nö' dir auf dem Silbertablett serviert, wenn du etwas unterlässt, was du eigentlich tun wolltest.

Anschließend erstelle deine Hitparade, z. B. heute auf Platz 3 neu eingestiegen: „Einmal ist keinmal!" Seit drei Wochen unangefochten auf Platz 1 und damit heute letztmalig dabei: „Ich habe keine Zeit."

Platz 3:

Platz 2:

Platz 1:

Es gibt keine Zeitprobleme. Es gibt nur Prioritätenprobleme. Wenn du keine Zeit für so etwas wie Laufen, gesunde Ernährung, Weiterbildung oder Entspannung hast, dann ist dir das einfach nicht wichtig genug. Punkt, Ende, Aus. Die Woche hat 168 Stunden. Ich empfehle dir z. B. knapp 2 Stunden Sport die Woche. Das entspricht weniger als 1,5 % deiner Zeit. Der Durchschnittsdeutsche hat 3 Stunden 41 Minuten Zeit pro Tag, um Talkshows, Gerichts- oder Kochsendungen etc. zu schauen, jedoch keine Zeit für Sport. Sicher! Räume dem Sport in Zukunft Zeit ein wie einem Geschäftstermin. Den hältst du ja auch ein. Lege z. B. sonntags fest, wann du die nächste Woche „Bewegung" in deinen Tag einbaust.

2. Mache dir ein Kopfkino! Denke an eine gelbe, saftige Zitrone

Lese die folgende Übung aufmerksam durch und mache dir anschließend dazu die gewünschten Bilder im Kopf – visualisiere die Übung als Film.

Übung: Kopfkino

Stelle dir vor, neben dir liegt ein rundes Holzbrett auf dem Tisch. Auf dem Brett liegen eine sonnengelbe, saftige Zitrone und daneben ein scharfes Messer. Schneide die Zitrone mittig mit dem Messer durch und nimm eine Hälfte in deine linke Hand.

Beim Greifen der Zitrone läuft Saft über deine Finger. Lehne deinen Kopf leicht zurück, öffne deinen Mund und drücke die Zitrone oberhalb deines geöffneten Mundes zusammen. Zitronensaft fließt in deinen Mund. Drücke deine Hand stärker zusammen, so dass sich mehr Zitronensaft im Mund sammelt.

Was ist gerade bei dir im Mund und vielleicht sogar im Gesicht passiert? Hat sich bei dir wie bei vielen meiner Teilnehmer Speichel gebildet? Vielleicht hast du sogar das Gesicht etwas verzogen. Wo ist die Zitrone? Nur in deiner Vorstellung. Du hast sie dir als kurzen Kinofilm vorgestellt. Das hat ausgereicht, um bei dir eine Speichelbildung und eine „Gesichtslähmung" zu erzeugen.

Dein Unterbewusstsein besitzt keinen Filter und unterscheidet nicht, ob diese Situation real geschieht oder lediglich vorgestellt wird. Beim Zitronensaft hat dein Unterbewusstsein bereits reichlich Erfahrung gesammelt, nämlich, dass dieser sauer ist, Speichel produziert und du das Gesicht verziehst. Sobald es das Bild dazu erhält, veranlasst das Unterbewusstsein die entsprechenden Handlungen.

Stelle dir das angestrebte Ziel bereits als erreicht vor – als Kinofilm. Genau so, als hättest du es bereits erreicht. Stelle dir möglichst realistisch vor, wie du dich bzw. deine Gesundheit und deine LEBEnsqualität sich entwickeln, wenn du weiter machst wie bisher. Drehe in deinem Kopf einen Horrorfilm, wie es sein wird, wenn du immer dicker wirst, dich schwerfälliger bewegst, ständig krank bist, vielleicht sogar mit einem Rollator unterwegs bist, den du zur Fortbewegung brauchst. Oder wie du ständig die Namen deiner Kunden vergisst und sogar die deiner Kinder, weil dein Gehirn andere Dinge macht, als du von ihm erwartest. Vielleicht landest du sogar auf der Intensivstation und/oder verlierst deinen Job und/oder deine Beziehung. Dieses Horrorszenario schreckt ab. Das willst du unbedingt vermeiden. Diese „Vermeidung-von-Schmerz-" oder Angst-Motivation bringt dich in die Handlungsebene.

Entwickle darüber hinaus eine tolle Komödie, vielleicht sogar eine Liebesschnulze in deinem Kopf. Mache dir Bilder davon, wie es dir in Zukunft gehen soll. Wie willst du aussehen? Wie willst du die Treppen hoch laufen können, ohne aus der Puste zu kommen? Wie fit und flott willst du mit deinen Kindern oder deinen Enkeln in Zukunft beim Fangen oder Fußball spielen über den Rasen toben, während denen die Puste ausgeht? Oder mit ihnen auf dem Trampolin hüpfen, sie in die Luft werfen und anschließend auch wieder auffangen können, ohne gleich mit Hexenschuss im nächsten Krankenhaus zu landen? Diese „Hin-zu-Freude-" oder Spaß-Motivation macht Lust auf mehr.

Das Kopfkino bringt dich ins Handeln. Rufe dir die Bilder des Horrorfilms und der Komödie morgens und abends für jeweils 2:22 Minuten hervor und ich garantiere dir: Du kommst ins Handeln. Stelle dir bis zu fünf Ziele bildhaft als bereits erreicht vor, die du in verschiedenen LEBE-Bereichen erreichen willst. Sieh dich, wie du in Zukunft ohne Einkaufszettel deine Einkäufe erledigst. Siehe dich, wie du dir superschnell die Namen deiner Kunden merken kannst. Sieh dich, wie du durch Sport und ausgewogene Ernährung immer fitter wirst, dein Wunschgewicht erreichst, eine glückliche Beziehung führst, engagierte Mitarbeiter hast. Stellst du dir solche Ergebnisse vor, steigt die Wahrscheinlichkeit immens, dass diese eintreten. Eines sei dir dabei jedoch bewusst: Dir dein Ziel als bereits erreicht vorzustellen, ist der erste Schritt. Um es auch zu erreichen, gilt es für dich, im nächsten Schritt ins Handeln zu kommen und an der Umsetzung zu arbeiten – mit Disziplin und Ausdauer.

Hänge zusätzlich ein Foto aus guten Zeiten an den Kleiderschrank und ein unvorteilhaftes neben den Badezimmerspiegel, an den Kühlschrank oder die Naschschublade. So ein richtiges Schockerfoto. Gibt es keines? Dann lade dir für beide Fälle je ein passendes Foto aus dem Internet und tausche deren Köpfe gegen deinen eigenen aus.

Spitzensportler, wie z. B. Charly Steeb, arbeiten regelmäßig mit Visualisierungen. Die Ergebnisse sind mal positiv und natürlich auch mal negativ: *„In der Meditation habe ich mit Visualisierungen gearbeitet. Natürlich auch, um Bewegungsabläufe sehr exakt durchzuführen, was im Kung-Fu notwendig ist. Ich musste mir Bewegungsabläufe bildlich vorstellen. Ohne geht es nicht. So war es auch im Tennis. Auch habe ich mir intuitiv bestimmte Ziele gesteckt und viele auch erreicht. Egal, ob es der Davis-Cup-Sieg, ein Turniersieg oder auch die Vorstellung vor einem Match war, den Gegner am nächsten Tag zu schlagen. Zum Teil habe ich mir auch Ziele gesteckt, die unter Umständen zu tief waren und ich deshalb nicht noch einen Schritt weiter gekommen bin. So ist es mir sehr schwer gefallen, am nächsten Tag den Gegner zu bezwingen, wenn ich mir das am Tag vorher nicht vorstellen konnte."*

3. Erwecke den Teamgeist zum Leben

Erzähle anderen von deinen Vorhaben, die du unternehmen willst, um deine LEBEnsqualität zu steigern. Die meisten denken sich: „Ich will mehr Zeit mit meiner Familie verbringen. Ich will 10 kg abnehmen. Das erzähle ich jedoch keinem. Ich bin doch nicht blöd. Denn wenn ich scheitern sollte, habe ich die klugen Sprüche der anderen an der Backe, die es ja bekanntlich alle bereits vorher wussten."

Erfolgreiche Menschen erzählen anderen von ihren Zielen. Weihst du deine Familie, Freunde und/oder Kollegen in deine Pläne ein, kannst du mit zusätzlicher Motivation rechnen – natürlich auch mit zusätzlichem Druck. Ja, Druck. Druck ist positiv und gehört dazu, um erfolgreich zu sein. Diese Personen kommen in regelmäßigen Abständen auf dich zu und stellen Fragen: „Und wie läuft's?"; „Wie weit bist du?"; „Was hast du bereits umgesetzt?" Da überlegst du dir zwei Mal, inwieweit du die Verabredung mit deinem Schatz cancelst, auf Sport verzichtest oder dem Lockruf der Schwarzwälder Kirschtorte „Iss mich!" beim Bäcker nachgibst. Wenn du dann in einem Eigenmotivationsloch steckst, das wir alle hin und wieder haben, kommen deine Freunde und treten dir leicht in den Hintern: „Komm, du wolltest doch aus dem Quark kommen und ..." Schon raffst du dich eher wieder auf, als wenn du allein mit deinem Ziel zu kämpfen hättest. Neckische Kommentare werden deinem inneren Schweinehund bei den paar Tröpfchen draußen schon Beine machen. Außerdem ist es hilfreich, wenn ab und an jemand nachfragt, wie es um die Umsetzung deiner Vorsätze steht und dich für Erfolge lobt – seien sie noch so klein. Ansporn und Kontrolle sind wichtige Mittel, um das neue Vorhaben durchzusetzen.

Unter Teamgeist verstehe ich auch, dass du dir Verstärkung für die Umsetzung deiner Ziele suchst. Gleichgültig, ob du eine neue Fremdsprache lernen, nicht mehr rauchen, dich öfter bewegen, gesünder ernähren oder ob du abnehmen willst: Suche dir Unterstützung, ob im Freundeskreis oder durch professionelle Helfer wie  Ärzte, Apotheker, Coaches oder (Personal-)Trainer. Suche dir vor allem Gleichgesinnte. Verabrede dich z. B. mit anderen zum Sport, indem ihr feste

Termine vereinbart. Das schützt vor Ausreden, die ,Ach-nö' zu Genüge bereithält, um dich von deinem Vorhaben abzuhalten. Wenn du anderen nämlich absagen musst, fällt es dir schwerer, dich zu drücken, falls du keine Lust hast. Machst du hingegen alleine Sport, fällt es dir leicht, schnell mal die Sporteinheit zu streichen. Finde andere Mitstreiter, die mit dir morgens zum Waldlauf starten oder auch weniger Rauchen wollen. Ständig höre ich gerade von Personen mit Fahrgemeinschaften Sätze wie: „Komm, wann soll ich noch Sport in meinen Tag einbauen? Morgens fahre ich mit Kollegen in einer Fahrgemeinschaft zur Arbeit. Und abends nach der Arbeit fahren wir natürlich auch wieder gemeinsam zurück. Die würden nicht auf mich warten, wenn ich direkt nach der Arbeit noch eine Laufrunde hinlege oder ins nahe gelegene Fitnessstudio gehe. Und zu Hause wartet meine Familie auf mich. Da bleibt auch keine Zeit mehr." Animiere deine Kollegen aus der Fahrgemeinschaft, gemeinsam am nächsten 5km-Volkslauf mit einer Firmenstaffel teilzunehmen. Und/oder schwinge dich mit deinen Lieben nach der Arbeit aufs Rad, um gemeinsam eine Runde zu drehen.

4. Teile deine Ziele in Häppchen (Teilziele)!

Erklimme eine kleine Bergetappe nach der nächsten, Schritt für Schritt. Beim Lernen des Skifahrens rast du auch nicht gleich am ersten Tag die schwarze Piste bergab. Du bist froh, dass du heil den Idiotenhügel hinter dem Hotel herauf- und herunterkommst. Ich spreche aus Erfahrung. Mache dir die Umsetzung deiner Ziele möglichst einfach. Wenn du weniger Süßigkeiten essen möchtest, kaufe dir einfach weniger oder gar keine. Sind Süßigkeiten und fettes Essen im Haus, werden sie auch gegessen. Nimm kleine Teller, damit die Portionen größer wirken. Greife mehr zu Obst und Gemüse und weniger zu Schokolade und Chips. Jeder Tipp für sich genommen ist ein kleiner Teilschritt – ein wertvolles Häppchen – auf deinem Weg zum Ziel.
Stelle dir die Kleidung für den Morgenlauf bereits am Vorabend bereit. So schlüpfst du direkt nach dem Aufstehen in deine Turnschuhe. Oder nimm die gepackte Sporttasche mit zur Arbeit und fahre im Anschluss direkt zum Training, damit du nicht zu Hause vor dem Fernseher versackst.
Erklimme dein Ziel in Teilschritten. Willst du mit dem Rauchen aufhören, rauche statt einer Schachtel am Tag in Zukunft „nur" noch höchstens 15 Zigaretten täglich. Lege jedoch einen festen Termin fest, an dem du diesen Teilschritt geschafft haben willst. Dann folgt die nächste Etappe – z. B.

höchstens 12 Zigaretten. Perfektionismus ist dabei fehl am Platz. Gehe es daher lieber langsam an und freue dich über kleine Erfolge.

5. Belohne dich für Erreichtes!

Du hast die erste Etappe gemeistert? Dann gönne dir eine kleine Belohnung. Erfolgreiche Menschen belohnen sich für ihre Fortschritte auf das Ziel hin. Sportler feiern ihre Siege – die großen insbesondere – mit dem gesamten Absturzprogramm, hicks ... Wir haben es leider verlernt, uns über Erreichtes zu freuen. Das ist schade und kostet viel Motivation.

Deine Belohnungen sollten jedoch niemals im Gegensatz zu deinen Zielen stehen. Wenn du 20 kg abnehmen willst und bereits die ersten 5 kg erreicht hast, macht es natürlich wenig Sinn, dich mit einem Supersparmenü vom Fast-Food-Riesen zu belohnen. Und auch nicht, dass du auf die Idee kommst, dich mit einer Zigarette zu belohnen, wenn du eine Woche das Rauchen gelassen hast, oder eine Packung Kinderschokolade verdrückst, weil du dein Marzipanbrot auf fünf Tage statt fünf Minuten aufgeteilt hast. Schaffe Anreize, bei denen sich das Fitness-Studio gegen die Pommesbude durchsetzen kann. Gönne dir nach dem Sport einen Saunabesuch oder eine schöne, entspannende Massage. Denke bereits vor dem Sport daran, wie gut

 und entspannt du dich danach fühlst. Oder schenke dir etwas Nettes wie einen Kinobesuch oder einen Wellness-Gutschein, wenn du es geschafft hast, zwei Wochen lang planmäßig zum Training zu gehen. Das motiviert dich zusätzlich, deinen Vorsätzen treu zu bleiben. Denn Verhalten, das als belohnend empfunden wird, tritt häufiger auf.

Wenn du bereits vor dem Start zur Zielumsetzung eine Belohnung im Kopf hast, die du am Ende bei Zielerreichung bekommst, marschiert es sich weitaus leichter. So kann aus Pflicht Vergnügen werden.

Speziell wenn du dir das Ziel „Mehr Sport" vornimmst, merkst du bereits nach wenigen Wochen regelmäßigen Trainings, dass die Erfolge motivieren und es dir von Mal zu Mal leichter fällt, dein Sportprogramm durchzuführen. Denn nicht nur deine Figur wird straffer, auch dein Kreislauf und Stoffwechsel profitieren von sportlicher Bewegung – und das spürst du. Ein schöner und gewinnbringender Nebeneffekt, den „Sofaschlaffis" zu Beginn unterschätzen: Sport kostet in den ersten Wochen zwar viel Überwindung und mag erschöpfen, ist jedoch langfristig ein Antriebsbeschleuniger, der für mehr Energie sorgt. Ich kenne einige viel beschäftigte Manager, die trotz eines 15-Stunden-Tages täglich Sport treiben und ihre knapp bemessene Freizeit mit etwas Bewegung verbringen.

Um seinen Schweinehund zu zähmen, macht der Erfinder Sven Olsen u. a. Folgendes: *„Ich stelle mir das Ergebnis, das ich erreichen möchte, bereits als erreicht vor. Das, was ich quasi als Belohnung für mein Tun bekomme. Das gute Gefühl nach dem Sport zum Beispiel. Oder ich setze mir eine Belohnung aus. Manchmal schenke ich mir etwas Kleines. Das ist irgendwie auch witzig. Das T–Shirt, die neue Hose, oder bei mir war es auch mal eine Gitarre. Dinge, die man sich bei sich selbst erarbeitet hat, sind tausend Mal wertvoller und haben plötzlich einen neuen Sinn."*

6. Bleibe am Ball und mache weiter, bis du dein Ziel erreicht hast!

Geht nicht, gibt's nicht. Geht schwer, gibt's schon! Niederlagen gehören dazu. Das bestätigt dir jeder Spitzensportler. Und am meisten lernen wir nun einmal aus unseren Fehlern und Misserfolgen. Deshalb gib niemals auf, deine Vorsätze in die Tat umzusetzen, nur weil du beim Bäcker dem Kuchen nicht widerstehen konntest. Gleiches gilt, wenn der Wecker morgens um 6 Uhr klingelt und sagt: „Los geht's. Laufen." Und „Ach-nö" erwidert: „Los, leg dich wieder hin!" und geht als Sieger aus dem Spiel hervor. Viele geben jetzt bereits auf und sagen: „Das klappt ja eh nicht mit dem Sport und der Ernährungsumstellung!" Denke an dein Ziel!

Genauso wird es, wenn Abnehmen dein größter Wunsch ist, Phasen geben, in denen dein Gewicht über Wochen hinweg stagniert oder du sogar kurzfristig wieder ein bisschen zunimmst. Selbst dann, wenn du dich streng an alle Ernährungs- und Bewegungs-Tipps hältst. Dies ist zwar frustrierend, gehört jedoch dazu. Das Phänomen lässt sich leicht erklären: Muskeln sind schwerer als Fett, sie bestehen immerhin zu 80 % aus Wasser. Wenn dein Körper dank Sport Fett verliert und gleichzeitig Muskelmasse zulegt, ist es logisch, dass dein Körper dabei nicht unbegrenzt Gewicht verlieren kann. Muskeln werden schneller aufgebaut als Fett verbrannt. So passiert es, dass du, was das absolute Gewicht betrifft, auf der Stelle trittst, obwohl du weiterhin natürlich Fett verlierst. Bleibst du am Ball, profitierst du zeitversetzt, indem dein Körper zukünftig noch effizienter Fett verbrennt und dann auch dein Gewicht weiter sinkt. Lasse dich niemals von der Waage blenden. Viel wichtiger ist der Blick in den Spiegel. Und wenn du siehst und fühlst, dass dein Körper an Flauschigkeit verliert, während er wieder an Festigkeit gewinnt, bist du auf dem richtigen Weg. Willst du genau wissen, wie es um deinen Körper steht, lässt du in regelmäßigen Abständen in deinem Fitnessstudio, vom Personal-Trainer oder vom Arzt oder Apotheker dein Körperfett messen, z. B. über die „Bioelektrische Impedanzanalyse". Da siehst du dann schwarz auf weiß, wie viel Fett du ab- und wie viel Muskelmasse du aufgebaut hast.

Es gibt kein Versagen. Wenn du eine Sache angehst und dabei scheiterst, jedoch daraus lernst, wie du es beim nächsten Mal besser machen kannst, dann ist die scheinbare Niederlage ein Erfolg. Der erfolgreiche Persönlichkeitstrainer und Bestsellerautor Anthony Robbins sagt: *„Erfolg ist das Ergebnis richtiger Entscheidungen. Richtige Entscheidungen sind das Ergebnis von Erfahrung. Erfahrung ist das Ergebnis falscher Entscheidungen."*

Wenn du daran arbeitest, immer besser zu werden und aus deinen Fehlern lernst, wirst du automatisch erfolgreicher und gewinnst an LEBEnsqualität. Gescheitert bist du dagegen erst, wenn du aufgegeben hast.

Was die meisten bei der Beschäftigung mit ihren Zielen vergessen, ist das Einplanen von Rückschlägen. Erfolgreiche Menschen planen Rückschläge auf dem Weg zu ihrem Ziel mit ein. Kennst du das Buch „The Secret"? Im Buch heißt es: „Setze dir ein Ziel, glaube daran und denke nur noch positiv. Dann erreichst du dein Ziel." Menschen, die nur positiv denken und sich ein großes Ziel setzen, tendieren bei einem Rückschlag dazu aufzugeben. Amerikanische Wissenschaftler haben im Rahmen einer Studie herausgefunden, dass die Erfolgreichen sich ein Ziel setzen und sich gleichzeitig fragen: Was sind die drei schlimmsten Rückschläge, die in Bezug auf das Ziel auftreten könnten? Frage dich bereits im Vorhinein, bevor du in die Zielumsetzung gehst: „Wie gehe ich mit möglichen Rückschlägen um?" So vorbereitet wirst du selbstbewusst und zielsicher diesen Rückschlag meistern.

Selbst über 95 % der Unternehmen gehen falsch mit Zielen um. Wenn ich für Jahresauftaktveranstaltungen gebucht werde, in denen den Mitarbeitern die Unternehmensziele vorgestellt werden, frage ich: „Was machen Ihre Mitarbeiter, wenn ein Rückschlag eintritt?" Daraufhin gucken mich die Chefs schief an und antworten: „Sie sind doch hier, um unsere Mitarbeiter zu motivieren. Es wird keine Rückschläge geben." Was die meisten vergessen bzw. teilweise auch gar nicht wissen, ist: Rückschläge gibt es immer, gleichgültig, wie motiviert du bist. Und so treten im Fall dieser Unternehmen spätestens nach drei Monaten des neuen Geschäftsjahres die ersten Rückschläge auf und plötzlich sind die Mitarbeiter überfordert und vor allem schnell demotiviert, weil keiner eine Idee hat, wie er mit diesen Rückschlägen umgehen soll. Darauf sind die Mitarbeiter nicht vorbereitet.

Gleiches erlebe ich regelmäßig im Spitzensport. Da bereiten Trainer ihre Spieler z. B. nicht darauf vor, dass sie selbst als klarer Favorit gegen den vermeintlichen Außenseiter plötzlich auch einmal hinten liegen können. Als Begründung höre ich dann Aussagen von den Trainern wie: „Die sollen sich gar nicht erst mit einem möglichen Rückstand beschäftigen. Beachtung bringt Verstärkung. Und umso mehr sie sich mit irgendwelchen Horrorszenarien beschäftigen, desto schlechter spielen sie und desto eher verlieren wir dann." Aber wenn der Rückstand dann plötzlich da ist, fehlt ihnen die richtige Umgangsweise damit.

Verstehe mich bitte richtig, ich will keineswegs, dass du dich lange mit möglichen Rückschlägen beschäftigst. Das wäre unsinnig. Ich empfehle dir jedoch Folgendes: Mache dir im Vorlauf deiner Zielumsetzung kurz Gedanken darüber, welche Rückschläge auftreten könnten und wie du mit diesen umgehen würdest. Das gibt dir Sicherheit und das nötige Selbstbewusstsein. Du bist gut darauf vorbereitet, wenn sie doch einmal eintreten sollten. Wichtig ist, dass du dich durch sie weder beeindrucken noch entmutigen lässt. Anschließend kannst du mit der Überzeugung, dein Ziel zu erreichen, an dessen Umsetzung weiterarbeiten.

Es ist einfacher als du denkst. Nur warum befolgst du diesen Tipp bisher so selten? Weil du Rückschläge als Versagen empfindest und Angst hast zu versagen. Diese Gefühle blockieren dich und hindern dich daran, das Notwendige zu tun, um dein Leben zu verbessern. Jeder hat Probleme und erlebt immer wieder Enttäuschungen. Es kommt nur darauf an, wie du mit diesen Rückschlägen umgehst. Das beeinflusst dein Leben mehr als alles andere.

7. Führe ein Erfolgstagebuch!

Dokumentiere deine Fortschritte in einem Tagebuch, das macht sie überprüfbar. Vor allem steigt zusätzlich die Motivation, wenn du es schwarz auf weiß hast, dass du z. B. immer fitter wirst; dein Körperfettanteil sinkt; du dich frischer und konzentrierter fühlst, weil du regelmäßig trinkst; du deine

Laufstrecke in kürzerer Zeit und gleichzeitig bei einer niedrigeren Herzfrequenz läufst als noch zu Beginn. Erfolge motivieren dich, weiter zu machen.

Schreibe dir täglich drei Erfolge auf – z. B. drei Teilschritte, die du bereits umgesetzt hast, um dein Ziel zu erreichen. Gerade an Tagen, an denen du ein Motivationsproblem hast, es schlechter läuft oder du gar überlegst, alles hinzuschmeißen und zu deinen alten Gewohnheiten zurückzukehren, weil sie doch bequemer sind, nimm dein Erfolgstagebuch zur Hand und lies dir die Punkte durch. Du siehst sofort, was du bereits alles erreicht hast. Das motiviert, dabei zu bleiben. Der Blick zurück auf das bisher Erreichte unterstützt dich, kleine Rückschläge zu verkraften.

Du denkst: „Wie soll ich mir täglich drei Erfolge aus den Fingern saugen? Am Anfang gibt es gar keine sichtbaren Erfolge. Und selbst wenn, spätestens nach einer Woche wiederholen sich die Erfolge doch sowieso." Wenn von Erfolgen die Rede ist, hast du sofort die großen im Auge. Passend zur früheren Sparkassenwerbung: „Mein Haus, mein Auto, mein Boot." Große Erfolge sind toll, keine Frage. Es geht hier jedoch vor allem um die kleinen Erfolge, die du in der Regel zu wenig würdigst. Und davon gibt es eine Menge. Das wirst du sehen, wenn du dich erst einmal dafür sensibilisierst. Zum Beispiel, dass du statt zwei Stücken Zucker nur noch ein Stück in deinen Tee gibst. Oder dass du statt des Fahrstuhls die Treppen auf dem Weg zu deinem Büro genommen hast. Selbst wenn du dieses Verhalten bisher erst ein einziges Mal gezeigt hast, ist es eine Erwähnung in deinem Erfolgstagebuch wert. Die vielen Kleinigkeiten sind es, die eine große Wirkung erzielen: der Name eines neuen Kunden, den du dir trotz angeblich schlechten Namensgedächtnisses gleich beim ersten Mal merkst. Der Griff in den Obstkorb statt in die Naschtüte als Nachmittagssnack. Die Extrarunde um den Block am Abend statt des sofortigen Kuschelns auf dem Sofa. Und, und, und.

Erkenne, dass es unsinnig ist, auf andere, bessere Ergebnisse zu hoffen, solange du an den alten Strategien festhältst. Teste neue Wege aus und lasse dich niemals unterkriegen. Verfolge deine Ziele und handle dabei entschlossen und ausdauernd. Als Ergebnis erreichst du das, was du willst, wenn du bereit bist, dich von dem Gedanken zu verabschieden, nichts verbessern zu können. Konzentriere dich auf das, was du bereits heute tun kannst und wenn es nur kleine Schritte sind. Step by Step kommst du voran. Befolge die Nike Werbung: Just do it! Tu es einfach!

„Das Ziel ist die Motivation" – Interview mit Birgit Fischer

Birgit Fischer ist die erfolgreichste Kanutin aller Zeiten. Mit mittlerweile acht Goldmedaillen ist Birgit darüber hinaus die bislang siegreichste Olympiasportlerin Deutschlands. „Immer einen Paddelschlag voraus", nach dieser Devise hat sie schon von klein auf gekämpft. Ihr Ziel hat sie immer klar vor Augen: *„Mein Ziel war immer Gold. Immer ganz oben stehen. Denn so habe ich begonnen, da macht man nicht gerne Abstriche."*
Heute bietet Birgit Leistungs- und Mentaltraining für Führungskräfte, erlebnisorientierte Kanu-Events und Personal-Training für Wettkampfsportler und jedermann.[16]

Was bedeutet für dich LEBEnsqualität?

Zeit, Gesundheit, Freunde.

Welche Bedeutung hat lebenslanges Lernen für dich?

Lernen ist etwas Tolles. Mit Lernen muss man nicht ein großes Studium verbinden. Sich vorwärts bringen im Leben mit Lesen oder durch Unterhaltung mit Menschen, die von Dingen mehr verstehen als man selbst, ist wichtig. Lebenslanges Lernen macht einfach Spaß.

Gerade in meiner Sportart Kanu hat sich in den letzten Jahren so viel verändert. Es fing an mit der grundsätzlichen Änderung der Form des Paddels und vor sechs Jahren gab es noch grundsätzliche Bootsveränderungen. Wenn

---

[16] Mehr zu Birgit unter: http://www.kanufisch.com

du da nicht bereit bist, mitzumachen und meinst: „Das Alte war bewährt und gut", dann bist du schnell ganz hinten dran. Da ist es erforderlich, auf der Höhe der Zeit zu sein, ohne Scheu und ohne Angst. Du bleibst schnell auf der Strecke, wenn du nicht offen bist für Neues.

Hast du eine spezielle oder mehrere Lernmethoden, um dir z.B. besser Namen, Geheimzahlen deiner EC-Karte oder eine Einkaufsliste zu merken?

Auf jeden Fall. Ich lerne viel über die Bildsprache. Jahreszahlen und Zahlen merke ich mir über die Geburtstage meiner Familienmitglieder, meiner Geschwister, Kinder usw.

Worauf achtest du im Rahmen deiner Ernährung?

Ich bin der Meinung, man sollte essen und trinken, was der Körper gerade verlangt. Bei mir ist es gerade jetzt, wo ich wieder verstärkt im Training bin, eine Mischung aus: „Gib dem Körper, was er verlangt" und Vernunftessen. Wenn du deinem Körper zuhören kannst, erzählt er dir auch, was er braucht.

Welche Rolle spielen Kraft- und Ausdauertraining in deinem Leben? Welches Training hat die höhere Bedeutung?

Beide Arten des Trainings sind für meine Sportart wichtig. So macht Ausdauertraining etwa 20 % meines Trainings aus. Krafttraining macht einen etwas größeren Anteil aus. Auch wenn man Krafttraining ganz gerne mal weiter wegschiebt, muss es einfach gemacht werden. Im Mittelpunkt steht jedoch das Paddeln, hier das Intervalltraining, das nimmt die meiste Zeit in Anspruch.

Trainierst du sieben Tage die Woche? Wie wichtig sind Ruhephasen?

In der Regel sollte man seinem Körper mindestens einen Tag in der Woche gönnen, an dem man nichts tut. Selbst der Körper eines Hochleistungssportlers braucht mal Ruhe, denn nur in der Pause wächst der Muskel. Eine ausgewogene Be- und Entlastung ist unabdinglich für die Leistungsfähigkeit.

Welche Formen der Entspannung nutzt du, um dein Anspannungsniveau zu senken?

Ich setze auf eine Art Autogenes Training, aber nicht in der Art, mich irgendwo hinzusetzen und „Ohmm" zu machen. Ich entspanne am besten bei

Spaziergängen oder wenn ich mit dem Fotoapparat unterwegs bin. Das geht in die Richtung: „Ich vergesse alles um mich herum und mache nur noch das Eine." Sich wirklich auf eine Sache zu fokussieren und nicht tausend andere Gedanken im Kopf zu haben, ist entscheidend. Auch kann ich gut beim Paddeln entspannen. Einfach mit einem Wander-Boot rausfahren und mich treiben lassen. Ich fotografiere viel vom Wasser aus. Auch bei der Gartenarbeit kann ich sehr gut entspannen und richtig abschalten.

Wie hältst du dir die Motivation, täglich zu trainieren?

In erster Linie muss es mir Spaß machen. Auch eine Zielformulierung brauche ich zum Trainieren. Das geht vielen Menschen so: Ein Ziel motiviert und lässt uns durchhalten. Andere kapitulieren leider bereits, wenn sie ihre Ziele formulieren. Ein Ziel muss eine Herausforderung sein, nicht „Pillepalle". Das ist Motivation genug für mich.

Welche Rolle spielen mentale Grenzen bei dir, gerade in Bezug auf die Herausforderung, dich für die Olympischen Spiele 2012 in London zu qualifizieren?

Ich werde von vielen zurückgepfiffen und erhalte Aussagen wie: „Mensch, wie kannst du ein viertes Comeback starten? Du bist doch als Königin abgetreten. Das kann doch nur schief gehen." Ich trainiere aktuell nicht auf Olympia zu, sondern trainiere auf meine Leistungsgrenze zu. Olympia kann aktuell nicht mein Ziel sein. Das ist weit weg. Olympia ist eine Folge des Erreichens meiner Leistungsgrenze. Mein Ziel ist, meine persönliche Leistungsgrenze zu finden. Zu schauen, inwieweit der Körper noch die nötige Zeit von 1:50 min. auf 500-Meter-Strecke erreichen kann. Solange ich glaube, dass ich noch mithalten kann, komme ich nicht zur Ruhe. Wenn es am Ende heißt: „Du kannst bei den Jungen nicht mehr mitfahren", dann habe ich wenigstens die Sicherheit zu wissen, dass ich tatsächlich nicht mehr mithalten kann.

Praktische Anwendung

1. Tag: MOTIVATION – Dein 5-Kugel-Spiel: das absolute Glück

Für den Erfinder und Unternehmer Sven Olsen bedeutet LEBEnsqualität *„ein Gefühl, das eng mit dem Empfinden von Glück verbunden ist. Natürlich gibt es Voraussetzungen, wie die Gesundheit zum Beispiel, die Grundlage allen Glücks sind. Persönlich empfinde ich Glück u. a. dadurch, meinen Gedanken freien Lauf zu lassen und sie nicht einzusperren."*

Warum machst du das, was du tust? Du strengst dich an, arbeitest. Was willst du am Ende damit erreichen? Deine Aussagen dürften in die folgende Richtung gehen: „Überleben, Erfolg, Freude, Liebe, Geld, Gesundheit." Wozu führt das in letzter Konsequenz: dass du zufrieden bist.
In unserem Land – dem Land der Jammerer und Quaker – benutzen wir das Wort „Zufriedenheit". In vielen anderen Ländern der Welt heißt es einfach: „glücklich sein". Du gibst dich jedoch mit „Zufriedenheit" zufrieden. Das Wort „befriedigend" klingt ähnlich und hat denselben Wortstamm „fried". „Fried" erinnert mich irgendwie an „Friedhof". In der Schule ist „befriedigend" die drittbeste Note. Damit bist du in deinem Leben bereits zufrieden? Warum sprichst du von „Zufriedenheit", obwohl du „glücklich sein" meinst? Die Erklärung ist einfach: „Glück" ist erst seit Glückspapst Dr. med. Eckart von Hirschhausen auf dem Vormarsch. Bisher war glücklich sein verboten. Gleichgültig, wohin du auch kommst – zur Arbeit, auf eine Party, zum Sporttraining, auf eine Veranstaltung –, du bist schlecht drauf, also so wie meistens. Dann stellst du fest: „Das ist für die anderen total normal und vollkommen o. k." Auf die Frage hin: „Und, wie geht's?" antwortest du: „Ach, es muss!" Auch hier erhältst du keine Reaktion, weil es keinen wirklich interessiert. Oder eine Antwort in der Form: „Ja, bei mir auch." Nur wehe, wenn dich jemand fragt, wie es dir geht, und du antwortest: „Total genial. Phantastisch. Ich bin so was von glücklich und gut drauf." In diesem Fall schauen dich die Menschen verwirrt an und sagen: „Ganz ruhig, das wird schon wieder!" oder „Mensch, was hast du denn genommen?" Normal ist, mehr oder weniger deprimiert in der Ecke zu stehen und über die aktuelle Situation zu lamentieren sowie körperliche und seelische Wehwehchen auszutauschen. Alkohol sehen viele dann als Mittel dafür, dass es erträgli-

cher wird und es ihnen besser geht – wenigstens für ein paar Stunden. Ist das deine Vorstellung von einem glücklichen Leben mit hoher LEBEnsqualität? Meine nicht!

Wenn du glücklich sein willst, dann gehst du – gerade in Unternehmen – zum Lachen lieber in den Keller. Spaß ist in vielen Unternehmen nicht vorgesehen. Schau dich in den Unternehmen um. Wenn du Spaß am Arbeitsplatz hast und ab und zu lachst, kommen Aussagen vom Chef wie: „Haben Sie nichts zu tun? Passen Sie Ihre Stimmung bitte unseren aktuellen Verkaufszahlen an. Danke!" Klar übertreibe ich ein wenig, nur könnte es sein, dass meine Aussagen einen größeren Wahrheitsgehalt haben, als dir lieb ist? Stelle dir vor, du misst dein Glück auf einer Skala von 1 bis 5. Sicher kennst du das Kugelspiel „Newton's Cradle".

Dieses Spiel hat fünf Kugeln jeweils an Fäden nebeneinander hängend befestigt, die du durch Anheben und Loslassen in Bewegung bringst. Die Kugeln stoßen aneinander, übertragen ihre Energie und bringen sich gegenseitig ins Pendeln. Abhängig davon, wie viele Kugeln du anhebst, wird  am anderen Ende die entsprechende Anzahl an Kugeln wieder freigesetzt. Spielst du in deinem Leben mit fünf Kugeln und achtest auf die fünf Bereiche Lernen, Ernährung, Bewegung, Entspannung und Motivation, hast du eine hohe Chance, das höchste Maß an Glück zu erreichen. Mit nur einer Kugel zu spielen ist gleichbedeutend mit nur einem Teil an LEBEnsqualität.

Was heißt es nun, mit einer Kugel zu spielen, wenn du das auf deine berufliche Ebene überträgst? 1-Kugel-Spieler sind Menschen, die nur einfach dasitzen. Sie atmen ein und aus, immer wieder. Dabei verbrauchen sie Unmengen Sauerstoff. Das einzige, was 1-Kugel-Spieler auszeichnet, ist körperliche Präsenz. Du bist auf jeden Fall keiner, denn du liest dieses Buch. Dafür brauchst du mindestens drei Kugeln. Ich hoffe, dass du mit 1-Kugel-Spielern wenig zu tun hast.

2-Kugel-Spieler sind die Menschen, die in der Berufswelt innerlich gekündigt haben – laut Gallup-Studie 2010 immerhin 21 Prozent der Arbeitnehmer, also fast jeder fünfte. Im modernen Sprachgebrauch sagen wir „freizeitorientierte Schonhaltung" dazu. Das richtige Leben beginnt bei dir, falls du zu dieser Gruppe gehörst, erst ab ca. 18 Uhr, wenn du deinen Hobbys und anderen Aktivitäten nachgehen kannst.

Zu den 3-Kugel-Spielern gehört die Mehrheit der Bevölkerung – laut Gallup ca. 66 % der Beschäftigten. Bist du ein 3-Kugel-Spieler, machst du Dienst nach Vorschrift. Du erfüllst deinen Job ziemlich lustlos und gehst Problemen bestmöglich aus dem Weg. Du hast dich scheinbar damit abgefunden, nichts an deiner Situation verbessern zu können. Wir sprechen hier auch von „resignativer Zufriedenheit". Du vertrittst die Einstellung: „Klar könnte es besser sein, es könnte jedoch auch noch viel schlimmer sein." Beziehst du das auf deine Beziehung, könnte von deiner Lebenspartnerin folgende Aussage stammen: „Ich weiß, er taugt nicht viel. Aber er bringt das Geld und ab und zu kleine Geschenke nach Hause." Dein Lebenspartner wird sagen: „Ich weiß, es gibt weitaus schönere Mädels. Aber, mein Gott, der Service ist halt Sahne zu Hause." Du glaubst gar nicht, wie viele Beziehungen sich im 3-Kugel-Bereich bewegen – leider die Mehrheit. Wie lässt sich ansonsten erklären, dass Ehepaare nur acht Minuten miteinander kommunizieren – pro Tag?

Der 4-Kugel-Spieler ist bereits auf einem guten Weg. Es ist das Übergangsstadium zum Glück. Als 4-Kugel-Spieler bist du bereits ganz glücklich damit, wie du dein Leben führst.

Das Nonplusultra ist jedoch der 5-Kugel-Spieler. Merke dir: Auch hier ist die Welt keineswegs von morgens bis abends rosarot. Es gibt selbstverständlich andere Phasen als Friede, Freude, Sonnenschein. 5-Kugel-Spiel bedeutet: „Das, was du tust, ist dein Spiel. Du spielst es von Herzen und mit Begeisterung. Du hast Spaß an dem, was du tust. Du stehst voll dahinter." Das ist das 5-Kugel-Spiel. Oft startest du mit einem 5-Kugel-Spiel, wenn du dich z. B. einer neuen beruflichen Herausforderung widmest. Du bist hoch motiviert und voller Elan. Diese Begeisterung sinkt leider sehr schnell und du rutschst über das 4-Kugel-Spiel schnell ins 3-Kugel-Spiel und, wie viele Menschen, leider noch tiefer in den Quark.

Ich möchte dir das Kugelspiel anhand eines Beziehungsbeispiels näher bringen.

Beziehungsbeispiel

Als Frau/Mann stellst du dir vor, du hättest einen tollen Mann/Frau kennen gelernt. Du bist überwältigt von dieser Person und ihr verbringt viel Zeit miteinander. Eines Tages habt ihr beide ein spritziges 5-Kugel-Erlebnis. Du weißt, wovon ich spreche? Ihr seid absolut begeistert und sagt beide: „Wow, ich will mehr." Und eure Begeisterung füreinander wächst weiter, sogar so weit, dass ihr euch entscheidet: „Das wollen wir für immer, bis dass der Tod uns scheidet." Und ihr macht eine Feier mit allem drum und dran – Kutsche, Schloss, Schwäne, Vertrag, Unterschrift. Alles, was Frau begehrt und der Mann der Frau zuliebe mitmacht ...
Die Jahre vergehen – 2, 3, 5, 7 – der Alltag kehrt ein. Ich weiß, bei einigen bereits nach Tagen. An einem sonnigen Frühlingsmorgen wachst du auf. Du schlägst die Augen auf, schaust zur Seite. Dein Herz beginnt zu rasen – du bist geschockt: „Mist, wer hat meine Kugeln geklaut?" Klar hast du sofort einen Schuldigen gefunden. Er bzw. sie ist schuld: „Würde er noch dies und das für mich tun und mich auf Händen tragen, ja, dann würde ich noch mit fünf Kugeln spielen. Aber er macht das ja schon Jahre nicht mehr." „Wäre sie noch der heiße Vamp von damals und ihre Kochkünste so einzigartig, ja dann ... Sie ist schuld." Nur wer ist letztlich für deine Kugeln verantwortlich? Wer? Das bist du selbst! DU BIST VERANTWORTLICH!

Natürlich ist es leicht zu sagen: „Ja, der, die oder das schnappt mir eine Kugel nach der anderen weg. Ich kann gar nichts dafür." Unangenehm wird es erst, wenn du ehrlich bist und sagst: „Ich verliere die Kontrolle über mein Spiel." Du triffst stattdessen Aussagen wie: „Ich würde motiviert meine Arbeit machen, aber schaue dir doch nur meinen Chef an? Wie willst du denn in dem Unternehmen was reißen? Ich würde alles unter die Kunden bringen, nur hast du mal unsere Produkte gesehen?" „Ich würde mich gesünder ernähren. Doch gesunde Lebensmittel sind immer so teuer." „Du, ich würde mehr Sport treiben. Doch wir haben kein betriebseigenes Fitnessstudio." Ausreden, Ausreden, Ausreden. Hör auf, so einen Blödsinn zu reden. Nachher glaubst du das noch selbst!

Mit wie vielen Kugeln spielst du aktuell?

Übung

Du hast dein eigenes Kugelspiel. Unterteile das in zwei Bereiche: in das Kugelspiel „Privatleben" inklusive deiner Beziehungen und in das Kugelspiel „Berufsleben". Beantworte jetzt für dich folgende Frage: Mit wie vielen Kugeln spielst du derzeit dein privates Spiel und mit wie vielen Kugeln dein berufliches Spiel?

Privates Spiel:

Berufliches Spiel:

Was glaubst du, welches Kugelspiel (von 1–5) langfristig das problematischste ist! Lies erst weiter, wenn du eine Einschätzung abgegeben hast. Was meinst du?

Im ersten Moment hast du vielleicht gedacht, dass das 1-Kugel-Spiel am dramatischsten sein könnte, da es sich am schlimmsten anhört. Nur ist das Kugelspiel so schlecht, dass es sich niemand freiwillig über einen längeren Zeitraum antut – in keinem Lebensbereich. Du kommst schnell in die Situation, dass du den Zustand verbessern willst. Ansonsten frisst dich der Zustand auf – deine Lebensenergie ist innerhalb kürzester Zeit aufgebraucht. Im Stadium des 1-Kugel-Spielers kommt es schnell zur Explosion. Wenn die Schmerzen groß genug sind, bist du bereit und erkennst den Handlungsbedarf. Kennst du solche Situationen? In der Partnerschaft ist es meistens der große Knall, mit dem die Beziehung endet. Da bricht alles aus dir heraus und das Kartenhaus zusammen. Bei der Gesundheit ist es die schwere Krankheit – Krebs, Herzinfarkt, Diabetes, Burnout usw.

Welches aber ist dann das problematischste Kugelspiel? Genau, es ist tatsächlich das 3-Kugel-Spiel. Viele Krankheiten entstehen in dieser Phase. Das 3-Kugel-Spiel ist einerseits nicht gut genug, dass du es genießen kannst und andererseits nicht schlecht genug, dass du damit aufhörst. Der Großteil der Bevölkerung bewegt sich viele Jahre, sogar Jahrzehnte in diesem Stadium – 30, 40 oder gar 50 Jahre. Das macht dich krank. Das knabbert jeden Tag an deiner Lebensenergie. Das sind die kleinen Dinge, die dich täglich Nerven kosten und ein bisschen wehtun. Das sind Schmerzen, die noch erträglich sind: der Partner, der andauernd seine schmutzigen Schuhe anlässt, wenn er von der Arbeit kommt; der oben gelassene Toilettendeckel; der Chef, der fünf Minuten vor Feierabend ein Angebot braucht, das heute noch rausgehen soll; die fehlende Energie am Abend, dich zum Sport aufzuraffen, wenn du von der Arbeit kommst. Da bevorzuge ich die große Explosion, die bei dir den Handlungsbedarf erzeugt. Das ist eindeutig die bessere Situation.

Was du in das Spiel hinein gibst, kommt dir wieder entgegen!

Beachte folgende wichtige Erkenntnis für deine Zukunft:

- Gibst du Freude und Spaß in dein Kugelspiel hinein, kommen Freude und Spaß wieder heraus.
- Alles, was du an Ärger und Faulheit in das Spiel hineinschüttest, kommt als Ärger und Faulheit wieder heraus.
- Alles, was du an Begeisterung und Ausdauer in das Spiel hinein gibst, kommt als Begeisterung und Ausdauer wieder heraus.

Alles, was du an Energie in das Kugelspiel hinein gibst, kommt wieder heraus.

Sichtbar wird dies beim Kugelspiel: Hebst du bei dem Originalspiel „Newton's Cradle" nur eine Kugel an und lässt sie los, pendelt am anderen Ende nur eine Kugel weiter. Gibst du zwei Kugeln in das Spiel hinein, schwingen wieder zwei Kugeln heraus. Was passiert, wenn du drei Kugeln hochnimmst und loslässt? Korrekt. Sehr gut gefolgt, Watson. Das ist ein physikalisches Gesetz. Ebenso, dass stillstehende, passive Kugeln das Spiel verlangsamen. Die ruhenden Kugeln bremsen die aktiven aus. Jedes Mal, wenn eine Kugel auf eine andere trifft, scheppert es und Energie geht verloren. Das Gleiche gilt für dein Leben. Du wunderst dich tatsächlich bei der Betrachtung deines Lebens, warum du unzufrieden bist und es dir an LEBEnsqualität fehlt, wenn du dein Leben mit nur drei Kugeln spielst? Das kannst du dir bildlich wie folgt vorstellen: Du füllst ein Glas mit abgestandenem Wasser und wunderst dich am Ende, warum es nach Wasser schmeckt und nicht nach Wein. Komisch, oder?

Du hast die Wahl, mit wie vielen Kugeln du spielst!

3-Kugel-Spieler findest du überall – in Unternehmen, im Sport und im Alltag. Als 3-Kugel-Spieler fühlst du dich häufig als Opfer der Umstände. Vielmehr bist du jedoch dein eigenes Opfer, weil du mit weniger als fünf Kugeln spielst. Niemand zwingt dich, etwas zu tun, was du nicht willst. Niemand zwingt dich, eine Beziehung zu führen, die du nicht willst. Niemand zwingt dich, den Job zu machen, den du aktuell ausübst. Niemand zwingt dich, so fahrlässig mit deiner eigenen Gesundheit umzugehen. Deine getroffenen Entscheidungen kannst du korrigieren. Du hast die Wahl. Nein? Doch! Die Frage ist nur: Was ist es dir wert? Welchen Preis bist du bereit zu zahlen?

Beispiel:
> Wärst du jetzt lieber am sonnigen Gardasee in Italien, als an dem Ort zu sitzen, an dem du dich jetzt gerade befindest? Sicher nicht! Wenn du jetzt wirklich lieber am Gardasee wärst, dann wärst du dort. Du hast dich entschieden, dort zu sein, wo du jetzt bist. Du hast verschiedene Dinge getan, um jetzt genau dort zu sein. Es war deine Entscheidung. Du hättest Himmel und Hölle in Bewegung setzen können, um jetzt in Italien zu sein. Du hast es jedoch nicht getan.

Das Entscheidende an diesem Beispiel ist: „Du hast die Wahl. Jederzeit!" Wenn du mit weniger als fünf Kugeln spielst, hast du dich dafür entschieden. Du hast jedoch auch die Wahl, wieder ein 5-Kugel-Spieler zu werden. Darüber entscheidest du selbst – ganz allein.

Habe den Anspruch, ein 5-Kugel-Spieler zu sein!

Die Deutschen sind Quak-Weltmeister. Ein Weltmeistertitel, auf den wir gut verzichten können. Oder was meinst du? 3-Kugel-Spieler zeichnen sich ganz besonders durch ihr Quaken aus.

Dass wir uns richtig verstehen: Ich will dir das Quaken nicht verbieten. Natürlich darfst du quaken. Ich selbst quake auch. Alle Menschen quaken und das ist auch gut so. Schlecht ist nur das Dauer-Quaken – tagein, tagaus quaken, quaken, quaken. Wenn etwas nicht in Ordnung ist oder gar etwas Schlimmes in deinem Leben passiert, gehört es dazu, dass du deinen Frust, deine Enttäuschung, deinen Ärger herauslässt und dich von dieser negativen Energie frei machst. Das sollte jedoch spätestens nach zwei Tagen vorbei sein. Höre dann auf zu quaken und komme ins Handeln, um die Situation zu verbessern – werde konstruktiv.

Habe den Anspruch für dein Leben, ein 5-Kugel-Spieler zu sein. Selbstverständlich geht das nicht täglich von morgens bis abends. Auch ich habe in meinem Job Aufgaben zu erledigen, auf die ich keine Lust habe. Die gehören einfach dazu. Ich habe jedoch den Anspruch, mehrheitlich mein Leben als 5-Kugel-Spieler zu führen – in jedem Lebensbereich. Sobald ich merke, dass sich mir eine oder mehr Kugeln in den Weg stellen und mein Spiel blockieren, arbeite ich daran, mein Kugelspiel zu verbessern. Verabschiede dich von dem Gedanken, ein glückliches Leben führen zu können, wenn du mehrheitlich mit weniger als fünf Kugeln spielst.

Spiele das Spiel von ganzem Herzen, mit vollem Einsatz. Gib dein Bestes. Wenn du voll dahinter stehst und mit voller Leidenschaft und Begeisterung dein Leben gestaltest, erreichst du mehr LEBEnsqualität und Erfolg – im Beruf, im Sport und im Alltag. Sei ein 5-Kugel-Spieler – du hast die Wahl!

2. Tag: LERNEN – Nutze den Raum für deine freie Rede: die Raum-Liste

Während meiner Studienzeit besuchte ich viele Fortbildungen mit erstklassigen Trainern, die heute meine Kollegen sind. Ich bewunderte sie dafür, dass sie vor einem großen Publikum teilweise über Stunden frei sprachen – ohne Powerpoint und ohne Notizen. Inzwischen weiß ich, wie sie es machen und nutze die „Raum-Liste" selbst. Sie funktioniert folgendermaßen: Wie bei der „Körper-Liste" kannst du jede beliebige Stelle des Raumes geistig markieren und deine Schlüsselworte dort ablegen. Wenn du dir die Punkte gut eingeprägt hast und dann deinen Vortrag hältst, kannst du frei reden, indem du dich einfach umschaust.

Cicero – einer der größten Redner aller Zeiten – setzte diese Methode bereits vor über 2.000 Jahren ein. Ein paar Stunden vor seinem Auftritt stieg er aufs Rednerpult und schaute sich genau um. Er „scannte" den Raum von links nach rechts einmal im Kreis und suchte sich 20 bis 40 markante Punkte bzw. Gegenstände, die er sich genau einprägte. Zwischen den geistigen Markierungen und den Inhalten seiner Rede stellte er sinnvolle Assoziationen her – bildlich gesprochen legte er seine Redeinhalte in diese Briefkästen. Während der Rede arbeitete Cicero einen Briefkasten nach dem nächsten ab und holte sich die Inhalte heraus. Der rote Faden war gewährleistet. Cicero soll in der Lage gewesen sein, Reden von bis zu vier Stunden Länge auf diese Art und Weise frei zu halten.

Ich möchte nun eine Raum-Liste mit dir erstellen, damit du beim nächsten Geburtstag oder im nächsten Verkaufsgespräch die passenden Worte zur richtigen Zeit parat hast – ganz ohne Notizen.

Es geschieht im Alltag sehr schnell, dass du mehr als zehn, zwanzig oder gar dreißig Briefkästen brauchst, um alle nötigen Informationen abzulegen. Denn hast du verschiedene Themenbereiche, zu denen du dir Informationen merken willst, führt eine Doppelbelegung der Briefkästen schnell zu

einer Überforderung und Verwirrung. Deshalb brauchst du weitere Briefkästen.

Damit du genügend Informationen ablegen kannst, macht es Sinn, dass du
dir eine 100er Liste anlegst. Diese hat darüber hinaus den Vorteil, dass du
beim Merken von Zahlen flexibler wirst und weniger Informationen behalten musst, z. B. wenn du eine Telefonnummer lernen willst. Während du für
die Telefonnummer 0171-7086583 neun Einzelbilder brauchst (wenn du die
01 weglässt und jede Zahl ein eigenes Bild erhält), bleiben nur noch fünf
Bilder, wenn du Zweierpärchen bildest und deine gesamte 100er-Liste einsetzen kannst.

Du beherrschst nun bereits die Klobrillen-Liste mit den Zahlen 0–20 und die
Körper-Liste (21–30). Das heißt, die Zahlen 0–30 sind bereits in Bilderform
abgelegt. Um 100 Briefkästen zur Verfügung zu haben, brauchst du sieben
weitere Räume. Wir nehmen dafür die Zimmer deiner Wohnung bzw. deines Hauses. Damit du die Räume samt den dazugehörigen Zahlen den
Punkten schneller zuordnen kannst, sortiere sie am besten nach deinem
Tagesablauf.

100er-Liste		
0-20	Klobrillen-Liste	
21-30	Körper-Liste	
31-100	Raum-Listen	
	31-40	Schlafzimmer
	41-50	Badezimmer
	51-60	Küche
	61-70	Wohnzimmer
	71-80	Arbeitszimmer
	81-90	Hobbykeller
	91-100	Garten

Beispiel für meine Raum-Listen:
Ich (Zahlen der Körper-Liste 21-30) wache morgens im Schlafzimmer auf. Der
erste Raum ist das Schlafzimmer (Zahlen 31-40). Nach dem Aufstehen gehe ich
direkt ins Bad (Zahlen 41-50). Anschließend bereite ich in der Küche mein Frühstück zu (Zahlen 51-60). Gegessen wird im Wohn-Esszimmer (Zahlen 61-70).
Wenn ich zu Hause arbeite, nutze ich dafür mein Arbeitszimmer (71-80). Um eine

Pause einzulegen, gehe ich gerne in den Hobbykeller, der mir einige Sportmög-
lichkeiten bietet (81-90). Außerdem entspanne ich im Garten (91-100). Am Beispiel des Gartens siehst du, dass die Loci-Methode auch Räume zulässt, die im
strengen Sinne kein Raum sind. Genauso kannst du zum Beispiel deinen Weg zur
Arbeit mit Signalpunkten versehen oder deine Laufstrecke oder, oder, oder.

Im Folgenden findest du einen Ausschnitt meiner eigenen 100er-Liste abge-
druckt. Meine ganze 100er-Liste kannst du unter www.matthiasherzog.com
im Bereich Downloads angucken. Um deine eigene Liste zu erstellen, starte
in jedem Zimmer links neben der Tür und ordne dem Raum im Uhrzeigersinn zehn markante Briefkästen zu, die dir ins Auge fallen und merkwürdig
erscheinen. Ich achte beim Erstellen meiner Liste zusätzlich darauf, dass die
Briefkästen im Optimalfall einen Zusammenhang mit der jeweiligen Zahl
bieten. So schaue ich, dass die Nr. 5 in einem Raum meistens ein Fenster
oder eine Tür ist. Hier stelle ich mir vor, dass ich diese mit meinen fünf Fingern der Hand greife. Das erleichtert es ungemein, in der Praxis die passenden Bilder zu der jeweiligen Zahl zu finden. Im Fall meines Schlafzimmers
passt die Nr. 32 gut zur Bilderreihe, die bei uns an der Wand hängt. Warum?
Es handelt sich um zwei Bilderreihen, die schräg versetzt zueinander hängen.
Unsere Nachttischlampe – die Nr. 34 – hat vier Helligkeitsstufen und das
Bett auf der Nr. 36 passt auch sehr gut – für Pärchen noch besser als für
Singles.
Hier als Beispiel mein Badezimmer und der Garten zur Verdeutlichung ei-
ner Raumliste:

Beispiel: Raumlisten

Badezimmer (41-50):
41. Kleiderständer – 42. Badewanne – 43. Handtuchregal – 44. Heizung –
45. Fenster – 46. Toilette – 47. Waschbecken/Spiegel – 48. Handtuchhalter –
49. Schrank – 50. Dusche.

Garten (91-100):
91. Fußmatte – 92. Gartenstühle – 93. Treppe nach unten – 94. Gartenschlauch –
95. Gartentor – 96. Sonnenterrasse – 97. Gemüsebeet – 98. Obstbäume –
99. Schuppen – 100. Rasenmäher.

Erstelle nun deine eigenen Raum-Listen auf einem Blatt Papier, am PC oder
nutze die freien Felder hier im Buch.

Übung: Raumliste Schlafzimmer

Starte mit dem Schlafzimmer. Stehe im Eingangsbereich des Raums. Beginne links, gehe im Uhrzeigersinn den Raum durch und suche zehn markante Punkte, bis dein Blick wieder am Ausgang landet. Du siehst:

1. _____   6. _____
2. _____   7. _____
3. _____   8. _____
4. _____   9. _____
5. _____   10. _____

Ist deine Liste fertig, gehe sie nochmals durch und präge sie dir ein. Anschließend geht es in die Praxis.

Erstelle eine Liste mit zehn Verkaufsargumenten für dein Produkt.

1. _____   6. _____
2. _____   7. _____
3. _____   8. _____
4. _____   9. _____
5. _____   10. _____

Steht deine Liste, verknüpfe ein Argument nach dem nächsten mit den markanten Punkten aus deinem Schlafzimmer. Schaffe möglichst originelle Bilder.

1. _____   6. _____
2. _____   7. _____
3. _____   8. _____
4. _____   9. _____
5. _____   10. _____

Auch die beste Gedächtnismethode braucht Wiederholungen! „Wiederholung ist die Mutter der Studierenden", sagt ein Sprichwort. Die zu lernenden Schlüsselworte landen zunächst im Kurzzeitgedächtnis. Du fragst dich: „Und wie viele Wiederholungen brauche ich, bis die Informationen im Langzeitgedächtnis abgespeichert sind?" Wiederhole den gewünschten Stoff in den ersten vier Tagen fünf Mal. Wiederhole das erste Mal nach ca. 44 Minuten, das zweite Mal nach 24 Stunden. Die dritte, vierte und fünfte Wiederholung verteilst du auf die folgenden drei Tage. Einen Monat später setzt du einen weiteren Wiederholungsimpuls und abschließend nach sechs Monaten den letzten.

3. Tag: ERNÄHRUNG – Gesunde Mahlzeiten im Arbeitsalltag

Boxenstopp im Büro

Regelmäßige Mahlzeiten einhalten – klingt einfach. Im Büroalltag ist das oft nur mit schlauen Tricks realisierbar. „Was gibt es denn heute zu essen?"- eine oft gestellte Frage, besonders zur Mittagszeit in Unternehmen. Viele Kantinen bieten leider nur suboptimale Verpflegung an. Es gibt Ausnahmekantinen, die ihren Mitarbeitern eine abwechslungsreiche Salatbar und frisch zubereitete Gerichte anbieten. In einigen Kantinen kannst du sogar einzelne Zutaten – Beilagen, Gemüse, Soßen – individuell zusammenstellen und dir auf diese Weise eine ausgewogene Ernährung sichern. Doch die Mehrheit der Firmenkantinen erinnert eher an ein Fast-Food-Restaurant. Wählst du statt der Kantine die zweite Möglichkeit der Mittagsverpflegung – das Essen außer Haus im nahe gelegenen Restaurant – ist der Spaziergang dorthin noch der gesündeste Teil der Pause. Viele Angebote vom Italiener um die Ecke, dem Gyrosgrill und dem Burger-Max sorgen eher für Blähungen und Völlegefühl. In der Mittagspause reicht die Zeit gerade dafür, dir das Essen schnellstmöglich hineinzuschaufeln und hinunterzuschlingen wie ein Hund. Auf dem Rückweg schaust du noch beim Bäcker vorbei und gönnst dir ein süßes Teilchen oder auch zwei, da du schon aus Erfahrung weißt, dass dein alter Bekannter – der kleine Hunger – sowieso spätestens in eineinhalb Stunden wild gestikulierend vor dir steht.

Statt Hamburger, Big Mac oder Currywurst mit Pommes bevorzuge lieber fettärmere und gesündere Alternativen. Besorge dir ein halbes Hähnchen und iss dieses ohne Haut. Fischbrötchen werden leider in 99 % der Fälle mit weißen nährstoffarmen Brötchen angeboten. Tausche dieses gegen ein Vollkornbrötchen aus. Statt der Majo lass dir Senf oder Frischkäse dünn auf die Brötchenscheiben schmieren. Döner macht schöner? Wenn du die Soßen weglässt, ist bereits viel Schönheit gewonnen. Noch schöner wirst du, wenn du das Fladenbrot weglässt. So bleiben das Gemüse und das Fleisch übrig. Alternativ iss einen vegetarischen Döner mit extra viel Salat – also ohne Fleisch.

Lege diese Woche mindestens einen selbst organisierten Boxenstopp ein und steige auf Dosenfutter um. Nein, weder ist damit Hundefutter noch Ravioli aus der Konservendose gemeint – sondern vielmehr die „Ich bin überall dabei-Box". Was verbirgt sich dahinter?

Selbst ist heute der Mann – und auch die Frau. So ist Kochen und Anrichten in Eigenregie angesagt. In vielen Betrieben gibt es eine Teeküche mit Kühlschrank, Spüle, Mikrowelle und Herd. Hier kannst du einiges zu Ende zaubern, was du bereits zu Hause vorbereitet hast. Mache dir bereits am Wochenende Gedanken, was du in der nächsten Woche essen möchtest. Suche dir Rezepte aus Kochbüchern oder dem Internet heraus, die sich leicht zubereiten, gut einfrieren und transportieren lassen. Schreibe dir gleich eine Einkaufsliste. Isst du abends warm, bereite hier bereits eine Extraportion mit vor, die du am nächsten Tag mit zur Arbeit nehmen kannst. Alternativ kocht deine Familie mittags, wenn du noch im Büro bist, eine Portion für dich mit, die du am nächsten Tag mitnimmst. Tipp für deine Vorbereitung: Portioniere die frisch gekochten Gerichte sofort und lasse sie in einem kalten Wasserbad abkühlen. Achte auf Behälter, die wasserdicht verschließbar sind. Du weißt: Wer billig kauft, kauft doppelt. Und ich nehme mal an, dass du dein Mittagessen ungern aus deiner Akten- oder Handtasche löffelst.

Jetzt denkst du vielleicht: „Herrlich, dann kann ich zukünftig mein Mittagessen am Schreibtisch genießen und erspare mir den Weg zur Kantine." Falsch gedacht. Zwischendurch und nebenbei am PC, Kopierer oder sonst woanders im Büro zu essen, ist ein No-Go und nur für absolute Ausnahmefälle geeignet. Die Mittagspause heißt nicht umsonst Pause. Es geht darum, zu entspannen und dir eine Auszeit zu gönnen. Da du dein Essen gleich dabei hast, bietet es sich an, auch mal draußen in der Sonne deinen Mittag z. B. auf einer Parkbank zu genießen.

Achte besonders während hoher Stressphasen im Büro darauf, viel frisches Gemüse und Salat zu essen. Nach wenigen Tagen fühlst du dich bereits besser und tust darüber hinaus etwas für deine Figur. Knabberst du zwischendurch Rohkost wie Möhren, Gurke, Paprika, Fenchel, Röschen von frischem

Blumenkohl usw., füllst du deinen Magen zwischen den Hauptmahlzeiten mit wichtigen Vitaminen und wenigen Kalorien. Kräftiges Kauen ist übrigens gut für deine Kopfdurchblutung und regt deine Konzentration an.

Erinnerst du dich noch an die Butterbrote von Mutti aus deiner Kindheit? Hast du selbst Kinder, gibst du deinen Süßen sicher auch täglich ein Butterbrot mit auf den Weg zur Schule. Und wie schaut es mit Butterbroten für dich aus? Nur wenige Erwachsene nehmen sich die Zeit, sich selbst Butterbrote für unterwegs zu schmieren. Dafür fehlt angeblich die Zeit. Teste das Ganze einmal diese Woche aus und nimm mindestens einmal eine gesunde Butterbrot-Mischung mit ins Büro.

Koffeinhaltige Getränke steigern eher den Stress, als dass sie ihn senken. Sie können nervös machen und Erschöpfungszustände sogar verschärfen. Kaffee, Cola und Energydrinks regen zwar den Organismus an, machen jedoch nicht wirklich fit. Sie verlängern vielmehr die Wirkung der Stresshormone und behindern deine Regeneration, weil das Koffein dein Schlafbedürfnis verringert.

Picknickbesteck im Handschuhfach

Es gehört zu meinem Beruf dazu, dass ich sehr viel reise. Über 40.000 Kilometer mit dem Auto pro Jahr und häufige Bahnfahrten und Flüge sind die Regel. Auf den längeren Reisen fällt es natürlich schwer, frisch zubereitetes Essen zu festen Zeiten zu mir zu nehmen. Stattdessen locken an allen Ecken die üblichen Gefahren: Currywurst, Burger, Hotdog, Wurstbrötchen, Sandwiches, Kirschplunder, Croissants, Limonaden und andere Leckereien. Wenn du auch viel unterwegs bist und die Herausforderung kennst, setze in Zukunft den einen oder anderen der folgenden Vorschläge um.

Ich habe immer Gemüse in Form von Sticks dabei (Möhren, Paprika, Gurke, Kohlrabi). Die Sticks tunke ich in einen Joghurt-Quark-Dipp, der mich mit Eiweiß versorgt. Außerdem gehören Nüsse, Käse, Putenaufschnitt, Vollkornbrot bzw. -brötchen, Obst, Naturjoghurt und hart gekochte Eier zu meiner „Marschverpflegung". Ab und zu habe ich auch fertigen Obstsalat dabei, zubereitet mit verschiedenen Nusssorten und Naturjoghurt.

Im Handschuhfach liegt mein Picknickbesteck bereit, um jederzeit lecker schlemmen zu können – Taschenmesser, Löffel, Gabel, Messer und Servietten.

Denk daran: Achte auch unterwegs auf eiweißreiche, sättigende Mahlzeiten.

235

Fit trotz Schichtarbeit

Das Tageslicht eines 24-Stunden-Tages bestimmt normalerweise deinen Biorhythmus, insbesondere deinen Wach-Schlaf-Rhythmus. Viele Körperfunktionen, wie z. B. der Stoffwechsel, richten sich nach ihm – auch dann, wenn du als Schichtarbeiter diesen Rhythmus auf den Kopf stellst. Der Schichtwechsel bedeutet großen Stress für deinen Körper, der infolgedessen mehr Energie verlangt – vor allem Zucker –, um der Belastung standzuhalten. Gibst du diesem Hungergefühl ständig nach, ist eine Gewichtszunahme die logische Folge. Setze die folgenden Tipps um und du hast auch nach der Schichtarbeit noch Lust auf und Energie für andere schöne Dinge.

Tipps:

- Trinke vor allem viel Wasser, speziell dann, wenn zwischendurch Hunger aufkommt. Das stillt den ersten Hunger.
- Kaffee als Wachmacher möglichst ungesüßt trinken. Verzichte auch während der Schicht auf Süßgetränke wie Limonaden und Eistee.
- Frühstücke vor Beginn deiner Schicht ausgiebig, bevorzuge speziell gesunde Kohlenhydrate aus Obst und Vollkornprodukten.
- Iss während der Schicht eiweißreich und kohlenhydratarm. Baue auch das Mittagessen auf Eiweiß auf und halte es leicht, um den Verdauungsprozess zu erleichtern.
- Deine Bewegungs-/Sporteinheit machst du am besten kurz nach der Arbeit, um deinen Stoffwechsel in Schwung zu bringen.
- Auch deine Mahlzeit nach der Schicht (Abendessen) enthält im Optimum bevorzugt eiweißreiche Lebensmittel und wenig Kohlenhydrate. Dein Körper braucht wertvolle Aminosäuren zur schnellen Regeneration.

4. Tag: BEWEGUNG – Physioloop

Ich werde häufiger gefragt: „Matthias, gibt es nicht das ultimative Trainingsgerät für zu Hause, das mir ermöglicht, in der gleichen oder sogar geringeren Zeit noch bessere Ergebnisse zu erzielen?" Viele meiner Kunden wünschen sich noch mehr Effizienz und Effektivität. Das ist auch verständlich, da immer mehr Dinge Tag für Tag auf uns einwirken und Zeitmangel mir als häufigster Grund genannt wird, warum viele der Bewegung fern und im Quark sitzen bleiben. Und tatsächlich ist es möglich, mit weniger Zeit- und Energieeinsatz noch bessere Ergebnisse zu erzielen.

Ich habe „Physioloop" für mich entdeckt. Bei Physioloop handelt es sich um ein sogenanntes „Sling Training" – ein Training mit Seilen. Ursprünglich stammt das Training aus der Physiotherapie. Heute wird es im Reha- und Fitnesstraining sowie im Profisport vielfältig eingesetzt. So greifen z. B. bereits viele Fußballmannschaften auf das Sling Training zurück. Ein großer Vorteil des Trainings ist, dass du hier eine Vielzahl deiner Muskeln trai-

nierst, die bei einem normalen Muskeltraining nicht beansprucht werden. Ein effektives und effizientes Ganzkörpertraining wird so möglich. Die Vorteile spürst du sofort im Training selbst und im Alltag. Das Schöne ist, dass Physioloop sowohl für Trainingsanfänger als auch für Profisportler geeignet ist. Je nach Trainings-stand kannst du die Übungen stufenlos anpassen. Der Umgang ist einfach, du brauchst wenig Platz und Zeit und vor allem kannst du die Übungen überall durchführen – zu Hause, im Freien, im Büro. Kennenlernen kannst du Physioloop auf meiner Homepage www.matthiasherzog.com und direkt unter www.physioloop.de. Dort erhältst du weitere Informationen mit Übungsbeschreibungen und Beispielvideos. Außerdem erhältst du hier einen Gutscheincode, mit dem du das Produkt mit einem attraktiven Preisvorteil bestellen kannst: „Physioloop_Lebensqualität". Gib den Code einfach bei deiner Bestellung an und der Rechnungsbetrag wird entsprechend reduziert.

5. Tag: ENTSPANNUNG – Lache und die Welt lacht mit dir!

„Lache und die Welt lacht mit dir. Weine und du bleibst allein!" hat Ella Wheeler Wilcox, eine amerikanische Autorin, einmal gesagt. Da ist etwas Wahres dran, auch wenn sich fast immer jemand finden wird, der dich tröstet. Tatsächlich haben fröhliche Menschen weitaus mehr Menschen um sich als dauerhaft traurige Muffelköpfe. Sie erzeugen ein intensives Gemeinschaftsgefühl. Jeder umgibt sich gerne mit Menschen, die gut drauf sind. Warum? Sie verbreiten gute Stimmung und sorgen dadurch dafür, dass du dich ebenfalls besser fühlst.

Doch du kannst auch selbständig – ohne fremde Lach-Unterstützung – dafür sorgen, dass es dir besser geht, und zwar indem du einfach selbst lachst. Selbst dann, wenn dir in keiner Weise dazu zumute ist. Lachen ist die beste Medizin, die es gibt!

Wenn du morgens aufstehst, kommst du in der Regel im Bad an einem Spiegel vorbei. Der eine oder andere hat den Spiegel dort bereits abmontiert, damit er morgens nicht gleich zu Tode erschreckt wird, wenn er hineinschaut. Ich nehme jedoch einmal an, du hast deinen Spiegel noch. Wenn du morgens hinein schaust, blickt dich eine verschlafen drein schauende Grimasse an. Du denkst dir: „Wow, du könntest echt mal ein Face-lifting gebrauchen." Teste Folgendes aus: Wenn du das nächste Mal in den Spiegel schaust, lächle die Person, die dir entgegenblickt, einmal mit deinem schönsten Lächeln an. Du wirst überrascht sein: Die Person lächelt tatsächlich mit ihrem schönsten Lächeln zurück! Die Aufgabe ist mein voller Ernst. Und das Beste ist, du bist danach richtig gut drauf!!

Gelotologen – nein, keine Haargel-Spezialisten, sondern Wissenschaftler, die das Lachen (griechisch: gelos) untersuchen – haben herausgefunden, dass Lachen gesund ist. Es baut Stress ab, stärkt deine Abwehrkräfte und hebt deine Stimmung, weil dein Körper Glückshormone ausschüttet. Außerdem senkt Lachen den Blutdruck, wirkt entzündungshemmend und lindert Schmerzen. Seelische Blockaden und Ängste kannst du durch Lachen abbauen. Lächelst du dich im Spiegel an, beruhigt das deine Gesichtsmuskeln, entspannt und bringt gute Laune, selbst dann, wenn das Lächeln falsch und nur aufgesetzt ist. Deinem Gehirn ist es gleichgültig, ob du aus Freude oder grundlos lachst. Die am Lächeln beteiligten Muskeln signalisieren deinen grauen Zellen so oder so, dass du grinst, woraufhin diese Glückshormone freisetzen. Übrigens benötigst du für ein Lächeln weniger Muskeln als für ein missmutiges Gesicht.

Lachen fördert sogar deinen beruflichen Erfolg. Unternehmen, in denen eine heitere Stimmung zwischen den Kollegen herrscht, sind produktiver und nachweislich kreativer. Linus Torvalds, der Erfinder der Linux-Software, sagte einmal in einem Interview: „Die Leute müssen Quatsch machen dürfen!" Er setzt sogar Spaß für gutes Programmieren voraus. Und Programmierer sind weniger bekannt dafür, dass sie auch lachen können.

Am besten funktioniert es tatsächlich, mit Freunden, Bekannten, Kollegen ausgelassen zu lachen. Der Gemeinschaftseffekt zeigt sich besonders dann, wenn du dir weh tust. Haust du dir beim Handwerken mit dem Hammer kräftig auf den Daumen und bist du allein, können die Schmerzen unerträglich sein. Du fluchst und springst vor Schmerzen von einem Bein aufs andere. Dieselbe Situation – nur in Gesellschaft – führt in vielen Fällen dazu, dass ihr beide in schallendes Gelächter ausbrecht. Und dein Schmerz? Der ist weg – wenigstens meinst du das und spürst kaum noch etwas. Von der Intensität her ist der Schmerz rational gesehen derselbe. Emotional ist der Unterschied stark fühlbar. Willibald Ruch von der Universität Düsseldorf fand 2004 in einer Untersuchung heraus, dass Lachen selbst 30 Minuten nach dem Anschauen einer Komödie zu einer höheren Schmerztoleranz führt. Nimm die Dinge im Leben, die dir passieren, in Zukunft leichter und vor allem mit einer großen Portion Humor.

Erfinder Sven Olsen ist ein großer Freund des Humors, um zu entspannen: *„Was wirksam immer und überall hilft, ist Humor. Oftmals hilft der Blick aus der Vogelperspektive und wenn man einfach mal darüber lacht oder lächelt. So werden große stressige Momente oftmals plötzlich ganz klein."*

6. Tag: MOTIVATION – Wetten, dass ... du das packst!
Die LEBE-Wette

Molière hat einmal gesagt: „Wir sind nicht nur verantwortlich für das, was wir tun, sondern auch für das, was wir nicht tun." Er hat Recht. Wenn du nach dem Lesen dieses Buches nicht ins Handeln kommst, um deine LEBEnsqualität weiter zu steigern, hast du auch die Verantwortung und Konsequenzen dafür zu tragen, wie sich dein Leben weiter entwickelt. Setzt du die Tipps aus diesem Buch um, verbessert sich deine LEBEnsqualität. Darauf gebe ich dir Brief und Siegel.

Ich bin übrigens fest davon überzeugt, dass du die Tipps umsetzen wirst bzw. den einen oder anderen bereits erfolgreich umgesetzt hast. Du hast bis hier das Buch gelesen – ich hoffe, du hast vorne angefangen ... Das zeigt mir, dass dir das Thema „LEBEnsqualität" sehr wichtig ist. Dein Bewusstsein für deine Gesundheit ist geweckt und du bist hoch motiviert, deine LEBEnsqualität weiter zu verbessern. HERZlichen Glückwunsch!

Damit du dich positiv von den Menschen abhebst, die sich ihre Vorsätze regelmäßig von ‚Ach-nö' wegschnappen lassen, habe ich zum Abschluss einen genialen Tipp für dich: Wecke das Wettfieber in dir! Keine Sorge, es ist total legal!

Du erinnerst dich: Deine Motivation wird primär von zwei äußeren Faktoren gesteuert – der „Angst"- und der „Belohnung"-Motivation. Im ersten Fall besteht die Gefahr und Angst, etwas zu verlieren, und im zweiten Fall ist der Anreiz gegeben, etwas zu gewinnen. Da wir Menschen von Natur aus faul sind, macht es Sinn, einen inneren Druck zu erzeugen, damit du auch wirklich aus dem Quark kommst. Das erreichst du über die sogenannte „LEBE-Wette". Kennen gelernt habe ich diese Strategie bei Charly Steeb.

Die „LEBE-Wette" nutzt beide Motivationen. Während andere darauf hoffen, dass du die Wette verlierst – sie profitieren von deinem Scheitern –, wirst du alles daran setzen, die Wette zu gewinnen. Wenn du gewinnst, bekommst du eine Belohnung, ansonsten droht dir Ungemach in Form einer kleinen „Bestrafung", zu der du dich freiwillig verpflichten kannst. Wichtig ist, dass bei der Sanktion etwas auf dem Spiel steht, sprich: dass es auch „schmerzt", wenn du scheitern solltest. Das fördert deine Motivation, am Ball zu bleiben.

Nimm eine unbeschriftete Postkarte und fertige daraus eine „LEBE-Wette"-Postkarte nach folgender Vorlage an.

Gerne kannst du die Rückseite thematisch zur Wette passend mit einem Foto versehen, z. B. einem Wasserfall oder einem Glas mit Wasser für eine Verbesserung deines Trinkverhaltens.

Alternativ kannst du unter www.matthiasherzog.com im Shop „LEBE-Wette"-Postkarten bestellen.

Wenn du deinen Vorsatz, auf den du wettest, nicht einhalten solltest, verpflichtest du dich mit dieser Postkarte, einer Person oder Einrichtung/Institution etwas Gutes zu tun. Den Wetteinsatz bzw. die fällige Sanktion legst du selbst fest. Merke dir: Sie sollte wirklich „schmerzen". Nur dann gibst du Vollgas, deine Wette zu gewinnen. Geht es nur um eine Kleinigkeit, kannst du die Wette gleich lassen.

Als zeitlicher Rahmen für deine Wette eignen sich fünf Wochen. Warum? Es dauert im Schnitt 28 Tage, bis ein neues Verhalten beginnt, sich zu einer festen Gewohnheit zu entwickeln. Bei fünf Wochen bist du auf einer sehr sicheren Seite, dass sich eine neue Gewohnheit entwickelt.

Als Wetteinsatz eignet sich z. B. Geld. Übergib finanzielle Einsätze zur Unterstützung der Motivation treuhänderisch einem Schiedsrichter. Du erhältst das Geld erst nach erfolgreicher Realisierung deines Vorsatzes zurück – also wenn du die Wette gewonnen hast. Besser als Geld eignen sich jedoch immaterielle Wetteinsätze. Wenn du dich selbst durch das Einbringen deiner wertvollen Zeit für etwas engagierst, steigert das den Wert deines Wetteinsatzes zusätzlich. Schmeißt du z. B. zwei Wochen den Haushalt bei euch komplett alleine, hat die Wette einen höheren Wert, als wenn du zwei Wochen eine Putzfrau engagierst. Und wenn du Hilfsbedürftigen unter die Arme greifst, hat das einen höheren Wert, als wenn du einfach nur Geld spendest. Es versteht sich von selbst, dass als Wetteinsatz nur Dinge in Frage kommen, die du nicht schon sowieso machst. Wenn du sowieso den Haushalt alleine erledigst, macht es keinen Sinn, das als Wette einzusetzen. Es mag dir banal erscheinen, doch ich kenne inzwischen einige Experten, die so ihre Wette gestaltet haben. Gebracht hat es keinem etwas.

Nochmals verstärken kannst du deine Motivation, indem du möglichst vielen Personen aus deinem Umfeld von der Wette erzählst. Das erhöht den Druck nochmals. Vor allem kannst du dir sicher sein, dass du ständig von den anderen erinnert wirst. Ich habe die Erfahrung gemacht, dass diese Art der Motivation es mir persönlich sogar leichter macht, motiviert meinen Vorsatz in die Tat umzusetzen. Das bestätigen mir auch viele meiner Kunden. Wir sind Meister im Verdrängen unschöner Dinge. Und bevor es in Vergessenheit gerät, ist eine Erinnerung sehr hilfreich. Ggf. unterstützen dich deine Mitmenschen sogar mit positivem Zuspruch oder steigen selbst mit ein. Wichtig: Die anderen dürfen dir nichts abnehmen, sie dürfen nur zusätzlich unterstützen.

Suche dir jetzt einen Schiedsrichter, der dich und deine Wette im Auge behält. Du kennst Schiedsrichter aus dem Sport und weißt, dass es sich hier nicht um die besten Kumpels der Sportler handelt – auf jeden Fall ist es im Profibereich so. Vielmehr besteht eine gewisse Distanz zwischen den Parteien. Das empfehle ich dir auch bei der Auswahl deines Schiedsrichters. Du hast nichts davon, wenn du dir jemanden suchst, der sowieso nur nach deiner Nase tanzt und dir am Ende alles bestätigt, was du willst. Umso weniger gut ihr euch versteht, desto besser ist es für den Erfolg deines Vorsatzes. Übrigens: Wenn du anfangs ein komisches Gefühl hast, deine Wettkarte zu unterschreiben, ist das normal. Du übernimmst ab heute immerhin die Verantwortung für dein Leben – privat wie beruf-

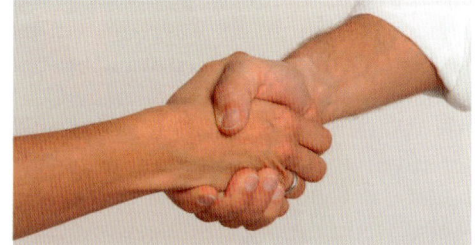

lich. Wenn du nicht bereit bist, für deine Träume, dein Handeln und dein Nicht-Handeln Verantwortung zu übernehmen, dann wirst du niemals glücklich sein können. Das ist letztlich das Ziel, um das es geht. Dass du glücklich bist und das Beste aus deinem Leben machst.

Hier eine fertig ausgefüllte Postkarte:

Beispiel: Wettkarte

Ich wette, dass ich die nächsten fünf Wochen eine neue Trinkgewohnheit entwickle und mich von aktuell 1 Liter auf Minimum 2 Liter Wasserkonsum während der Arbeit steigere (Steigerung je Woche 0,2 Liter).
Mein Wetteinsatz: Ich verpflichte mich dazu, 200,- EUR an den gemeinnützigen Verein „Clean Winners" zu spenden.
Mein Schiedsrichter ist mein (nerviger) Kollege, mit dem ich im Büro sitze.

Übung: Wettkarte

Ich wette, dass

Mein Wetteinsatz:

Mein Schiedsrichter:

Ort	Datum	Unterschrift „Wettkandidat"	Unterschrift „Schiedsrichter"

Im Folgenden erhältst du einige Anregungen für mögliche Sanktionen. Glaube mir, deine Motivationsprobleme gehören der Vergangenheit an, wenn deine Wetteinsätze so oder ähnlich aussehen:

Wetteinsätze für die Familie:

- Einen Monat für die ganze Familie (die Personen, mit denen du zusammen wohnst) Wäsche waschen und bügeln
- Zwei Wochen alleine den kompletten Haushalt managen
- Zwei Monate in der Gartensaison die Gartenarbeit alleine erledigen
- Drei Monate jeden Sonntag ein großes, ausgewogenes Frühstück für die ganze Familie vorbereiten
- Den Partner/die Partnerin/die Familie den gesamten nächsten Urlaub bestimmen lassen
- Die Kinder eine Woche lang zu jedem noch so unwichtigen Treffen chauffieren

243

Wetteinsätze für Freunde:

- Den Garten der Freunde im Frühjahr sommertauglich machen
- Die besten Freunde zum 3-Gänge-Menü einladen und von vorne bis hinten bedienen (Butler James)
- Die leeren Autotanks von fünf Freunden voll tanken
- Sechs Mal den Baby-/Kindersitter spielen

Wetteinsätze für Kollegen:

- Elf Kollegen eine Autowäsche spendieren
- Eine Woche lang die Kollegen mit frischen Getränken (Wasser, frisch gepresster Saft) und einem gesunden Vormittagssnack (z. B. Gemüsesticks mit Joghurtdip) versorgen
- Bei der nächsten Weihnachtsfeier Chauffeur für die Kollegen spielen
- Die nächste Gehaltserhöhung direkt an den Kollegen weitergeben (oder an die Putzfrau bzw. den Hausmeister in der Firma)

Wetteinsätze für karikative Zwecke:

- Einer wohltätigen Einrichtung (z. B. clean winners, Alfred-Biolek-Stiftung ...) einen angemessenen Betrag spenden
- Im Kinderheim einen Tag lang die Kinder bespaßen – als liebe Tante bzw. lieber Onkel
- Im Krankenhaus auf der Kinderstation als Rot-Nasen-Clown den Kindern Mut machen
- Eine Woche lang im Tierheim morgens früh um 6 Uhr die Tiere Gassi führen
- Eine Benefizveranstaltung organisieren, zu der du Familie, Freunde und Geschäftspartner einlädst und für den guten Zweck sammelst

7. Tag: CHECKLISTE – Meine Erfolge in der fünften Woche

Das habe ich in den letzten sechs Tagen erreicht:

Du hast deine Grenzen bestimmt, die dich in dem einen oder anderen Lebensbereich begrenzen. Welche Erkenntnisse ziehst du daraus und was machst du in Zukunft, um diese Grenzen aufzulösen?

Du hast mindestens ein Ziel nach den SMART-Regeln formuliert. Welches war es und warum?

Was für ein Kugel-Spieler bist du? Was tust du, um in Zukunft mit mehr Kugeln zu spielen?

Du hast begonnen, eine 100er-Zahlenliste zu erstellen. Schreibe den aktuellen Stand nochmals auf, um zu prüfen, wie weit du sie bereits beherrschst.

Was hast du dir für den Boxenstopp im Büro an Leckerem und Gesundem zu Essen mitgenommen? Welchen positiven Unterschied hast du zu den bisherigen Mahlzeiten feststellen können?

Du hast diese Woche hoffentlich bewusst häufiger und herzhafter gelacht. Wie hast du dich anschließend gefühlt?

Welche LEBE-Wette hast du ins Leben gerufen? Welchen Schiedsrichter hast du dir gesucht? Welchen guten Zweck hast du bestimmt, den du unterstützen wirst, falls du scheitern solltest?

Der LEBEndige Tag

Was meinst du? Schaffst du es, ab heute die Tipps, die du bisher erhalten hast, konsequent in die Praxis umzusetzen – Tag für Tag, für den Rest deines Lebens? Sei ganz ehrlich. Natürlich schaffst du das niemals. Da spielt dein Schweinehund ‚Ach-nö' nicht mit. Der stellt sich auf stur. Dein Schweinehund erfüllt eine wichtige Aufgabe. Er bewacht deine lieb gewonnenen Gewohnheiten. Diese sind überlebensnotwendig. Hättest du keine Gewohnheiten, hättest du keinerlei Überlebenschancen.

Der LEBEndige Tag ist zukünftig ein Tag in der Woche, an dem du die Tipps bestmöglich in die Praxis umsetzt. Für jede Säule bedeutet das, mindestens einen Tipp konsequent auszuführen. Das heißt: an diesem LEBEndigen Tag tust du etwas für deine persönliche Weiterbildung, wie z. B. 33 Minuten in einem Buch lesen, das dich persönlich weiterbringt. Du achtest auf eine ausgewogene Ernährung, indem du bei mindestens drei Mahlzeiten ausreichend eiweißhaltige Nahrungsmittel isst und gerade zum Abend hin die Kohlenhydrataufnahme reduzierst, sowohl beim Abendessen als auch auf der Couch – also statt Chips oder Schoki lieber zu Gemüsesticks mit eiweißhaltigem Dip greifst. Außerdem trinkst du viel Wasser und reduzierst Kaffee, Säfte und verzichtest komplett auf Alkohol an diesem Tag. Du machst 22 Minuten intensives Muskeltraining oder 33 Minuten Ausdauertraining. Du gönnst dir gezielt eine Entspannungsphase und tust etwas für deine Motivation.

Ich bin ganz ehrlich: Die ersten LEBEndigen Tage werden eine Herausforderung für dich. Du verlässt deine alten Programme und gehst neue Wege. Das strengt an. Es fällt dir jedoch von Mal zu Mal leichter, die Tipps umzusetzen. Ab der dritten Woche gehört ein LEBEndiger Tag zu deinem Leben. Du merkst schnell, dass dieser Tag dir richtig gut tut. Von Woche zu Woche wird der LEBEndige Tag alltäglicher. Du weißt an dem Tag, was dich erwartet. Die Heißhungerattacken bleiben aus, du fühlst dich auch abends noch fit, um etwas anzupacken, du bist ruhiger und entspannter, weniger gestresst. Du schläfst abends entspannt ein und wachst morgens erholt auf. Du hast neue Ziele in den verschiedensten Lebensbereichen, die du gerne erreichen möchtest und du bist motiviert, darauf hinzuarbeiten. Du spürst bei jedem neuen LEBEndigen Tag noch intensiver, wie deine LEBEnsqualität von Woche zu Woche wächst. Es erwarten dich so viele positive Erlebnisse, dass ‚Ach-nö' bald sagt: „Da gehe ich gerne bei Herrchen und Frauchen bei Fuß." Aus ‚Ach-nö' wird ‚Oh-ja'.

Der Unterschied im Verhalten zwischen dem LEBEndigen Tag und dem normalen Tag wird mit den Wochen immer geringer. Du übernimmst automatisch und/oder bewusst Tipps, die dir gut tun, auch an den nicht LEBEndigen Tagen – ganz ohne Zwang, sondern vielmehr aus eigener Überzeugung. Es entwickelt sich eine komplett neue LEBEnsgewohnheit, verbunden mit neuer LEBEnsfreude und mehr LEBEnsqualität. Und weil es dir dabei besser geht, machst du Dinge plötzlich automatisch, die du vorher niemals für möglich gehalten hättest. Teste es aus. Es lohnt sich.

Du entscheidest selbst, wie viele LEBEndige Tage du in deinen Alltag integrieren möchtest. Führst du das fort, dass du in 5-Wochen-Schritten jeweils einen LEBEndigen Tag hinzu nimmst, hättest du nach 35 Wochen nur noch LEBEndige Tage ...

Keine Sorge. Es geht in keiner Weise darum, in Perfektionismus zu leben und sieben LEBEndige Tage zu haben. So lebe auch ich nicht. Du kannst selbstverständlich für dich entscheiden, dass du z. B. höchstens vier der sieben Wochentage als LEBEndige Tage gestalten möchtest. Wenn du feststellst, dass es dir leicht fällt, zusätzliche LEBEndige Tage in deinen Alltag aufzunehmen, darfst du selbstverständlich auch bereits nach drei statt fünf Wochen einen weiteren LEBEndigen Tag hinzufügen. Du hast es selbst in der Hand.

Bist du es dir wert?

Es ist doch der absolute Wahnsinn, was du für dein Motoröl bezahlst – bis zu 25 Euro pro Liter. Du sagst: „Ja, das ist Longlife Motoröl. Das braucht mein kleines Schwarzes." Du sprichst von deinem Auto – deinem Spielzeug! Dein Speiseöl kaufst du dagegen beim Discounter für 1,98 Euro. Die Inspektion beim Auto wird zeitnah erledigt, koste sie, was sie wolle. Du: „Ansonsten verfällt ja auch die Garantie." Den Termin für die Vorsorgeuntersuchung beim Arzt lässt du jedoch erneut verstreichen. Dein Wagen wird gewaschen, poliert, von innen und außen gepflegt, damit er seine volle Leistung bringt und bloß nicht rostet. Jedoch etwas für deinen Körper tun, präventiv vorbeugen, damit dieser leistungsfähig, vital und voller Energie ist, das hat natürlich Zeit.

Den Motor oder dein Auto selbst kannst du jederzeit austauschen. Deinen Körper hast du dein Leben lang. Wenn das „Fahrgestell", auf dem du gerade sitzt, einmal anfängt, richtig Schmerzen zu verursachen, wird alles andere plötzlich zur Nebensache. Allein dein kleiner Zeh schafft es nach einem Tritt gegen den Türrahmen, deine LEBEnsqualität innerhalb von Sekunden aufs Nullniveau zu senken. Klar lässt der Schmerz nach, nur erwarten dich bei anderen Körperteilen und Organen weitaus größere Schmerzen, wenn sie Probleme machen. Und die sind hartnäckiger und ausdauernder.

Stelle dir vor, du hättest eine Gans. Jeden Morgen, wenn du sie aus dem Stall heraus lässt, damit sie ihren artgerechten Auslauf bekommt, hat sie ein Ei gelegt – aus purem Gold. Dein Banker des Vertrauens freut sich jede Woche wie ein Schneekönig, wenn du ihn besuchst. Wenn du so eine Gans hättest: Wie würdest du diese Gans behandeln? Die würdest du doch hegen und pflegen wie deinen Augapfel, oder? Sie bekäme das allerbeste Futter und Wasser aus der reinsten Quelle. Du würdest sie zum Sport schicken, damit sie jung und knackig bleibt. Und rauchen und Alkohol trinken dürfte sie schon mal gar nicht. Ich halte mich natürlich zurück und sage jetzt nicht: „Du bist diese Gans." Deine Vitalität, deine Leistungsfähigkeit, deine LEBEnsqualität stehen für diese Gans. Wann fängst du an? Willst du warten, bis der Schmerz so groß ist, dass es bereits zu spät ist? Gehe den ersten Schritt und lerne als Erstes, auf deine Wahrnehmung zu achten und richtig mit Stress umzugehen. Wirksame Werkzeuge hast du in diesem Buch kennen gelernt.

Ich möchte dich warnen!
LEBEndig leben ist gefährlich – es erwarten dich auch Risiken und Nebenwirkungen.
Du wirst spürbar mehr Energie besitzen. Das Dumme ist nur, dass sich das sehr schnell bei deinen Freunden und Nachbarn herumspricht. Wenn ein Umzug in deinem Umfeld ansteht, wirst du als Erster gefragt. Da kommen sogar Anfragen von Nachbarn, die du noch nie gesehen hast. Sie haben dich gesehen, als du letzte Woche locker flockig die drei Stockwerke zu deiner Wohnung hoch gesprintet bist.
Als Frau stehst du vor deinem begehbaren Kleiderschrank und sagst „Schatz, ich hab nichts anzuziehen." Nur hast du dieses Mal Recht. Jetzt geht's los, tagelang nur shoppen, bis die Kreditkarte glüht und der Arzt kommt. Gehst du in der Stadt spazieren, drehen sich alle Menschen nach dir um. Die Frauen bzw. Männer pfeifen dir plötzlich hinterher. Und abends im Bett, wenn

der Partner zum Kuscheln unter deine Bettdecke kriecht, ist nichts mehr mit: „Du Schatz, ich bin so müde. Fix und fertig. Da geht heute Abend gar nichts mehr." Da musst du ran, komme, was wolle. Überlege es dir gut!

Bist du bereit, die Tipps umzusetzen und die Risiken und Nebenwirkungen zu akzeptieren, ist dein Weg frei zu deinem

HauptGEWINN – LEBEnsqualität

„Spaß an Sport" – Interview mit Alexandra Popp

Die Frauennationalspielerin Alexandra Popp spielt beim FCR 2001 Duisburg. Bei der FIFA U20 Frauenweltmeisterschaft 2010 holte Alex mit ihrer Mannschaft den Titel. Mit insgesamt zehn Turniertreffern wurde sie im Anschluss an das Turnier von der FIFA mit dem „Goldenen Schuh" für die beste Tor- schützin und dem „Goldenen Ball" für die beste Spielerin des Turniers ausgezeichnet. Mit ihrem Bundesliga-Team gewann sie 2009 den UEFA Women's Cup und holte 2009 und 2010 den DFB Pokal.[17]

Was bedeutet für dich LEBEnsqualität?

Mir bedeutet Lebensqualität sehr viel im Leben. Ich genieße jede Sekunde mit meinen Freunden, mit meiner Familie und meinem Sport, weil man nie weiß, wann es zu Ende gehen kann.

Welche Bedeutung hat lebenslanges Lernen für dich?

Man lernt im Leben nie aus, von daher ist es mir persönlich sehr wichtig, mich immer weiter zu entwickeln, sowohl sportlich als auch menschlich!

Worauf achtest du im Rahmen deiner Ernährung?

Ich achte schon auf meine Ernährung, esse vor allem Pute oder Hähnchen, Salat und viel Gemüse. Fette sollte man lieber meiden, zu viele Kohlenhydrate sind auch nicht gut.

Welche Rolle spielen Kraft- und Ausdauertraining in deinem Leben?

Beide Trainingseinheiten sind sehr wichtig für Sportler. Auf den Fußball be- zogen ist Ausdauertraining ein bisschen wichtiger.

---

[17] Mehr Infos zu Alex unter www.alexandrapopp.com oder direkt über Alex' Facebook-Seite.

Trainierst du sieben Tage die Woche? Wie wichtig sind Ruhephasen?

Ich trainiere 7 Mal die Woche. Da ist es natürlich schon sehr wichtig, wenn man seine Ruhephase bekommt, damit der Körper hinterher wieder an sein Maximum kommt.

Welche Formen der Entspannung nutzt du, um dein Anspannungsniveau zu senken?

Ich verbringe viel Zeit mit meinen Freunden und gehe in die Sauna und zur Reha.

Wie erhältst du dir die Motivation, täglich zu trainieren?

Ich habe einfach Spaß an meinem Sport, und wenn man diesen hat, kommt die Motivation von ganz alleine.

Danksagung

Applaus und danke an...

... Kristina. Nach langer „Prüfung" haben wir diesen Sommer geheiratet. Danke dir für den Tritt! Du schenkst mir die schönsten Momente meines Lebens! Ich liebe dich!

... Mama und Papa, die ihr immer für mich da seid. Euch habe ich unglaublich viel zu verdanken, insbesondere, heute genau hier zu stehen!

... meine vier Geschwister Stephan, Andrea, Gaby und Monika! Ihr habt mich als „Nesthäkchen" viele Vorteile genießen lassen und mir gleichzeitig klar gemacht, dass Disziplin und Ausdauer eine hohe Bedeutung haben.

... Ann-Kristin Goldbeck. Die Zusammenarbeit mit dir macht großen Spaß, da die Chemie einfach stimmt – beruflich und privat! Dein enormes Engagement und deine Begeisterung sind klasse! Ich freue mich auf viele weitere, gemeinsame, spannende Projekte!

... Elvira Plitt und Heiner Huss vom HAUFE Verlag und Gabriele Vogt für die Freiheit bei der Gestaltung dieses Buchprojekts, die hervorragende Zusammenarbeit und das ausgezeichnete Lektorat.

... Jörg Kremer, Oliver Dohle und das engagierte Team von kremer und konsorten. Bei euch weiß ich die Pressearbeit bestens aufgehoben. Ihr begleitet mich beratend, bewerbend und begeisternd!

... Agatha und Christian Bieschke für das kreative Fotoshooting und die daraus entstandenen genialen Fotos!

... meine Interviewpartner, die Ihr eure persönlichen Erfahrungen und wertvollen Gedanken beigesteuert habt: Sören Anders, Dr. Alfred Biolek, André Breitenreiter, Birgit Fischer, Marc-Kevin Goellner, Torsten May, Sven Olsen, Alexandra Popp, Gerd Schönfelder, Erkan Soysal, Charly Steeb und Jochen Wollmert.

... Möbel HESSE und EDEKA neukauf Kalkofen aus Garbsen für die perfekten Fotolocations.

... dich!! Ohne meine Leser, Zuschauer und Zuhörer würde es meine Bücher und Veranstaltungen nicht geben.

Dieses Buchprojekt haben außergewöhnliche Menschen unterstützt – mit großem Engagement und einer unglaublichen Menge Spaß.

Vielen HERZlichen und HANDelnden Dank an Euch alle!

Matthias

MATTHIAS HERZOG – Speaker, Autor und Experte für mehr Lebensqualität

Matthias Herzog ist Dipl. Wirt-Ing. (u. a. Studium University of California, Berkeley) und hat Sportwissenschaften studiert. Er ist Keynote-Speaker, Autor und führender Experte für persönliche Bestleistungen – im Beruf, Sport und Alltag. Seine intensive Beschäftigung mit dem Thema seit über 15 Jahren sowie die erfolgreiche Teilnahme an Marathons, IRONMAN und Treppenläufen sprechen für seine Authentizität und Erfahrung. In den Medien ist er gefragter Gesprächspartner, wenn es darum geht, Höchstleistungen oder deren Ausbleiben in Wirtschaft und Sport zu erklären und pointiert zu kommentieren.

Zu seinem Kundenkreis zählen namhafte Unternehmen und Organisationen. Darüber hinaus unterstützt Matthias Herzog Spitzensportler, Nationalmannschaften und Bundestrainer und engagiert sich an Schulen. Matthias Herzog zeigt, dass „Spaß Erfolg und Erfolg Spaß macht!"

Sein Motto: „Sei spitze, wenn's drauf ankommt und sichere dir deinen HauptGEWINN – LEBEnsqualität!"

Details zu Matthias Herzog und alle Informationen zu Terminen, seinen Vorträgen, Seminaren und Coachings unter www.matthiasherzog.com.